느리고
불편하고
심심한
　　　나라

느리고
불편하고
심심한
나라

〈한겨레〉 권태호 기자의
따뜻하고 따끔한 세상 이야기

권태호 지음

페이퍼로드
paperroad

추천의 글

인간과 세상을 직접 만지고 들여다 보면서 남의 기쁨과 고통에 공감할 수 있는 감수성을 가진 사람은 어려운 이야기를 쉽게 말하고, 이 감수성이 작동되지 않는 사람은 쉬운 얘기를 어렵게 말한다. 쉬운 것을 어렵게 말하는 질병은 창세기 이래로 인류의 오랜 유전병인데, 전염성이 강하고 약이 없다.

권태호의 글은 쉽게 읽힌다. 그의 글은 미리 설정된 이념의 좌표를 따라가지 않고 일상적 삶의 구체성을 통과해 나오면서 논리의 구조를 이룬다.

나는 언론의 자유란, 사실에 엄격하게 구속되는 부자유를 수용해서 그 부자유 위에 자유를 건설하는 전달자의 지성의 힘이라고 생각한다.

권태호의 글은 사실의 바탕 위에서 의견을 구축한다. 그는 소리질러서 몰아붙이지 않고, 낙인찍지 않고, 웅성거리지 않고, 깃발을 흔들지 않는다. 그의 글은 여론형성에 영향을 미치려는 의도를 거칠게 드러내지 않으면서 읽는 사람의 마음에 스민다. 이 스밈의 힘은 삶과의 밀착에서 나온다. 그래서 그의 글은 때때로 생활의 파편처럼 보이는데, 이 파편들을 들쑤시고 헤집어서 거기에 매몰된 억눌림, 희망, 분노, 결핍을 찾아낼 때, 그의 글은 가장 좋은 대목에 이른다.

나는 오래전에 권태호 캡의 휘하에서 현장기자노릇을 한 적이 있는데 오늘 그의 글에 나의 글을 덧붙이게 되니, 기쁘다.

-김훈(소설가)

'현대 저널리즘의 아버지'로 불리는 월터 리프먼이 1974년에 사망했을 때 〈뉴욕타임스〉는 "리프먼은 찰나적인 것을 통해 영원을 보도록 했다"는 찬사를 바쳤다. 이 찬사는 칼럼을 쓰는 모든 언론인들이 꿈꾸는 궁극적인 이상이다. 하루 또는 며칠간의 수명을 갖고 있는 것으로 간주되는 칼럼이 먼 훗날까지 거론되고 인용될 정도로 긴 수명을 갖는다는 것은 그만큼 깊이와 통찰력이 있다는 것을 말해주는 것이기 때문이다. 나는 권태호의 칼럼을 애독할 때마다 리프먼을 떠올리곤 했다. 그의 칼럼이 "찰나적인 것을 통해 영원을 보도록 했다"고까지 말할 순 없을망정, 칼럼을 쓰는 시점의 지배적인 사회적·조직적 분위기와 일정 거리를 유지하려는 뭔가 묘한 게 있다는 생각을 했기 때문이다. 어느 언론학자는 한국 저널리즘을 '선악의 이분법에 기반을 두고 카타르시스를 제공하는 정파적 저널리즘'이라고 규정했는데, 권태호는 이 점에선 예외적 존재다. 그의 칼럼은 공간적으론 깊이를 추구하고, 시간적으론 미래를 내다보며, 시공간을 아우르는 기본 자세에선 독자를 카타르시스 제공의 대상이라기보다는 이해와 통찰을 위한 소통의 대상으로 삼는다. 그의 칼럼이 시간이 꽤 흐른 후에도 재미있게 읽히는 이유도 바로 여기에 있다.

- 강준만(전북대 신문방송학과 교수)

'이 책을 누가 볼까? 그리고 이 책이 사람들에게 무슨 도움을 줄 수 있을까?' 출판사 페이퍼로드가 지난 칼럼 등을 묶어 책으로 펴내자 했을 때 퍼뜩 든 생각이다.

이 책에 실린 글들은 2000~2005년 〈인터넷한겨레〉에 쓴 '뉴스메일', 2005~2017년 〈한겨레신문〉 칼럼(아침햇발, 특파원 칼럼, 편집국에서), 그리고 2013~2017년 페이스북 글 등이다. 멀게는 17년 전 글도 있다.

신문 칼럼, 기자의 글은 시의성을 좇기에 휘발성이 강하다. 그래서 그 순간이 지나면, 금세 빛이 바랜다. 또 시사성 짙은 칼럼이 살아가는 데 실질적 도움을 주는 것도 아니고, 한 사안에 집중한 축적된 지식을 제공하는 것도 아니다. 그러니 이런 책들은 글쓴이에게는 선물이 될지언정, 읽는 이에게는 어떤 효용을 줄 지 지금도 걱정이 앞선다.

과거와 달리, 지식과 정보 양쪽 모두 기자는 일반 독자들보다 나을 게 별반 없다. 다만, 기자란 늘 뉴스 한복판에 있으니, 직업적 특성상 일반인들보다 세상읽기에 유리한 측면은 있을 것이다. 그래서 '이런 생각, 해본 적 없나요?'라며 같이 나눠보자는 수준이다.

아직도 유효하다고 생각되는 글들을 고르고, 글 아래에 뒷이야기, 지금 상황, 현재 단상 등을 짧게 붙여 시차를 이어보려 했다. 필요한 부분은 약간의 '자기 데스킹'을 거쳤으나, 가급적 당시 원문 그대로 실으려 했다. 각 글 맨 뒤에 쓴 날짜를 기록했다. 어떤 글들은 글 쓴 시기를 먼저 보는 게 나을 법한 것들도 많다.

책 제목인 〈느리고 불편하고 심심한 나라〉는 2016년 5월에 쓴 '느리고 불편해야 선진국이다'라는 칼럼 제목에서 발전시켰다. 미국이나 유럽 등 잘 사는 나라를 가면, 민간이든 공공이든 대부분 일처리가 느리고, 불편하다. '줄queue' 서는 게 일상이다. 서비스요금(사람값)이 비싸 어딜 가나 사람 만나는 게 힘들고, 이미 탄탄한 시스템이 갖춰져 무엇 하나 과정을 건너뛰거나 쉽게 되는 게 없다. 그 과정에서 안전security과 공평fairness이 자리 잡는다.

심심함은 이런 나라들의 또 다른 요소다. 사회가 안정되면 놀랄 일이 잘 안 일어나고, 늘 예측가능하게 된다. 그래서 그날이 그날 같다. 미국 소도시나 시골에 가면, 주민들이 말발굽 던지기 등 시시한 놀이 하나에도 한없이 즐거워한다. 심심해야 몸과 머리와 마음에 여유 공간이 생겨나고, 그래야 건강, 창의력, 관용이 좀 더 쉽게 생겨날 수 있다.

흩어져 있던 글들을 추려 묶어보니, 말하고자 하는 바가 하나로 요약됨을 발견했다. '세금 더 내자. 덜 입고 덜 먹자. 다만 마음은 편하게 살자.'다.

성장과 발전, 이를 위한 경쟁의 결과가 '헬조선'이다. 남보다 더 잘 살려 애쓰다보니, 다 못살고 힘들게 됐다. '더불어 함께'는 도덕론이 아니라, '같이 잘 살아야', 나 개인도 더 행복해질 수 있다는, 지극히 실용적 접근이라 생각한다.

하나 더 보태자면, '상식'이다. '진보냐, 보수냐'의 가치지향을 묻기 이전에 먼저 '이게 상식에 부합한가'를 구축하는 게 우선되어야 할 것이다. 그동안 우리 사회에 워낙 '몰상식'이 판을 친 탓에 지극히 '상식적'인 주장도 칼럼 소재가 되기도 했다. 앞으로 '상식'이 통하는 사회가 되면, 지금 엮어내는 이런 글들을 더 이상 칼럼으로 쓰기 힘들어질 것이다. 그래서 더 늦기 전에 얼른 낸다.

〈한겨레신문〉 기자로서 사는 것은 부채를 계속 쌓는 삶이다. 1987년 시민혁명의 산물인 〈한겨레신문〉은 태생적으로 빚진 자의 심정을 벗어날 수 없다. 〈한겨레신문〉에는 본디 '내 것'이란 없는 것이며, 그렇다고 '누구의 것'도 아니며, '우리 모두의 것'만 있을 뿐이다.

나 또한 마찬가지다. 〈한겨레신문〉에 들어오기 전, 함께 공부하던 친구와 선배 중 민주적·인권적 감수성이 나보다 훨씬 뛰어난 이들이 있었다. 그러나 그들 아닌, 내가 대신 들어와 지금껏 기자를 하고 있다. 그들이 〈한겨레〉에 들어오는 게 더 온당했을 것이다.

들어와서도 서툰 내 기사를 데스킹 해주고, 지금껏 가르쳐 주는 선배들과, 서툰 지시와 쌀쌀맞은 말에도 함께 지내준 후배들 또한 고스란히 빚으로 쌓였다. 여기 있는 글 상당수도 〈한겨레신문〉 기자였기에 가능했던 경험을 토대로 한 게 대부분이다.

'한겨레신문 기자'라는 이유만으로 과분한 칭찬과 예우를 받은 적도 많다. 그렇다고 '하늘을 우러러 한 점 부끄럼 없는' 삶을 산 것도 아니다. 기자란, 더욱이 〈한겨레신문〉 기자란, 강자에 강하고, 약자에 약하다. 그러나 기자로 살면서 강자와는 마주앉아 밥을 먹고, 약자는 잠시 잠깐 취재하고 말 때도 적지 않았던 것 같다.

부채의식으로 시작한 〈한겨레신문〉 기자 생활인데, 탕감보단 부채를 더 쌓았다. 그러니 종종 '한겨레신문 기자'라는 이유만으로 납득하기 힘든 비난을 받더라도 그동안 '거저 받은 상'을 계수해 본다면, 그리 억울할 일도 아니라고 본다.

〈한겨레신문〉이 여러모로 많이 부족하다. 다양한 사회의 요구에 일일이 부응하지 못할 때도 많다. 하지만 약자의 목소리에 귀 기울이려 하고, 그래야 한다고 배우고 가르친다. 또 최소한 술수를 부리진 않는다. 그 정도로 약삭빠르지 못하다. 늘 반성하고, 애쓰겠다. 다만 많은 이들에게 첫사랑과도 같았을 한겨레에 대한 애정을 다시 일깨워주기를 부탁드린다.

글 속에 나온 동료들, 취재 과정에서 만난 많은 사람들, 그리고 내 가족, 모두에게 감사드린다.

자신의 불편한 이야기들까지 책으로 내도록 허락해 주고, 추천사까지 써준 김훈 선배께 감사한다. 김 선배는 나를 가르친 적 없지만, 나는 김 선배로부터 늘 배운다.

또 아직 일면식도 없이 이메일로만 대화를 나눴음에도 감당키 어려운 과분한 추천사를 보내주신 강준만 교수님께 감사드린다.

무엇보다 이 책이 나오기까지, 나는 식재료 납품업자에 불과하다. 차가운 원재료에 온기를 불어넣고, 빚어 요리하고, 맛깔나게 접시에 담아 독자 앞에 내놓은 페이퍼로드의 기획·편집자들이 셰프다.

김훈 선배는 〈자전거 여행〉(2000) 서문에 "이 책을 팔아 자전거값 월부를 갚으려 한다. 사람들아 책 좀 사가라."고 일갈했다. 이제 겨우 첫 책을 내놓는 나는 감히 그런 말을 못한다. 보아주는 것만으로도 감사하다.

2017년 봄
권태호

2부 뒤로 뜀박질하는 대한민국

3부 꼬인 정치 풀어보기

4부 워싱턴에서

5부 취재하며 훔쳐 본 세상

6부 봄날은 간다

_____1부

기자들이
사는 법

이정재 사진을
전지현 사진으로 바꾼 이유

이야기 하나.

정치부장에서 디지털에디터로 보직이 바뀐 지 딱 1주일 됐다. 1년6개월간 매일 아침 다른 신문에 '물 먹은 게 뭔가'를 훑고, '오늘은 1면용으로 뭘 올리나'를 끙끙대던 일상이 하루아침에 달라졌다. 지금 이 시간, 인터넷에서 어떤 〈한겨레〉 기사가 가장 많이 읽히는지 체크하고, 클릭 수가 많지 않은 기사는 그때그때 바꾼다.

자연스레 어떤 기사가 많이 읽히는지, 같은 기사도 제목을 어떻게 뽑고 어떻게 써야 더 많이 읽힐지 한 번 더 생각하게 된다. '염석진 향한 분노, 국정교과서엔…'이라는 기사에 염석진 역을 맡았던 영화배우 이정재 사진이 물린 것을 보고, "사진을 전지현으로, 제목에 '안옥윤'도 넣고"라는 식으로 바꿨다. '이정재'보다 '전지현'이 독자를 더 끌어들일 수 있을 것이라 판단했기 때문이다.

두뇌 구조가 바뀌는 듯한 경험을 하고 있다. '무엇이 더 중요한가'에서 '무엇이 더 읽히나' 쪽에 먼저 생각이 미친다. 디지털의 습성 상 '언론사들이 디지털을 강화하면 할수록 지금보다 더 진영 논리가 강한 기사가 늘어나지 않겠느냐'는 우려도 든다. 그러나 이는 장기적으론 자해 행위가 될 것이다. 언론이 이런 식으로 가면, 영향력은 높일지 몰라도 공적 신뢰는 스스로 떨어뜨리게 될 것이다.

이야기 둘.

독일 최대 언론사인 〈악셀 슈프링거〉는 2012년 디지털뉴스 유료화를 선언했다. 신문용 기사를 별도 제작하지 않고, 디지털 기사 중 일부를 골라 신문에 그대로 옮겨 싣는다. 〈악셀 슈프링거〉 소속 일간지 〈디 벨트Die Welt〉 취재기자 300명 중 종이신문 제작 인력은 12명이다. 현재 〈디 벨트〉의 종이신문 구독자가 10만명인데, 유료 디지털뉴스 구독자가 6만6천명이다.

너무 쉽다. 우리도 그대로 따라하면 될까? 2013년 콘텐츠기획부장을 맡았을 때, 〈악셀 슈프링거〉 베를린 본사를 방문한 적이 있다. 〈악셀 슈프링거〉는 〈디 벨트〉 외에 가판대 신문인 유럽 최대 일간지 〈빌트Bild〉 등 일간지만 전국지 7종, 지방지 7종, 잡지 23종을 펴낸다. 기자가 기사를 보내면 일간지 여러 곳에 게재되기도 한다. 부장·에디터만 60명이다. 한국은 보통 10명 안팎이다.

미국·유럽 중앙지 기자는 소규모 신문사 등을 거친 경력기자들로 채워진다. 기자들의 전문성과 독립성이 강하다. 취재 지시보단 자발적 기획이 활발하다. 데스크는 판단과 교통정리를 한다. 〈악셀 슈프링거〉를 방문했을 때 드넓은 편집국이 고즈넉할 정도로 조용했다. 한국처럼 전화통에 대고 기자에게 세세하게 취재 지시를 하는 데스크는 볼 수 없었다.

그런데 한국 신문사의 구조는 구미가 아닌 일본형이다. 수습 기자를 도제식으로 가르치고, 데스크의 권한이 막강하고, 톱다운 방식의 지시와 데스킹…. 기자들은 취재 지시에 의해 움직이는 경우가 많다. 서구 신문사 문화가 프랜차이즈형 대리점에 가깝다면, 한국·일본 신문사 문화는 직영 백화점 구조에 가깝다. 그러니 구미형을 따르려면 겉조직 뿐 아니라 속까지 바꿔야 한다.

워크플로와 신문 작법은 그대로 둔 채 디지털 기사 먼저 쓴다고 '디지털 퍼스트'가 될까? 상투는 그대로 둔 채 양복만 입은 꼴이다. 그런데 상투를 자르는 게 옳은 건지도 알 수 없다. 독일은 안정된 사회이고, 우리는 하루가 다르게 큰 일이 뻥뻥 터지는 곳이다. 여유롭게 취재기자에게 맡기고 호흡 긴 기획기사로 승부하겠다면, 그 언론이 지금 한국에서 제 역할을 얼마나 하게 될까? 언론의 디지털화, 개별 언론사 수익 차원을 떠나 공적 기능에 대한 우리 사회의 고민이다.

글 쓰기 전 가제를 '신문의 길, 디지털의 길'로 달았다가, 다 쓴 뒤 '이정재 사진을 전지현 사진으로 바꾼 이유'로 고쳤다. 덜 점잖아지고 있다.

(2015.10.18)

〈한겨레〉는 왜
'도도맘' 기사 안 실었나?

"디지… 디지털이요?"

지난해 10월, 편집국장이 정치부장인 나를 부르더니 '디지털 에디터'를 맡으라 했다. 그때까지 신문에만 코 박고 살아 〈인터넷한겨레www.hani.co.kr〉도 잘 안 들여다보던 사람이었다. 그때 주머니 속 핸드폰은 3G였고, 전화기로만 사용했다. 새 보직에 불만이 있어서가 아니라, 잠시 멍했다. 나는 '황당'했는데, 아마 국장은 '당황'으로 읽었으리라.

그렇게 시작했다. 아침 편집회의 때마다 전날 페이지뷰PV 상황을 보고하고, 주간 단위로 많이 본 기사에 상도 준다. PV가 오른다고 당장 회사 수익에 직접적 영향을 미치지도 않지만, 신경이 안 쓰일 수 없다. 잘 않던 개인 페이스북에도 매일 기사 한 건씩 올려본다. 조금 지나니, 어떤 기사를 많이 보는지 예지력(?)이 생겨났다.

갈등의 시작이다. 위안부 문제나 박근혜 정부 비판은 언론, 그리고 〈한겨레〉가 이 사회에 기여해야 하는 기능과 PV 양쪽을 모두 만족시킨다. 그러나 북핵, 거시경제, 학술 기사는 중요하지만 보는 이가 많지 않다. 반대로 엽기적 사건이나 연예인 관련 기사는 일회성 오락거리 요소가 강하지만 의외로 〈한겨레〉 독자들도 많이 본다.

지난 26일 '도도맘'이 40대 남성을 폭행과 강제추행 혐의로 고소했다는 기사가 떴다. 〈한겨레〉 독자가 몰라도 될 내용이었다. 무시했다. 그런데 유혹이 슬금슬금 기어 올라왔다. '사이트 아래에 걸어만 놓아도 상당한 PV를 올리겠지?' 며칠간 PV가 계속 떨어져 기운 잃은 황소에게 세발낙지 한 마리 먹이고 싶은 심정이었다. 바로 앞 뉴스팀장에게 "도도맘 어떻게 하지?"라 했다. "많이 보겠지만, 너무 경미해서…", "그렇지? 그냥 둡시다."(도도맘 기사를 게재한 각 언론사의 개별적 판단을 존중한다) 그 '도도맘' 기사(《연합뉴스》)는 그날 나온 국내 언론사 모든 기사를 통틀어 네이버에서 가장 많이 본 뉴스 4위였다.

"제목이 너무 센데, 누그러뜨리자", "최근 박 대통령 비판 기사를 많이 썼으니, 조금 뒤로 두자", "개별 정치평론가 워딩으로 톱을 쓰진 말자", "편집국이 오래 준비한 기사니, 많이 안 보더라도 톱을 유지하자", "이건 쓰지 맙시다" 등등, 겉으론 PV를 말하면서도 결과적으론 오히려 올라가는 PV를 잡아당기는 일을 더 많이 하는 듯하다. PV '단물 빨아먹기'가 〈한겨레〉 브랜드 가치를 훼손시킬 수도 있음을 우려하기 때문이다. 그러면서도 종종 '80년대 영화배우들, 지금 모습은?' 등과 같은 해외토픽성 화보 작성을 맡기는 등 '한겨레'가 갈 수 있는 아슬아슬한 경계선 맨 마지막까지 발을 들이밀곤 한다.

PV와 저널리즘에 대한 고민 앞에 '두 마리 토끼' 운운하는 건 아무 생각이 없다는 말과 똑같다. 저자, 작가적 속성이 강했던 기자들은 점점 잘하지도 못하는 피디, 큐레이터처럼 되기를 요구받는다. 〈인터넷한겨레〉는 절대적 기사 건수도, 쉽게 읽힐 기사도 적고, 속보는 상대적으로 늦다. 그럼에도 이를 극복하고 있는 비결은 〈한겨레〉에서만 볼 수 있는 차별적 기사로 인해 많은 독자들이 찾고, 읽고, 공감해주기 때문이다. 고맙다.

하지만 때론 그 차별성이 '시각'의 차별에 의한 것임에도 '질적' 차별이라는 나르시시즘적 착시효과를 갖기도 한다. 〈한겨레〉가 잘해서가 아니라, 비정상적인 사회와 언론환경이 오히려 〈한겨레〉의 필요이유이자 생존환경일 수도 있다. 〈한겨레〉는 언제까지 이런 비정상적 언론환경을 발판으로 삼을 것인가? 결국 언론은 네이버와 페이스북의 하청업체로 전락할 것인가? 날은 저무는데, 숙제는 점점 쌓인다.

(2016.2.1)

■　　정치부장으로 있을 때는 팀의 4번 타자라는 느낌이 강했습니다. '내가 한 방 터뜨려줘야 한다'는. 매번 편집회의에 들어갈 때마다 '1면 용으로 뭘 들고 가지?'라는 생각이 떠나지 않아 출근 때부터 머릿속이 마치 노트북의 램이 돌아가듯 윙윙 거리는 듯했고, 다소 무리한 주문이 들어와도 '이걸 정치부가 안 해내면 누가 하나'라는 생각이 강했습니다. 그런데 디지털에디터가 되자, 1번 타자가 된 듯합니다. '큰 것 한 방'과 달리, 끊임없이 출루해야 합니다. 매일 PV를 의식하지 않을 수가 없고, 누가 뭐라는 사람도 없는데 혼자서 PV 숫자에

따라 그날 기분이 달라지곤 했습니다. 그러면서도 '한겨레'이기 때문에 '정도를 벗어나선 안 된다'는 생각이 늘 한쪽을 짓눌러 외줄타기하는 심정이 강했습니다. 아예 둘 중 하나를 택할 수 있었다면 차라리 편했겠지만, 그런 곳이 어디 있겠습니까? '도도맘' 기사는 쓰지 않고도, 칼럼 제목에 '도도맘'을 쓴 것도 알고 보면, 결국 PV를 의식했음을 숨길 수 없습니다.

청와대 출입기자들이
불편하지 않은 박근혜

기자실을 백악관 바깥으로 빼려는 트럼프, 기자간담회를 또 하려는 박근혜…. 왜 그럴까요? 환경이 다르긴 하지만, 트럼프는 백악관 기자들이 불편하고, 박은 청와대 기자들이 불편하지 않았던 겁니다.

1. 박이 또 간담회를 한다면 기자들은 가야 할까요?

박은 간담회를 하기보단 헌법재판소에 나가 소명을 해야 합니다. 언론은 사설, 칼럼, 기사를 통해 이를 지적해야 합니다. 하지만 현장기자는 어찌 해야 할까요?

저는 (간담회에) 참석하는 게 원론적으로 맞다고 봅니다. 참석하지 않는다면, '더 이상 박근혜의 말을 전달하는 노릇을 할 수 없다'는 의지의 표현이며, 이 경우 아예 1면에 '우리는 박근혜 간담회에 이러이러한 이유로 참석하지 않았다. 그리고 오늘 박근혜 간담회에 대해 보도하지 않는다.'를 알릴 수 있습니다. 박수받을 겁니다. 하지만 이는 다분히 '정치'의 영역으로 언론이 들어간 것처럼 보입니다. 다른 의미에선, 반저널리즘을 통해 저널리즘의 가치를 세우는 행위로 해석할 수도 있을 것 같긴 합니다.

2. 그럼 기자들은 어떻게 해야 하나?

지난 11일 트럼프가 첫 당선자 기자회견에서 〈CNN〉 기자에게 삿대질을 하며 "당신 질문에 답하지 않겠다"며 〈CNN〉을 욕했습니다. 이때 〈CNN〉 기자는 계속 외치다시피 연속적으로 질문을 퍼붓습니다. 몇 번이나 손을 들었으나 자신에게 질문권을 주지 않자 벌인 행동입니다. 트럼프는 몇 번이고 "무례하게 굴지 마라"고 합니다. 트럼프 입장에서 보면 기자회견이 제대로 진행이 안 될 만큼 깽판을 친 것이니까요.

그날 트럼프 기자회견장을 보면, 〈CNN〉 기자 외에도 거의 모든 기자가 손을 들었고 그중에 질문권을 얻은 기자는 얼마 안 됩니다. 다른 기자들도 질문권을 못 얻는 건 매일반인데, 〈CNN〉 기자가 유독 이런 행동을 한 이유가 있습니다. 직전에 〈CNN〉이 트럼프의 '섹스 비디오' 의혹 기사를 썼기에, 트럼프가 의도적으로 자신을 배제한다고 봤기 때문입니다. 그래서 이에 대한 일종의 항의 표시입니다. 질문을 계속 외쳤지만, 트럼프가 그 질문에 답할 가능성은 없었습니다. 그럼에도 계속 질문을 던집니다. 무모한 행동일까요? 연기를 하는 것일까요? 항의 표시로 질문을 하는 것 자체가 목적일까요?

다시 원점으로 돌아갑니다. 박근혜는 지난 기자간담회 때 곤혹스러워야 했습니다. 그래서 '지지층 결집시키려면 간담회 또야 되겠지만, 아이고 그 고생을 또 해야 하나' 하고 머뭇거리게 해야 했습니다. '변기는 왜 매번 바꾸셨나요?', '헌재는 왜 안 나가시고 간담회만 하시나요?', '제 질문은 그게 아니잖아요?' 등 기자들의 질문이 송곳으로 쑤시듯 해야 했습니다. 그런데 간담회 장면을 보니, 질문 하나에 답변이 20분씩 하더군요…. 횡설수설…. 질문 몇 개 못했을 겁니다. 그때는 말 자르고 질문해야 했습니다. 트럼프가 〈CNN〉 기자에게 말한 것처럼 "무례하게 굴지 말라"는 말을 기자들이 들어야 했습니다. 원래 기자란 '왕싸가지' 집단입니다.

하지만 이 역시 원론적인 이야깁니다. 청와대는 의전과 보안으로 포위된 곳입니다. 제가 한 말을 출입기자가 이행하기란 무척 힘들다는 것을 잘 압니다. 대통령에게 무례하기가 어려운 게 아니라, 기자들이 많은 데다 생각도 다르고, 기자단과 청와대의 협의가 기자단 소수('친청와대적'인)에 의해 개인의사와 상관없이 결정되고, 개인이 자유로이 행동할 수 있는 여건이 좀처럼 형성되지 않는, 그래서 하고픈 대로 하는 게 때론 원천봉쇄 되는 이상한 시스템이 한 몫 합니다. 제가 지금 다시 청와대를 출입해도 쉽지 않은 일입니다.

기사로는 비판적인 기사를 쓰더라도 개별 행동에선 대통령에게 예의를 지키는 게 맞다고 봅니다. 다만 일반적인 경우에. 지금 상황은 그런 경우에 해당되지 않는다고 봅니다. 그래서 다시 간담회를 한다면 참석해서 답변을 못 듣는 한이 있더라도 질문하고, 말 자르고, 질문하고, 싸우다시피 임해야 합니다. 다시는 '간담회 할까' 이런 생각 못하게끔 말입니다. 쉽지 않습니다. 조금이라도 쉬우려면 기자들이 연대해야 합니다. 혼자만 그러지 말고, 수십 명의 기자들이 벌떼처럼 달려들어야 합니다. '사쓰마와리(경찰출입기자)'의 초심을 끌어올려서라도….

(2017.1.17 페이스북)

최근까지 청와대가 기자회견에 앞서 출입기자들로부터 질문내용을 미리 받곤 했습니다. 이를 미리 받는 이유는 대통령이 돌발질문에 당황해 회견을 망치지 않도록 하는 게 가장 큰 이유겠지만, 또 다른 이유는 대통령이 다양한 분야에 걸쳐 골고루 말할 수 있도록 하기 위해 질문 분야가 겹치지 않도록 하기 위한 목적도 있습니다.

그러나 이는, 철저하게 공급자 중심 마인드입니다. 기자회견을 온전히, 기자들에게, 국민들에게 돌려준다면, 질문내용이 겹치면 어떻고, (대통령이) 하고 싶은 말이 빠지면 어떻습니까? 말하고자 하는 바를 기자들이 물어주지 않는다면, 그건 나중에 따로 청와대가 발표하면 되는 것 아닙니까?

기자로서 대통령 기자회견을 접할 때마다, 미국의 기자회견이 부럽습니다. 사전 질문지는 당연히 없고, 질문 내용도 거침없습니다. 빌 클린턴 대통령이 방한했을 때, 청와대에서 열린 김대중 대통령과의 공동기자회견에서 미국 기자들이 한미관계나 한미정상회담 내용과는 전혀 관련 없는 '르윈스키 스캔들'을 물고 늘어진 장면은 널리 알려져 있습니다.

그런데 이는 미국 기자회견의 전형적 장면입니다. 특파원으로 워싱턴에 간 지 얼마 되지 않을 무렵이던, 2009년 12월 힐러리 클린턴 국무장관과 크로아티아 외무장관과의 회담이 끝난 뒤, 공동기자회견이 있었습니다. 그런데 기자들의 질문은 중동문제, 그리고 당시 스티븐 보즈워스 대북정책 특별대표의 방북 등 북한 문제 등에 집중됐습니다. 크로아티아 외무장관은 꿰다놓은 보릿자루가 됐지만, 국무부 기자회견장에 모인 기자들은 기사가 되지 않는 미-크로아티아 외무장관 회담 내용을 예의상 묻는 경우는 없었고, 크로아티아 장관에 대한 배려도 안중에 없었습니다.

백악관 기자회견은 사전 질문조율이 없기에 당연히 현안에 질문이 집중됩니다. 어떤 기자가 질문 겹치는 걸 피하기 위해, 다른 기자가 중요한 질문을 했으니, 나는 중요하지 않은, 한가한 질문을 해야겠다고 생각하겠습니까? 부시의 기자회견장은 이라크전쟁 질문으로, 오바마의 기자회견장은 오바마케어 문제로 가득 차는 건 이 때문입니다. '르윈스키 스캔들'이 한창일 때, 한 기자는 클린턴 대통령에게 "(르윈스키의) 옷에 묻은 액체가 당신 것인가?"라고 묻기도 했습니다. 이러니 기자회견장에 들어오는 게 대통령으로선 '도살장에 들어가는 것 같다'고 합니다. 미국 이야기입니다.

그러나 미국 대통령에게도 최소한의 무기는 있습니다. '질문권'입니다. 싫은 기자한테는 질문권을 안 주는 겁니다. 그런데 거의 모든 기자들이 뾰족한 질문만 해대니, 대통령의 무기라는 것도 사실 녹슨 무기일 뿐이기는 합니다.

박근혜 '전 대통령'의 기자회견을 미국식으로 진행했으면 어떻게 됐을까요? 정치, 경제, 외교, 통일 분야의 질문들이 골고루 나왔을까요? 그렇지 않았을 겁니다. 아마도 '최순실', '세월호 7시간' 등의 문제에 대해서만 비슷비슷한 질문과 답변에 꼬리를 무는 연이은 질문들이 끝없이, 끝없이 계속됐을 겁니다.

이런 게 '선진국형' 대통령 기자회견일 겁니다. 대통령 기자회견이 끝나면, 신문의 2개 면을 털어 정치, 경제, 통일, 외교 등으로 구획을 나눠 분야별로 내용을 골고루 정리해 보도하는 식은 '후진국형'이고요. 그렇게 골고루 이야기하려면 차라리 청와대가 정치, 경제, 통일, 외교 분야의 구상을 말하고 싶은 대로 발표하면 되지, 뭐 하러 기자회견을 합니까?

기자회견이란 청와대가 하고 싶은 말을 하는 자리가 아니라, 기자들(국민들)이 묻고 싶은 것을 대통령으로부터 듣는 자리가 되어야 할 겁니다. '비정상의 정상화'가 필요한 자리입니다. 새 대통령 시대에는 기자회견다운 기자회견을 한국에서도 볼 수 있기를….

기자는 아첨꾼이 아니다

지난 21일 도널드 트럼프 행정부의 숀 스파이서 백악관 대변인의 첫 브리핑. 전날 취임식 보도에 불만을 품은 해군 공보장교 출신인 스파이서 대변인은 "언론보도에 할 말 있다"는 말로 시작해 "역사상 최대 취임식 인파였다"는 일방적 주장을 4분30초 동안 마구 내뱉은 뒤, 질문도 받지 않고 그냥 기자실을 떠났다. 퇴장까지 4분30초.

22일 조간. 〈뉴욕 타임스〉는 '트럼프 쪽 주장 7가지'를 정리해 조목조목 반박했다. 〈워싱턴 포스트〉는 항공사진을 통해 참석 인원은 16만명뿐이라고 분석하면서 "'내 상사(대통령)'가 시켜서 고함을 지르려고 여기 왔다"는 격이라고 비꼬았다. 〈폴리티코〉는 "지하철 이용객 42만명" 브리핑을 낚아채 "2009년 취임식 110만명, 2013년 취임식 78만명"이라고 비교했다.

23일, 두 번째 브리핑은 78분간 이어졌다. 64개 질문을 받았다. 대변인은 "거짓말할 의도는 없었다"며 버벅대다, 궤변을 늘어놓다, 횡설수설했다. 언론 길들이기에 나서려다, 백악관 대변인이 길들여지는 것처럼 보였다.

워싱턴 특파원으로 백악관 기자실에 처음 갔을 때의 느낌은 '이너서클'에 들어온 이방인 같았던 게 사실이다. 49석 좌석이 간격도 없이 촘촘한데, 다들 '여긴 내 자리'라며 밀어내는 통에 그제야 모든 좌석이 지정석이란 걸 알았다. 맨 뒷자리 좁은 틈새에 서 있는데, 일본·중국 기자, 미국 지방지 기자 몇 명이 함께했다. 대변인은 '입석' 쪽은 쳐다보지도 않고 〈AP〉, 〈뉴욕 타임스〉 등 앞자리 유력지 기자들만 '이름first name' 불러가며 몇 번이고 질문권을 줬다. 하지만 질문은 물렁하지 않았고, 답변이 부실하면 똑같은 질문이 몇 번이고 반복됐다.

가끔 국내 기자회견에서 "오늘 주제에 대해서만 질문해 주세요"라는 부탁을 한다. 황당하다. 그러려면 보도자료만 돌릴 것이지. 1998년 11월 빌 클린턴과 김대중 대통령의 한-미 정상회담 뒤 열린 기자회견에서 〈CNN〉 기자는 클린턴에게 "르윈스키 스캔들"을 질문했다. 일반적이다. 외국에서 다른 나라 정상 또는 장관과의 회담 뒤 열리는 기자회견에서 기자들이 '그들의 관심'을 물어주는 경우는 없다. 제3국 정상이 꿔다 놓은 보릿자루처럼 회견장에 멀뚱하게 서 있는 건 보통이다. 기자들이란 절대 친절하지 않고, 눈곱만큼의 배려도 없는 사람들이다.

그래서 얼마 전 반기문 전 유엔 사무총장이 12·28 합의를 집요하게 캐묻는 기자에게 화난 얼굴로 "그 질문엔 더 이상 답하지 않겠다"고 정색할 때 의아했다. 유엔 사무총장 출신이 어찌 저런 반응을. 10년간의 시차와 전혀 글로벌스럽지 않은 언행 등 이도 저도 아닌 모순과 모순이 중첩된 모양새였는데, 나로선 그 반응이 제일 이상했다.

2008년 미 대선을 앞두고 론 네슨 브루킹스연구소 연구원이 대선주자들에게 '언론 소통 10계명'을 제시한 바 있는데, 지금도 유효한 것 같다. △절대 거짓말 말고, 숨기지 말라 △인터넷에 주목하라 △시각효과를 활용하라 △기자에게 잘 알려주라 △'오프 더 레코드'는 없다 △질문을 잘 들어라 △'노코멘트'란 말은 절대 말라 △언론 전략을 사전에 준비하라 △방어적 대신 공세적 태도를 먼저 취하라 △나쁜 뉴스는 내가 먼저 말하라 등이다.

새 대통령은 더 이상 '어, 그, 저'란 말 하지 않는, 기자회견 두려워하되, 듣기 좋은 질문만 해달라고 요청하지 않는 사람이면 좋겠다. 버락 오바마 대통령은 마지막 기자회견에서 이렇게 말했다. "여러분 기사를 다 좋아했던 건 아니다. 하지만 아첨꾼은 기자의 역할이 아니다. 제게 어려운 질문을 해야 하는 사람들." 이라고 말했다. 그 기자회견은 1시간 가까이 계속됐다.

(2017.1.25)

■ 반기문을 비판했던 논리는 다음 대통령, 그리고 어떤 정당의 후보에게도 똑같이 적용되어야 할 것입니다.

안철수의 진정성

그날 편집회의는 좀 길었다. 새정치민주연합의 '기초공천 폐지 철회' 결정이 나던 날(10일), 1면을 어떻게 쓸 것인지에 대해 의견은 나뉘었다. 어찌됐든 스스로 대선 공약을 어기게 됐다는 점을 들어 안철수 대표에 대한 비판에, 또 한쪽은 선거가 양자대결 구도로 재편됐다는 점에 더 주목할 것을 주장했다. 토의는 양자를 종합적으로 담되, 주관적 가치판단은 가급적 배제한다는 쪽으로 기울었다. 그러나 회의 뒤, 3면에 배치된 '안철수의 생각, 전망' 기사에는 강한 비판 톤을 유지하자고 현장기자에게 지시했다. '많은 이슈 중에 일반인들은 관심도 없는 걸 들고 오더니, 지금껏 도대체 뭘 한 거지?'라는 일반인들의 의문도 짚어줘야 할 것 같았다.

2011년 덴마크는 '비만세fat tax'를 도입했다. 덴마크 국민 47%가 과체중이었다. 정부는 포화지방산을 2.3% 이상 함유한 모든 식품에 kg당 16크로네(3,085원)의 세금을 붙였다. 비만세 때문에 국민들의 지방 섭취가 줄 것으로 기대했다. 그런데 국민들의 비만율은 변화가 없었다. 대신 물가가 오르자, 덴마크 사람들은 이

웃나라인 독일, 스웨덴에 가서 장을 봤다. 덴마크에선 '살'이 아니라 '소비와 일자리'가 빠졌다. 비만세는 1년 만에 폐지됐다. 의도는 선했지만, 선한 의도가 반드시 선한 결과로 이어지는 건 아니다.

안 대표가 기초공천 폐지를 들고 나온 건 선의라 본다. 그러나 사람들이 자신의 뜻과 다를 때는 뜻을 접는 게 맞다. 세종은 재위 12년(1430년), 관리의 주관적 판단에 따라 세금이 매겨지는 문제점을 보고, 1결당 10두의 세금을 거두는 '공법'이라는 새로운 세법 시안을 마련했다. 세종이 보기에 새 세법은 공정하고 합리적이었다. 백성들의 의견은 반반으로 나뉘었다. 세종은 찬성 의견이 더 많았음에도 반대 의견도 만만치 않은 걸 보고 "백성들이 좋지 않다면 이를 행할 수 없다"며 미뤘다. 재위 19년 전라도와 경상도를 대상으로 시범실시, 그리고 재위 26년 최종확정했다. 공법을 내놓은 지 7년 뒤에 시범실시, 또 7년 뒤에 전면실시 했다.

왕도 이럴진대, 야당 대표가 선거법을 "여당은 하든지 말든지, 우리는 간다. 이번부터."라고 한 건 지도자의 자세가 아니다. 일상생활에도 신념이 강한 사람은 간혹 주변을 불편하게 만든다. 힘있는 사람은 자신의 신념을 구현하는 데 더 조심스러워야 한다.

그러나 안 대표를 과하게 비판하는 것 역시 과하다. 새누리당의 안 대표 비판은 그냥 말을 말자. 현실정치에서 진정성이란 허망한 것이긴 하나, 어쨌든 '기초공천 폐지'에 대한 그의 진정성은 믿는다. 기초공천 폐지란, 옛 민주당의 손발을 잘라 당을 접수하기 위한 정지작업이라는 악의적 분석을 믿고 싶지 않다. 다만, 안 대표는 더 이상 '기초공천 폐지'에 묶여 있을 시간이 없다. 그래서 그날 회견장에서 장황하게 기초공천 폐지에 대한 자신의 신념을 읊은 것은 어른답지 않았다.

'기초공천 폐지' 여론조사를 앞두고 많은 이들이 말했다. "폐지 철회로 나오면 사퇴하는 거 아냐?"라고. 왜 사람들은 안철수를 보며 여전히 조마조마해할까? '또 훌쩍 떠나버리는 건 아닐까'라는 우려가 늘 있다. 유시민 전 의원은 "대통령 자리를 목표로 삼는다면, 권력투쟁을 놀이처럼 즐거운 일로 여기면서 그 안에서 존재의 의미를 찾을 수 있어야 한다"고 했다.

안 대표에게 '기초공천 폐지'를 스스로 뒤엎은 건 큰 아픔일 수 있다. 하지만 이는 김대중, 노무현 등 역대 정치 선배들이 겪은 것에 비하면 일상다반사에 가깝다. 안철수가 국민들을 걱정하되, 국민들이 안철수를 걱정하지 않게 해달라. 이젠 당면한 일을 당면해야 할 때다.

(2014.4.13)

█ 이 칼럼 이후, 몇 달 뒤 치러진 7·30 재보궐 선거에서 패한 뒤, 안철수 새정치민주연합 공동대표는 대표직을 사퇴합니다. 그리고 이듬해인 2015년 12월에는 새정치민주연합에서 탈당합니다. 이 칼럼을 쓸 때, 느꼈던 조마조마한 불안감이 현실화된 것입니다. 탈당 이유는 본인이 제안한 '혁신전당대회'를 당시 문재인 대표가 거부했다는 것입니다. 당시 정치부장이었던 저는 직전까지 안 대표가 탈당을 하진 않

을 것으로 잘못 내다봤습니다. 그 정도 사안으로 탈당한다는 게 상식적으로 납득이 잘 안됐기 때문입니다.

하지만 안 대표는 탈당을 결행했고, 그리고 이는 야권분열로 인한 2016년 4월 총선 야당 패망론으로 연결됐습니다. 하지만 새누리당이 2/3 의석을 얻어 개헌선까지 확보할지도 모른다는 불안감이 팽배해 지면서, 야권 지지층이 결집했고, 박근혜 정부의 실정이 호남뿐 아니라 수도권에서조차 여권 성향 지지자들이 안 대표가 세운 국민의당으로 고개를 돌리도록 하면서 새누리당의 대패라는 아이러니를 이끌어냅니다. 드라마 대본을 써도 이렇게 쓰진 못할 겁니다.

가끔 안 대표를 보면 지금도 낯설 때가 많습니다. 2011년 9월 월등히 높은 여론의 지지를 받고 있음에도 박원순 후보에게 선선히 서울시장 후보를 양보하던 안철수와 2017년의 안철수가 같은 인물인가 하는 생각을 할 때도 많습니다.

■ 이와 별도로, 이 칼럼이 처음 나간 뒤, 편집국 일각 고위층에서 "회사 내부회의를 신문에 그대로 밝히는 건 좀 적절치 않은 게 아니냐"는 반응이 있기도 했습니다. 지금도 그 부분은 다소 혼란스럽긴 합니다. 비록 누가 어떤 말을 했는지를 상세히 밝히지는 않았지만, 외부공개를 의식하지 않고 한 발언 등이 그 직후든, 아니면 한참 뒤든, 당시 현장에 있었던 사람에 의해 외부로 밝혀진다면, 좀 불편하게 느낄 수도 있을 듯합니다. 그리고 이런 일이 잦아진다면, 회의도 이런 점을 의식하게 돼 차질을 빚을 수 있을 것 같습니다.

하지만 다른 한편으로는, 이제 언론도 과거와 달리, 최종 보도결과물만을 제공하는 게 아니라, 보도의 진행과정과 결정과정도 필요에 따라선 전해야 될 때가 점점 많아지리라 보입니다. 〈뉴욕 타임스〉 등 미국 언론 일부가 편집회의를 외부에 오픈하는 것 등도 이런 이유 때문일 것입니다. 이에 대한 대비도 동시에 해나가야 하는 것 아닌가 하는 그런 생각이 듭니다.

한국 신문에서 국제 기사는
왜 뒷전으로 밀리는지

가끔 〈뉴욕 타임스〉 등을 들면서 "외국 언론은 국제뉴스가 늘 1면 톱이다"라는 이야기를 듣곤 합니다. 한국 언론이 국제뉴스를 미국 신문처럼 자주, 크게 다루지 못하는 데는 두 가지 이유가 있습니다.

첫째는 미국은 사실상 제국입니다. 일반 미국인들 대부분이 미국 외의 다른 나라에는 별 관심도 없습니다만, 미국에게 중동이나 중남미는 먼 나라가 아닌 직접적으로 미국의 이해관계에 영향을 미치는 것이기에 우리와는 입장이 다를 수밖에 없습니다. 그리고 〈뉴욕 타임스〉를 보는 미국인은 보통 미국인은 아닙니다.

미 국무부 브리핑에 가면, 전 세계 각국에서 온 기자들이 제각각 질문을 하는 통에 주제가 시리아, 이란, 인도, 브라질, 영국, 일본 등을 넘나들고 대변인은 미리 준비한 수준만큼의 답변을 역시 세계 각국의 상황을 넘나들며 답변합니다. 가끔 국내 언론에 보도되는, 미 국무부 대변인이 한국 상황에 대해 뭐라고 한마디 한 것은, 그날 대변인이 한국 상황에 대해서만 스페셜하게 뭘 얘기한 게 아니라, 그날 언급한 수십 개 국 각각의 상황에 대한 미국의 입장 가운데 한국도 그날은 포함된 것입니다. 우리와는 관심의 범위와 차원이 다릅니다.

더욱이 한국은 국내뉴스가 숨 쉴 틈도 없이 박진감 넘치게 진행되는 곳입니다. 다만 박근혜 정부 이후 정치체제가 좀 안정이 되면 앞으로는 눈을 좀 더 바깥으로 돌릴 수도 있겠지요.

둘째로는 그들은 그들 자신의 국제기사를 씁니다. 〈뉴욕 타임스〉도 일부 기사는 〈AP〉나 〈로이터〉 기사를 전재하기도 하지만, 대부분 현지 특파원들 또는 직접 현장 출장을 가서 보내는 기사가 대부분입니다. 거기 반해 한국 언론의 국제기사는 대부분 외신을 번역하는 것입니다. 외신 여러 개를 보고, 이를 종합해 자기 시각을 넣으면 훌륭한 것이고, 상당수는 통신사나 한 언론사의 기사를 그대로 옮기는 경우가 많습니다. 한국 언론들이 자기 기사가 아닌 남의 기사인 국제뉴스를 전면에 잘 배치하지 않는 또 다른 이유입니다.

게다가 한국 신문사들의 특파원이 적으면 3명, 많은 곳도 기껏해야 6~7명이 고작인데, 미국 언론들은 해외 특파원이 족히 100명 가까이 됩니다. 사회부 기자의 전형은 경찰기자, 경제부 기자는 한국은행 출입기자, 정치부는 여당 출입기자 등 해당 부서에서 단 1명을 뽑을 수 있는 대표성을 지닌 기자가 있습니다. 그런데 만일 편집국 전체에서 1명의 전형적 기자상을 뽑으려면 낯선 해외현장을 누비는 국제부 기자라고 생각합니다.

그래서 회사에서 〈CNN〉을 볼 때마다 경륜이 느껴지는 기자들이 중동이나 유럽 현장에서 마이크를 잡고 방송을 하는 걸 보면 부럽기도 하고, 안타까움이 떠나질 않습니다. 현장을 가지 않더라도, 외신을 종합하면 팩트는 더 풍부하게 전할 수 있습니다. 그러나 통조림을 먹는 것처럼 생동감은 없지요.

(2016.12.22 페이스북)

〈한겨레〉 후배 기자
구본준을 떠나보내며

많은 이들이 본준이를 아파한다. 슬프다기보단, 기가 찬다. 1주일가량 지났지만, 잠시 일을 쉴 때마다 머릿속에서 뱅글뱅글 본준이가 떠나지 않는다. 문상을 하면서 영정을 마주치는데, 부드러운 눈빛으로 파고드는 본준이의 눈과 마주치자 시선을 어디에 두어야 할지…. 아마 본준이와 무던히도 싸웠을 문화부장은 얼마나 울었는지 눈이 퉁퉁 부어 있고….

본준이는 젊어 세상을 떠났다. 그는 가장 아름다운 지금의 모습 이대로 기억될 것이다. 늙음의 추레함도, 쇠잔함도, 시듦도, 빛바램도, out of date도 없이, 지금의 찬란한 모습 이대로….

생전에 제대로 된 좀 비싼 밥 한 끼 산 적 없고, 늘 된장찌개, 칼국수, 기껏해야 파스타로 널 대접했던 게 너무 미안하다. 너 동파육 좋아한다는 것도 너 떠난 뒤에야 알았다. 너 동기랑 너 없이 그 동파육 먹었다. 한번쯤 "권 선배, 나 동파육 사줘"라고 한번이라도 말하지 그랬니? 그 정도는 해줄 수 있었는데…. 선배랍시고 해준 것도 없이, 너한테 늘 받기만 하고….

본준아, 미안한데, 나는 이렇게, 내 방식대로 널 떠나보낼게….

내가 기억하는 본준이

먼 옛날 아직 깃털이 삐죽삐죽하던 본준이의 모습을 끄집어 내본다. 본준이는 회사 2년 후배다. 1996년 1~2월 어느 무렵, 1진과 수습으로, 나는 경찰기자를 떠나기 직전, 본준이는 수습 막바지에 그렇게 서로 군기가 빠진 상태에서 맞닥뜨렸다. 그때 나는 영등포와 관악(서울대) 라인을 맡았고, 본준이는 영등포 수습이었다.

입시철이라 나는 관심이 관악에 집중됐고, 본준이로부터는 아침에 보고 한 번 건성건성 받고는 온종일 찾지 않았다. 그때는 수습 후배들을 좀 심하게 잡았었는데, 본준이한테는 그러지 못했다. 말년이었으니까…. 사회부를 떠난 뒤, 본준이는 나만 보면 "권 선배한테 배운 게 없어"라며 투정을 부리곤 했다. '나 그때 권 선배와 더 가까워지고 싶었어'라는 말로 들렸다.

그때 나는 본준이를 눈여겨보지 못했다. 본준이가 속한 그 기수에는 반짝반짝거리는 이들이 몰려 있었고, 지금의 본준이를 생각하면 상상이 안 되지만 본준이는 그들 사이에서 그리 튀지도 않았다.

사람들이 본준이를 아파하고 그리워하고 좋아하는 것은 본준이가 가진 무수히 많은 장점과 재능 때문이 아닐 것이다. 바로 '나'같기 때문일지도 모른다. 본준이는 사람을 사랑하지만 그리 무한히 착하지도 않다. 가끔 불같이 화를 내기도 하고, 잘난 척도 많이 하고, 남 욕도 잘 하고, 적당히 이기적일 때도 있다. 그래서 좋다. 특히 나는 나르시스트의, 그의 잘난 척을 감히 이뻐했다.

기자로서 구본준

본준이는 뛰어난 기자다. 그러나 본준이가 쓴 특종은 기억나는 게 별로 없다. 그는 특종기자류는 아니다. 초년기자 시절, 본준의 장점은 기획력과 '어프로치approach'였다. 경제부 기자였을 때였던가, 그는 질레트면도기로 면도기의 역사와 현 상황 등을 워렌 버핏 이야기로 시작해 2개 면을 풀어서 썼다. 많이 놀랐었다. '면도기로 이렇게 기사를 쓰다니….'

경제부 산업팀 기자들은 대개 출입처인 대기업 위주로 기사를 쓰게 마련인데, 구본준은 그 영역을 뛰어넘어 다른 접근을 쉽게 할 줄 아는 기자였고, 풍부한 지식을 바탕으로 정치, 경제, 사회, 문화를 넘나드는 '컨버전스convergence, 융합'가 가능한 기사를 작심해서 곧잘 풀어내곤 했다. 김인식 감독이 한창 화제가 됐을 때, 문화부에 있던 그는 "왜 경제부에서 '김인식 감독 리더십을 기업에 적용해보니' 같은 기사를 쓰지 않느냐"며 분노(?)했다. 그가 기획팀장 등 기획 관련 부서나 일에 곧잘 불려갔던 것도 그런 이유 때문이었을 것이다.

그러나 그의 진짜 장점은 끝없이 성장한다는 것이다. 신문사 입사한 초년 친구들의 경우, 처음부터 도드라지게 똑똑한 친구들이 눈에 띈다. 그러나 이 가운데 일부는 몇 년 지나고 보면, 그 상태 그대로인 경우가 가끔 있다. 잘 났기 때문에 성장을 못한 것이다. 그게 아니어도, 대부분은 어느 정도 성장하다가 한계성장 체감의 법칙의 늪에서 벗어나지 못하는 경우가 대부분이다. 대개 10년 언저리에 기자로서의 그릇이 결정 나는 것 같다.

그런데 구본준은 계속 계속 성장했다. 게다가 오히려 가속도가 붙었다. 그 비결은 그의 타고난 배경, 문화적 자질이 바탕이 됐겠지만, 성실성이 열쇠일 것이다. 그는 나한테 가끔 이런 얘기를 했다. "권 선배, 있잖아. 난 참 억울한 게 나는 정말 농경사회의 소같이 성실하게 밭가는 스타일인데, 생긴 게 이래서 그런지 남들이 뺀질거리는 서울내기처럼 본다는 거야."라고…. 처음엔 "야, 너 뺀질거리잖아", "나 진짜 아냐…"라고 장난치곤 했지만, 해가 갈수록 그는 정말 소 같은 사람이었다는 생각이 든다.

더욱이 워싱턴 3년 근무를 마치고 돌아오고 나니, 그는 내가 감당할 수 없을 만큼 성장해 있었고, 거목이 되어가고 있음이 느껴졌다. 그는 책도 많이 읽고 정리했다. 몇 년 전에 "책에 줄을 치면 그 부분만 그대로 컴퓨터라이즈돼서 나중에 검색도 할 수 있는 펜이 있는데, 출장 가서 그걸 살까말까 망설이다 비싸서 안 샀다"고 말하는데 무척 갖고 싶어 하는 것 같았다. 그런데 그때 난 '그런 것도 있나'라며 딴 세상 얘길 듣는 것 같았다. 제대로 된 선물 하나 한 적 없었는데, 그 펜을 선물했었더라면….

휴직을 하기 전 함께 밥을 먹으면서 그는 "평일은 회사 일을 하는데, 대부분이 내가 기사를 쓰기보단 회의하고, 기사 데스킹하는 것이다. 한 달에 외고가 5~6개 정도 있는데, 아, 좀 줄여야 될 것 같애. 네이버에도 정기적으로 글을 써야 하고. 그리고 토요일은 출판사 가서 책을 쓴다. 1년에 한 권은 꾸준히 내려고 한다. 일요일은 밀린 일을 하느라 회사에 나오거나, 아니면 사람을 만난다. 그리고 1주일에 2번은 서울시립대 건축학과에 다닌다."고 했다.

그 얘길 들었을 때, "그게 감당이 되니?"라고 했더니, "당뇨끼도 있고 해서 운동 좀 많이 하는데, 이제 좀 괜찮아졌어. 휴직하면 운동 더 많이 해서 건강 좀 되찾으려고…", 그리고 아마 밤에는 블로그에 글을 올리고, 틈틈이 페이스북에 사진과 짧은 글을 띄우고, 친한 이들의 페북에 댓글도 달았다.

너무 부지런했다. 대개 사람들은, 부지런하다 한들 자기조직 내에서 자신의 주어진 일에 한정되는 경우가 많다. 〈미생〉의 오 과장 같은 경우다. 그러나 본준이는 그것+자기계발+꿈+타인에 대한 애정 등에 모두 전력투구를 한 것 같다. 정말 묵묵히 밭 가는 소처럼…. 그것이 그를, 오늘의 구본준을 만들었지만, 조금만 조금만 게을렀었더라면….

건축전문기자로서의 구본준

입사 전부터 미술에 조예가 깊었던 그는 어느 순간 건축에 꽂히기 시작했다. 본준이의 떠남이 더욱 안타까운 것은 그가 건축전문기자로서 이제 막 출발하려는 시점이었다는 것이다. 살아있었다면, 나는 본준이의 미래가 그려진다.

서울시립대에서 학위 과정을 밟는 그는 아마 건축학 박사학위를 받았을 것이고, 건축전문기자로서, 그리고 건축문화 전문가로서의 길을 걸었을 것 같다. 미술과 정치, 경제, 사회, 문화 전반에 걸친 해박한 지식과 인간적 매력이 폐쇄적인 건축계에 신선한 자극을 주었을 것이고, 건축으로써 우리 사회에 기여했을 것이다. 그가 꿈꿨던 동네 어린이도서관, 인간적인 건축 등이 그를 통해 실현되기 시작했을 것이다. 그리고 아마 그는 건축을 제대로 더 알기 위해 미술-외형적 건축문화에 이어 아마 건축공학에 또 도전했을 것이다. 〈한겨레〉가 그를 언제까지 품진 못했겠지만, 그는 〈한겨레〉에, 그리고 한국사회에 신기원을 이뤄나갔을 것이다.

46살로 생을 끝낸 그에게서 29살에 떠난 기형도의 모습이 어른거리는 것도 그를 통해 우리가 얻을 수도 있었을 변화를 그와 함께 같이 잃어버리게 된 건 아닌지 하는 마음 때문일 것이다. 너무너무 안타깝다. 못다 핀 꽃, 아니 막 봉오리를 피우려던, 이제 막 망울을 터뜨리기 직전인데…. 본준이가 지금까지 이룬 성취도 큰 것이지만, 지금부터가 시작인데….

구본준

그는 사람을 사랑한다. 본준이와 한 부서 한 팀에서 함께 부딪히며 일을 해본 적이 없다. 다행이다. 서로에게 상처를 준 기억이 없어서…. 사회부 끝날 때쯤이었던가, 본준은 결혼식 이후 광화문 세종문화회관 뒤쪽에 있던 오피스텔에 신혼집을 차렸다. 20~30대 경찰기자들이 들이닥친 그 어느 집들이 날, 새색시는 성화에 전공인 오보에를 연주했고, 영화 〈미션〉의 주제곡이었던 '넬라 판타지아'가 작은 집에 퍼졌다.

10여 년 전쯤, 경제부에서 함께 있던 어느 날 밤, 회사에서 이 얘기 저 얘기 나누다가, 회사 옥상 바로 앞 9층으로 올라가 통신실 앞 소파에서 밤새 얘기를 나눴다. 그때부터였을까, 우린 1년에 서너 번쯤 약속도 없이 어느 순간 시간과 눈이 맞으면 그 9층에서 자판기 커피 한 잔 놓고서 새벽 3~4시까지 밤을 새웠다.

본준이는 정치, 경제, 사회, 문화, 영화, 음악, 만화, 책, 스포츠,

도무지 그가 모르는 게 있을까 싶게 화제가 끝 간 데 없고, 내가
좋아하는 모든 것들은 그의 카테고리 안에 포함돼 있어 마냥 둘
이서 떠들고 떠들었다. 회사의 선후배들 이야기도 많이 했다. 전
문용어로 '뒷다마'인데, 본준이는 한 사람 한 사람의 장단점을 세
세히 얘기하기도 했다. 지금 돌이켜 생각하면, 본준이는 그만큼
사람에 대한 관심과 애정이 있었기에 그러했던 것 같다. "○○○
이는 사람의 좋은 면만 본다. 기이하다. 하지만…" 나는 그를 통
해 잘 알지도 못하는 회사 후배들의 성정을 간접경험하기도 했
고, 나중에 그 후배와 함께 일하게 되는 기회가 생겼을 때 본준
이가 전해준 말을 떠올리기도 했다.

본준이는 후배같지 않은 후배여서, 본준이한테는 나는 넋두리
도, 불평도 많이 털어놨다. 그러면 본준이는 "내가 볼 땐…" 하고
또 장광설을 쏟아냈다. 본준이가 선배 같았고, 내가 후배 같았다.
내가 워싱턴으로 가기 전까지 계절마다 9층에서 우린 조우했고,
고해성사하듯 나는(또는 우리는) 본준이와 그렇게 놀았다. 회사 꼭
대기 그곳은 톰 소오여와 허클베리 핀이 놀던 나무 위 트리하우
스 같았다. 그러고 보니, 본준이는 허클베리 핀 같다. 뗏목을 타
고 미시시피강을 따라 멀리멀리 모험을 떠났던…. 회사에서 힘
든 일을 겪은 적도 별로 없는데, 조막만한 일로 내가 투덜대면(본
준이 앞에서만 그랬던 것 같다), 본준이는 "선배, 쓸데없는 생각하지
마… 걱정 안 해도 돼… 웃기지 마."라고 정론직필을 하곤 했다.

일 당하고 나서 보니, 무수히 많은 사람들이 나처럼 본준이와
관계를 맺고 있었다. 이 와중에 섭섭함이라니…. 이제 본준이 없
이 남은 삶을 살아야 한다. 다른 누구보다 본준이한테 칭찬받을

기회가 사라졌다. 본준이한테 "선배, 그러면 안 돼"라고 지적질 당할 기회도 잃었다. 본준이는 내가 부장이 되기 전에 "부장이 되기 전에 자기가 지면과 부를 어떻게 운영할 지를 평소에 생각해 놓아야 한다. 되고 나서 어떻게 할 지 생각하면, 그게 한 6개월 간다. 그러면 끝난다."라고 했다. 부장도 해본 적도 없는 녀석이 잘도 안다. 그땐 나도 '그렇지'라고 생각했지만, 부장이 된 지 7개월이 지났지만, 지금도 하루 벌어 하루 먹고 산다.

그러니 이젠 어떻게 처신해야 할지, 어떻게 판단해야 할지 물어볼 본준이가 사라졌다. 뒷일 생각하지 않고 남 뒷다마 깔 수 있었던 공간도 사라졌다. 본준이를 잃은 지금도 이기적인 셈만 하고 있는, 비루한 삶을 살아야 하는데, 본준이 없는 세상을 본준이 있는 세상만큼 채울, 채워나갈 자신이 나는 없다…. 휘버스의 〈가버린 친구에게 고함〉이란 노래가 입가에 맴도는데, 본준이는 이렇게 말할 것 같다…. "아이, 권 선배, 구려."

(2014.11.20 페이스북)

구본준 기자는 2014년 이탈리아 출장 중 자다가 심장마비로 세상을 떠났습니다. 이후에도 문득문득 기억나고 그리울 때가 많았습니다. 그리고 3년 뒤인 2017년, 이 책이 나오기 직전 〈한겨레〉는 또 한 명의 문화부 기자인 손준현 선배를 잃었습니다. 깐깐하면서도 늘 약자에 대한 따뜻한 시선으로 가득 찼던 분입니다. 〈한겨레〉는 가장 고통스런 시간을 지나고 있습니다. '출간을 조금이라도 늦추자고' 한 것도 이때문입니다.

이런 코멘트가 아픈 상처를 다시 건드리고, 오래 남기는 것 같아 망설였지만, "제 남편 손준현 기자를 잊지 말아 주세요"라는 형수의 말이 걸려 짧은 글을 덧붙입니다.

김훈이 〈한겨레〉를 떠난 이유

애초 이 뉴스메일은 지난(2003년) 3월과 4월 두 차례에 걸쳐 '김훈 기자는 어디로 갔느냐? 왜 한 마디 설명도 없나?'라는 〈한겨레〉 여론매체면 '한겨레 비평'에 실린, 오창익 천주교 인권위원회 사무국장(현 인권연대 사무국장)의 물음에 대한 답신 메일 성격으로 준비한 것입니다. 그러나 그날그날 일상에 치이다 보니 기동취재팀을 떠나, 그때의 질문으로부터 몇 달이 지난 지금에서야 이 글을 띄웁니다.

김 선배(제가 평소 부르는 호칭을 그대로 쓰겠습니다)는 정확하게는 지난(2003년) 1월 20일자로 〈한겨레〉를 떠났습니다. 2002년 2월 〈한겨레〉에 입사했으니 채 1년을 채우지 못하고 〈한겨레〉를 떠났군요.

먼저 김훈이란 누구인지부터 설명드려야겠군요.

1. 김훈은?

김훈은 1948년 5월 5일 서울 종로구 청운동에서 소설가 김광주 씨의 2남3녀 중 셋째로 태어났습니다. 김광주(1910~1973) 씨는

50년대말~60년대초 국내 무협소설 1세대 작가로 〈정협지〉, 〈비호〉 등으로 유명합니다. 지난해 김훈 선배는 선친의 작품인 〈비호〉를 재출간하면서 서문에 이렇게 말했습니다.

나는 소년 시절에 병석에 누운 아버지의 구술을 받아서 무협지 원고를 대필했다. 그것이 내 문장 공부의 입문이었다. 가난은 가히 설화적이었다. 그 원고료로 밥을 먹고 학교도 다녔고 용돈을 타서 술도 마셨다. 그 아이가, 그 아버지의 나이가 되도록 늙어서 다시 그 책을 펴내니 눈물겹다.

조금 더 거슬러 올라가 김훈 선배의 아버지, 김광주 씨 이야기부터 할까요? 김광주 씨는 수원생으로 경기고보를 졸업한 뒤, 1933년 상하이 남양의과대학에 입학합니다. 이후 그는 김구가 조직한 한인애국단에서 이봉창, 윤봉길 의사와 함께 생활하면서 동인극단을 운영하기도 했습니다. 이 당시 김광주 씨는 상하이 홍구공원에 폭탄을 투척할 사람으로 윤봉길 의사와 함께 거론되다 김구 선생이 막판에 윤봉길 의사를 낙점한 일화도 있습니다. 만일 김광주 씨가 낙점 받았다면 김훈은 태어나지 못했을 수도 있습니다.

김광주 씨는 광복 후에도 김구를 보필했으며 1947년 〈경향신문〉 문화부장, 편집국장을 지내기도 했습니다. 그러니 김훈 선배는 2대에 걸친 소설가 겸 기자 집안 출신인 셈입니다. 애초 김광주 씨는 정통(?) 소설을 쓰다 말년에 접어들면서 무협소설을 쓰기 시작한 것입니다. 아래는 지난해 김훈 선배가 〈한겨레〉 기자로 있을 때, 〈오마이뉴스〉가 김훈 선배에 대해 쓴 글의 일부입니다.

소설가 김광주 씨가 그의 아버지다. 김훈의 기억에 따르면 아버지는 매일 억겁의 술을 마셨다. 5년 동안 암을 앓았고 73년 작고했다. 가난했다. 아버지가 누워서 글을 불렀다. "거기서 점 찍어, 줄 바꿔"라고 했다. 김훈은 "그때 받아 쓴 것이 문장수업이 좀 되었을 것"이라고 말한다.

"소년인 나는 내 아버지의 쓰라린 위장을 위하여 남비를 들고 시장거리로 가서 해장국을 사 오곤 했다. 어느 겨울 새벽에 나는 해장국집 문지방에 낀 얼음 위에 자빠져서 끓는 국물을 뒤집어쓰고 허벅지에 화상을 입었다. 나는 선지와 콩나물을 바지 위에 뒤집어쓰고, 빈 남비를 들고 춥고 어두운 새벽거리에서 울었다. 나는 이 세월들과 내 아버지의 생애를 뛰어넘는 자가 되어야 한다고 스스로 다짐하면서 이를 갈면서 울었다." (주여, 망자를 당신 품 안에, 〈문학기행〉)

김훈 선배는 아버지인 김광주 씨가 작고하던 1973년 〈한국일보〉에 입사합니다. 당시 그는 고려대 4학년 중퇴의 학력을 갖고 있었을 뿐입니다. 집이 가난하였던 그는 등록금을 제대로 못 내 몇 차례나 휴학을 반복했고, 그러다 아버지가 돌아가시자 여동생에게 "나는 대학을 안 다녀도 되지만, 너는 대학을 안 나오면 인간이 안 될 것 같다"며 학교를 그만둡니다. 군이 기자가 되겠다는 생각도 딱히 없었던 김훈은 아버지가 돌아가신 뒤라 밥벌이를 위해 무엇이라도 해야 했고(이전에는 막노동판에도 나갔다고 했습니다), 그 와중에 〈한국일보〉의 입사지원 자격이 '고졸'이라는 점에 착안해 지원했습니다.

면접에서 '대졸'이 아니라는 게 문제가 됐습니다. 지원자격을 '고졸'로 했을 뿐 대학졸업을 하지 않은 사람이 〈한국일보〉 기자가 된 적은 없었기 때문입니다. 그러나 당시 장기영 한국일보 회장이 당돌했던 김훈을 눈여겨 봐 김훈은 〈한국일보〉 기자가 됩니다.

김훈은 〈한국일보〉에서 기자의 초년이 으레 그러하듯 사회부 경찰팀(기동취재팀) 기자로 5년을 지냈습니다. 이후 그는 문화부로 옮겨 문학을 담당했는데, 이때부터 그의 문재文才가 빛을 발합니다. 80년대 초반 김훈 기자를 아는 선배들의 이야기를 듣자면, 〈한국일보〉에 연재한 '김훈의 문학기행'은 당시로선 엄청난 파격이었다고 합니다.

그러나 기본적으로 조직생활에는 전혀 맞지 않는 인물인 김훈은 이후 〈한국일보〉에서도 몇 차례나 그만뒀다 다시 들어갔다를 반복하다, 이후 〈시사저널〉 편집장으로 또 한 번 이름을 떨칩니다. 〈시사저널〉은 90년대 초반 시사주간지 시장이 만개할 때, 가장 먼저 시장을 열었던 곳입니다. 김훈은 그곳에서 기자로서 뿐 아니라 데스크로서의 능력도 발휘한 것입니다.

그러던 김훈은 엉뚱한 이유로 〈시사저널〉을 그만둡니다. 2000년, 〈한겨레21〉이 지금은 없어진 '쾌도난담' 코너에 적장이나 다름없는 김훈을 초청했고, 이 초청에 응한 김훈은 "나는 남자들보다 더 뛰어난 여자를 본 적 없다" 등 가부장적이고 다분히 군국주의적인 발언을 마구 쏟아낸 것입니다. 당시 패널로 함께 했던, 또 다른 면에서 '보통 아닌' 최보은 선배조차 반격을 하기보단 '왜 이런 자리에서 이런 발언을 하는 것인지' 그 진의를 파악하느라 오히려 어리둥절해 했던 것으로 기억합니다. 이런 일이 벌어진 뒤, 〈시사저널〉 기자 일부가 사표를 내고, 여성계를 중심으로 김훈 비난여론이 들끓자 김훈은 사표를 던집니다.

당시 그의 행동과 이후 진행과정이 너무도 황당해 '위악적'이라는 해석이 따라붙기도 했습니다. 나는 당시 김훈을 잘 몰랐지만, 마치 김훈이 칼로 자기 배를 찌르는 듯한, 끈을 매달지 않고 번지점프를 하는 듯한, 우연이 아니라 의도적인 듯한 그런 서늘한 느낌을 받기도 했습니다. 이후 김훈은 야인으로 머물면서 전국을 풍륜風輪이라고 이름붙인 자전거를 타고 달린 뒤 쓴 수필집 〈자전거 여행〉(2000), 이어 이순신 장군의 이야기를 담은 소설 〈칼의 노래〉(2001) 등을 쓰며 지냈습니다.

그러다 2002년 초 김 선배는 우연히 지인과의 술자리에서 "현장기자로 돌아가고 싶다. 그리고 그 터는 〈한겨레〉가 되었으면 좋겠다."라고, 속을 털어놓았답니다. 비공식적인 이런 바람은 〈한겨레〉의 공식라인을 타고 논의됐고, 그리고 그해 2월 김훈은 부국장 대우 사회부 기동팀 취재기자로 입사합니다. 김훈으로서는 7번째 회사입니다. 이때 홍세화 선배도 역시 부국장 겸 편집위원으로 〈한겨레〉에 나란히 입사합니다. 나이는 비슷하지만 사고방식과 살아온 이력은 전혀 극과 극인 두 사람이 말입니다.

김훈의 〈한겨레〉 입성은 한 차례 진통을 겪기도 합니다. 〈한겨레〉 일부 기자들은 김훈의 〈한겨레〉 입사를 반대했습니다. 왜

냐하면 그의 지나온 이력과 보수적인 색채 등이 〈한겨레〉에 적합하지 않다고 봤기 때문입니다. 여기에 〈조선일보〉의 동인문학상을 그가 받은 것도 작은 이유 가운데 하나이긴 했습니다. 그러나 그 반대는 〈한겨레〉가 똑같은 생각만을 가진 사람들만 모이는 곳이 아니라는 반론에 부딪혀 그리 강렬하진 않았고, 무엇보다 그가 데스크가 아닌 현장 기자를 원했다는 점에서 이를 〈한겨레〉 뿐 아니라 한국 언론의 한 실험으로 받아들이는 분위기가 〈한겨레〉 내부에서 더 강했습니다.

김훈의 이력을 중심으로 이야기했는데, 김훈이란 사람은 사물에 대한 깊은 성찰이 돋보이긴 하나 그 내면은 마치 어린아이와 같다는 것이 김훈을 잠시나마 겪은 저의 생각입니다. 그래서 어떨 때는 삶을 관조하는 듯한 그가 작은 일(우리가 생각하기에)에도 화를 참지 못했던 것 같습니다.

2. 김훈의 〈한겨레〉 생활

김훈은 입사 이후 그의 바람대로 데스크가 아닌, 사회부 기동취재팀에 배치됐고, 출입처는 종로경찰서였습니다. 종로경찰서에는 기존의 1진 기자가 있었으니, 김훈은 형식상으로는 종로 2진이었습니다. 매일 아침마다 50대 중반의 경찰기자가 30대 중반의 캡(시경캡, 서울경찰청에 상주하며 경찰출입기자들을 지휘하는 팀장을 이르는 언론계 용어)에게 전화로 보고를 합니다.

김훈은 컴퓨터를 다루지 못합니다. 그래서 다른 기자들처럼 컴퓨터로 보고를 하는 게 아니라 전화로 보고했습니다. 그는 입사 이후 처음 몇 차례 자판 연습을 한 적도 있긴 합니다. 그러다가 얼마 뒤 그는 제게 이렇게 말했습니다. '도저히 못하겠습니다. 나이든 제게 컴퓨터를 배우라고 하는 건 인권침해라고 생각합니다.'라고. 그래서 김 선배가 원고지에 기사를 쓰면 이를 종로 1진 기자가 컴퓨터로 쳐 보내거나, 아니면 김 선배가 직접 팩스로 보내왔습니다. 나중에 김 선배는 "컴퓨터 자판을 연습하려니, 손가락을 이리저리 비비 꼬아야 했다. 선비가 할 짓이 아니다."라고 일갈했습니다.

물론 김 선배는 이메일도 사용하지 않습니다. 회사에서 부여한 이메일로 김 선배에게 아무리 메일을 보내봐야 소용이 없습니다. 그러다가 몇 달 뒤 종로 1진 기자가 김 선배의 이메일을 대신 열어준 적이 있는데 그때 회사 메일서버가 잠시 다운됐습니다. 그 이후로 순전히 메일서버 관리를 위해 종로 1진 기자는 수시로 김 선배의 메일을 대신 열어줬지만, 김 선배는 그렇게 보내오는 메일은 잘 거들떠보지도 않았습니다. 김 선배에게 뜻을 전하려면 편지로 해야 합니다. 제가 기동팀원들 또는 김 선배에게 보내는 메일도 이 종로 1진 기자가 대신 열고 프린트로 뽑아 김 선배에게 건네주는 형식을 취했습니다.

김 선배가 회사에 들어온 것은 2002년 2월초였고, 제가 사회부 기동팀장으로 발령받은 것은 그해 3월 12일이었습니다. 처음 인사발령을 받았을 때 저는 솔직히 김 선배가 무척 부담스러웠습니다. 저를 제외한 기동팀 1진 8명 가운데 나머지 기자들은 대부분 1~5년차인 후배들이고, 그 아래로 수습기자 9명이 오글오글하게 배치돼 있는데 김 선배를 제가 어떻게 대해야 할지 난감했기 때문입니다.

김 선배를 난감해한 것은 저뿐 아니라 종로경찰서를 출입하는 타사 기자들도 마찬가지였다고 합니다. 아버지뻘의 기자가 오니 기자실에서 마음 편히 드러누울 수도 없고, 행동 하나하나도 조심스러웠다고 하니까요. 그러나 김 선배가 원래 무뚝뚝한 편이라 다른 기자들과 잘 어울리지 않고, 기자실에도 오래 머물지 않다보니 나중에는 있는 듯 없는 듯 했다고 하더군요. 어느 신문의 한 기자는 김 선배를 처음 보고 사인을 부탁했다가 '기자끼리 무슨 사인이냐'며, 거절당했다는 이야기도 전해옵니다.

김 선배는 아침에 전화를 걸어 굵은 목소리로 "캡이세요? 김 훈입니다. 지금 종로경찰서에 나와 있습니다. 오늘 이러저러한 일이 있는데, 이를 기사로 써보겠습니다. 몇 매를 보내면 될까요?"라고 차분하게 그 나름의 보고를 합니다. 김 선배를 가끔 필요한 현장으로 보내 기사를 보낼 것을 '지시' 하기도 하는데, 이 때 김 선배에게 전화를 걸면 늘 격앙되고 흥분한 듯한 목소리로, 마치 수습기자가 캡의 전화를 받듯 "네, 접니다. 네, 네. 알겠습니다. 그렇게 하겠습니다." 하는 식으로 너무 깍듯이 전화 응대해 제가 민망할 때가 한두 번이 아니었습니다.

김 선배는 저와 대여섯 살 정도 밖에 차이가 나지 않는 다른 경찰팀 후배 기자들은 마치 아들, 딸 대하듯 편하게 대하면서도 캡인 저에게만은 깍듯하게 존대말을 쓰고, 의도적으로(제가 보기에는) 어려워했습니다. 〈한국일보〉에 있을 때 김 선배의 후배였던 기자가 〈한겨레〉에서 부장을 맡고 있기도 한데 말입니다. 처음에는 이런 처사가 조금 서운하기도 했지만, 조직과 계통을 중히 여기려는 김 선배가 의식적으로 그렇게 했다는 것을 금세 알게 됐습니다.

김 선배는 아침에 종로경찰서에 나가 아침보고를 마치고 나면 취재를 나가거나 종로서 앞 참여연대 느티나무카페 또는 인근 커피숍에서 원고지에 기사를 씁니다. 연필로. (김 선배는 필통을 가지고 다니는데, 직접 칼로 연필을 깎아서 썼습니다) 커피 한 잔을 주문한 뒤, 왼손으로는 희끗희끗한 머리칼을 움켜쥐듯 머리를 받칩니다. 왼손 둘째와 셋째 손가락 사이에 끼인 담배에서 담배연기가 피어오르고, 오른손으로 기사를 씁니다. 끈 달린 뿔테 안경을 쓰고서. 이 모습을 매일 바라보는 중년의 커피숍 아주머니가 그 모습에 반했다던가 어쨌던가 하는 이야기도 전해오긴 합니다.

김 선배는 또 마감시간을 철저하게 지켰습니다. '거리의 칼럼'은 오전에 보내는 게 일반적이었고, 어떤 기사도 오후 3시를 넘기는 법이 없었습니다. 일반적으로 조간신문의 1판 마감시간은 오후 4시30분입니다. 김 선배는 식사자리에서 저희들에게 〈시사저널〉 편집장 시절, 마감시간을 넘긴 기사는 아예 읽어보지도 않고 그대로 쓰레기통에 처박아 넣어버리고 그 지면은 광고로 메꿨다고 이야기했습니다. 그러나 그가 모든 기사를 일필휘지로 쓴 건 아닙니다. 그는 사석에서 "오후에 갑자기 취재지시를 받을 때는 등줄기에 식은땀이 흘러내린다. 내가 이걸 할 수 있을까라는 걱정이 큰 산처럼 밀려온다."라고 말한 적이 있습니다.

〈한겨레〉 기동팀은 매주 월, 목요일 회사에서 회의를 합니다. 김 선배는 이때 회사에 들어옵니다. 봄, 가을에 김 선배는 노란색 파카에 실로 짠 연푸른 색 스웨터, 오래된 청바지를 즐겨 입었습니다. 늘 바깥에 머무는 현장기자에게는 별도의 책상이 없습니다. 회의를 앞둔 10~20분의 시간 동안 김 선배는 책 등을 쌓아두는 사회부 공용책상 맨끝 귀퉁이에 앉아 원고지에 기획아이디어를 써 제게 제출합니다. 나이든 분에게 제대로 된 자리 하나 마련해 드리지 못한 게 늘 마음에 걸려 회의가 있는 월, 목요일이면 김 선배의 고정석인 그 자리를 미리 치워두기도 했습니다.

회의가 끝난 뒤 팀원들은 함께 회식을 하는데 김 선배는 두 번에 한 번꼴 정도로만 참석했습니다. 그런 자리에서도 김 선배에게 세대차를 느끼긴 힘들었습니다. 김 선배가 기본 바탕이 닳고 닳은 '어른'이기보다는 세상살이를 잘 모르는 '아이'의 마음밭을 그대로 유지하고 있기 때문입니다. 우리가 어쩌다 학창시절 이야기를 하면, 김 선배도 자신의 학창시절 이야기 한 토막을 들려주곤 했는데, 휘문고등학교 시절 담임선생님에게 몽둥이로 100대를 맞았던 과거 악동 짓을 이야기하며 우리들을 박장대소하게 만들기도 했습니다.

또 김 선배가 들려주는 자신의 예전 기자시절 이야기도 재미있었습니다. 1980년 신군부가 들어선 뒤, 당시 해인사에서 수도 중이던 성철 스님을 청와대로 불렀습니다. 간담회를 하자는 것이었답니다. 성철 스님은 찾아온 청와대 직원에게 "산승이 길을 몰라 갈 수가 없다"는 은유적인 말로 거절했습니다. 그런데 이 보고를 받은 당시 신군부 청와대는 "그렇다면, 우리가 차를 보내드리겠다"고 답합니다. 성철 스님은 산속 더 깊숙이 숨어들었습니다. 김 선배가 한 마디 더하며 웃었습니다. "무식한 놈들."

6월 월드컵 거리응원 당시, 김 선배는 폴리스 라인 바깥에서 취재를 하다가 김 선배를 몰라본 전경들에게 "할아버지, 이런 곳에 계시면 위험해요"라는 말을 듣고 꽤 오랫동안 "괘씸한 놈들"
이라고 했던 적도 있습니다. 또 지난해 3월 부산 중국민항기 추
락사고 당시에도 현장취재차 부산에 내려가 병원에서 유족들
을 취재하고 있는데, 당시 대통령 후보 당내 경선 중이던 노무현
후보가 위로차 왔다가 유족들과 함께 있는 김 선배의 손을 잡고
"얼마나 심려가 크십니까?"라고 해 김 선배가 황당해 했던 적이
있습니다. 노무현 대통령이 〈칼의 노래〉를 읽은 것은 아마 그 이
후였던 것 같습니다.

3. 김훈의 기사

서울 종로구 인사동 술집골목에는 밤마다 지식인, 예술가, 언론
인들이 몰려들어 언어의 해방구를 이룬다. 노블레스 오블리제를
논하며 비분강개하는 것은 그들의 오랜 술버릇이다. 그 술집골목
한복판에 '라파엘의 집'이라는 시설이 있었다. 참혹한 운명을 타
고난 어린이 20여명이 거기에 수용되어 있었다. 시각·지체·정신
의 장애를 한몸으로 모두 감당해야 하는 중복장애 어린이들이다.
술 취한 지식인들은 이 '라파엘의 집' 골목을 비틀거리며 지나서
택시를 타고 집으로 돌아갔다. 동전 한닢을 기부한 사람은 아무
도 없었다. '라파엘의 집'은 전세금을 못 이겨 2년 전에 종로구 평
동 뒷골목으로 이사 갔다.
'라파엘의 집' 한달 운영비는 1,200만원이다. 착한 마음을 가진 가
난한 사람들이 1천원이나 3천원씩 꼬박꼬박 기부금을 내서 이 시
설을 16년째 운영해오고 있다. 후원자는 800여명이다. '농부'라는

이름의 2천원도 있다. 바닷가에서 보낸 젓갈도 있고 산골에서 보낸 사골뼈도 있다. 중복장애 어린이들은 교육이나 재활이 거의 불가능하지만 안아주면 온 얼굴의 표정을 무너뜨리며 웃는다. 인사동 '라파엘의 집'은 술과 밥을 파는 식당으로 바뀌었다. 밤마다 이 식당에는 인사동 지식인들이 몰려든다.

김훈 기자 hoonk@hani.co.kr

황사바람 부는 거리에서 전경들이 점심을 먹는다. 외국 대사관 담밑에서, 시위군중과 대치하고 있는 광장에서, 전경들은 땅바닥에 주저앉아 밥을 먹는다. 닭장차 옆에 비닐로 포장을 치고 그 속에 들어가서 먹는다. 된장국과 깍두기와 졸인 생선 한 토막이 담긴 식판을 끼고 두 줄로 앉아서 밥을 먹는다. 다 먹으면 신병들이 식판을 챙겨서 차에 싣고 잔반통을 치운다.

시위 군중들도 점심을 먹는다. 길바닥에 주저앉아서 준비해 온 도시락이나 배달시킨 자장면을 먹는다. 전경들이 가방을 들고 온 배달원의 길을 열어준다. 밥을 먹고 있는 군중들의 둘레를 밥을 다 먹은 전경들과 밥을 아직 못 먹은 전경들이 교대로 둘러싼다. 시위대와 전경이 대치한 거리의 식당에서 기자도 짬뽕으로 점심을 먹는다. 다 먹고 나면 시위군중과 전경과 기자는 또 제가끔 일을 시작한다.

밥은 누구나 다 먹어야 하는 것이지만, 제 목구멍으로 넘어가는 밥만이 각자의 고픈 배를 채워줄 수가 있다. 밥은 개별적이면서도 보편적이다. 시위현장의 점심시간은 문득 고요하고 평화롭다.

황사바람 부는 거리에서 시위군중의 밥과 전경의 밥과 기자의 밥
은 다르지 않았다. 그 거리에서, 밥의 개별성과 밥의 보편성은 같
은 것이었다. 아마도 세상의 모든 밥이 그러할 것이다.

김훈 기자 hoonk@hani.co.kr

김훈이 쓴 '거리의 칼럼' 중 두 편을 골라 봤습니다. 김훈은 사
회부 취재기자로서는 특이한 형태인 '거리의 칼럼'이란 자기 영
역을 갖고 있었습니다. '거리의 칼럼'은 사회면에 원고지 3매 분
량으로 쓰는 짧디 짧은 칼럼입니다. 김 선배는 '거리의 칼럼' 외
에도 르포, 일반 스트레이트 기사 등을 쓰기도 했지만 〈한겨레〉
사회면에서 김훈은 '거리의 칼럼'으로 기억됩니다. 김훈은 3월부
터 11월까지 모두 31편의 '거리의 칼럼'을 썼습니다.

윗글(기사)에서 보아 알 수 있듯 김훈의 '거리의 칼럼'의 특징
은 현장성, 간결성, 함축성, 그리고 간접성 등입니다. 저는 많은
기자들이 이중 많은 부분을 본받아야 된다고 생각합니다. '라파
엘의 집' 기사에서도 알 수 있듯 김훈은 기사에서 호소하거나 촉
구하지 않습니다. 다만 자신이 본 것을 그대로 옮겨줄 뿐입니다.
그러나 그 관조적 전달은 백 마디 호소보다 더 큰 울림으로 다가
오곤 합니다.

김 선배의 기사는 또 하나, 무엇보다 팩트fact가 튼실합니다.
그저 책상머리에서 긁적인 게 아니라 생동감이 있습니다. 현장
에서 쓴 기사이기 때문입니다. 김훈 선배는 '거리의 칼럼'보다 르
포 기사에서 그 진가를 더 발휘하곤 했는데 그 르포 기사에는 밥

상머리의 반찬 하나하나까지 빼곡히 적어놓은 적도 있습니다. 아래 기사를 한 번 보십시오.

탑골공원에서 노인들이 사라졌다

서울 종로구 탑골공원은 지난 반세기 동안 노인들의 놀이터, 사교장, 그리고 시국성토장이었다. 탑골공원은 지난 3월 관람시간을 한 시간 이내로 제한했고 음식물을 들여오거나 돗자리·신문지를 깔지 못하도록 했다. 나무벤치도 모두 돌벤치로 바꿨다. 돌벤치는 여름에도 엉덩이가 시려 노인들은 앉을 수가 없다.

탑골공원에서 내몰린 노인들은 걸어서 15분 거리인 노인복지센터(올해 4월 개관)와 종묘광장으로 옮겨갔다. 복지센터에는 하루 3,000~3,500명, 종묘광장에는 2,000~3,000명의 노인이 모인다. 복지센터에는 탁구·당구·노래방 시설이 있고, 오래 기다리면 이발이나 목욕도 무료로 할 수 있다.

점심시간이면 이 일대에서 3,000여명의 노인들이 무료급식을 기다린다. 이가 성치 않은 이들을 위해 메뉴는 호박나물, 숙주나물, 무국, 두부조림 같은 것들이다. 비가 오면 지하주차장이나 처마 밑에서 밥을 먹는다. 노인들은 80% 이상이 할아버지들이다. 가끔씩 '우리 영감'을 찾아 나선 할머니들이 할아버지들 틈을 헤집고 다니며 인상착의를 설명한다.

노인들이 종묘광장과 복지센터 사이를 왕래하면서 낙원동, 종로 2가 등 이 주변에 노인용품을 파는 노점상들도 들어섰다. 노점상들도 노인이다. 중고 회중시계, 구두, 지갑을 비롯해 돋보기, 효자손, 관절염약, 트로트 음반, 모시 속옷, 부채, 밀짚모자 등 파는 물건도 대개는 오래된 것들이다. 찢어진 우산을 꿰매거나, 닳은 구두 뒤축에 징을 박거나 영정사진을 찍어주는 노점상들도 있고, 장기판을 빌려주는 노점상도 있다.

그러나 노인들이 어디론가 사라지는 오후 6시 이후 이 거리는 다시 젊은이의 거리로 돌변한다. 광장도 데이트하는 젊은이들 차지가 되고 노점상들도 떡볶이, 액세서리, 핸드폰 가입권유로 항목이 바뀐다. 노인들이 어디서 자는지, 아침밥과 저녁밥은 어디서 먹는지 알 수 없다. 아침이면 또 이 거리에 노인들은 몰려온다.

김훈 기자 hoonk@hani.co.kr

김훈의 기사의 두드러진 특징은 간결성입니다. 그 간결성은 전체적인 내용의 압축이기도 하고, 또 문장의 간결성이기도 합니다. 그의 문장 하나는 대개 1~3형식의 범주를 벗어나지 않습니다. 또 문장의 물리적 길이가 또한 짤막짤막합니다. 저는 김 선배의 이런 문장형태를 그의 선친 김광주의 무협지에서 발견할 수 있었고, 더 거슬러 올라가 이순신 장군의 〈난중일기〉에서 그 근원을 찾을 수 있었습니다. 문장과 기사는 압축될 때, 그 폭발력이 더 커지는 것 같습니다.

김 선배에게 제가 이런 제안을 한 적도 있습니다. '김 선배, 굳이 3매에 얽매일 필요는 없습니다. 더 말하시고 싶으시면 5~6매, 아니 10매도 좋으니 거리의 칼럼을 얼마든지 더 길게 쓰셔도 괜찮습니다.'라고. 그러나 김 선배는 "아니, 저는 3매가 좋습니다"라고 대답했고, 그가 〈한겨레〉를 떠날 때까지 '거리의 칼럼'이 3

매를 넘어선 적은 없었습니다.

김훈 선배는 그러나 스트레이트 기사에는 약했습니다. 아니 약하다기보다 지금 쓰는 기사형태와 맞지 않다고 하는 편이 올바른 표현이겠군요. 그래서 김 선배의 스트레이트 기사를 받을 때는 난감했습니다. 마치 옛날 신문을 보는 듯했기 때문이죠. 김 선배의 스트레이트 기사는 제가 요즘 형식으로 완전히 바꿔 데스킹 했습니다. 그리고 기사를 손질한 뒤 요즘 쓰지 않는 표현이나 〈한겨레〉 표기방식 등을 김 선배에게 알려줬습니다.

나중에 안 일이지만 제가 이렇게 '이런 표현은 스트레이트에서는 잘 쓰지 않는다, 〈한겨레〉에서는 이렇게 쓰지 않는다.'는 식으로 전화를 하면 김 선배는 이를 연필로 받아 적었다가 다시 꺼내 읽어보고 이를 다음 기사 쓸 때에는 바로잡았다고 합니다. 이를 나중에 전해 들었을 때 죄송스럽기도 하고, 또 작은 곳 하나에도 치열함을 잃지 않는 모습이 부럽기도 했습니다.

김훈은 〈한겨레〉에 입사하자마자, 철도청 노조원들의 열악한 노동 상황을 기사로 쓴 '철도청 달력엔 빨간 날이 없다'는 기사로 첫 테이프를 끊은 뒤, 이후 부산 중국민항기 추락 현장(3월), 월드컵 거리응원 현장(6월), 허 일병 의문사 사건(8~10월), 부산아시아경기대회(9월), 미선이 효순이 사망사건(11월), 세습사회(12월), 대선현장(12월) 등을 취재했습니다.

김 선배가 〈한겨레〉에 있을 동안 가장 몰두했던 기사는 의문사진상규명위원회의 허원근 일병 의문사 사건이었습니다. 자세한 이야기는 너무 길어 생략하겠지만, 이 사건은 당시 〈조선일보〉와 〈한겨레〉의 시각이 전혀 달라 팽팽하게 맞섰던 것이기도 합

니다. 김 선배는 이 사건에 대한 몰두가 아주 깊었습니다. 몇 차
례나 지방출장을 갔고, 관련자들을 만나 증언할 것을 직접 설득
하기도 했습니다.

김 선배는 자신의 기사에 대해 가타부타 말한 적이 없는데, 딱
한 번 허 일병 사건과 관련해 이렇게 말한 적이 있습니다. 허 일
병 기사가 너무 많다고 생각해 기사량을 줄이려고 하자, 김 선배
가 전화를 걸어와 "제가 이런 전화 처음 하는데요. 이 기사는 꼭
내보내 주셨으면 합니다."라고. 김 선배는 꿈에서 허 일병을 만
나기도 했습니다. 허 일병이 나타나 "진상을 꼭 밝혀 달라"라고
했다고 합니다. 김 선배는 꿈에서 허 일병에게 "가거라. 왜 이승
을 떠나지 못하느냐."라고 소리쳤다고 합니다.

김 선배를 이야기할 때, 피해갈 수 없는 것이 80년대 신군부
정권 등장 당시의 용비어천가입니다. 김 선배는 이 이야기를 잘
하진 않았습니다. 이는 김 선배에게는 큰 상처이기도 합니다. 당
시 신군부가 등장하면서 용비어천가를 쓸 것을 신문사 쪽에 강
요합니다. 어느 누구도 이를 쓰려고 하지 않았습니다. 그 부담은
밀려 밀려와 당시 7년차 기자였던, 글 잘 쓴다고 소문난 김훈에
게까지 떠넘겨졌습니다. 그리고 김훈은 이를 그대로 받아 나중
에 그의 이력에 큰 오욕으로 남게 될지도 모를 용비어천가를 기
꺼이 썼습니다.

나중에 김훈은 이때에 대해 이렇게 이야기했습니다. "누군가
는 써야한다. 그런데 아무도 쓰려고 하지 않는다. 그렇다면 내가
쓰고 말겠다."라고. 다른 사람이 이런 이야기를 했다면 저는 변
명으로 듣고 말았을 것입니다. 그러나 김훈이 세속적인 출세나

야망과는 거리가 먼 사람이기에 저는 김훈의 그 말을 믿습니다.

그때 신문사에 난입한 군인들은 말을 안 듣는 기자들을 폭행하기도 했습니다. 김 선배는 그때 이야기를 하면서 "제발 때리지 좀 마라"라고 했다고 합니다. 김훈이 '신군부 용비어천가'를 쓴 이유라고 판단됩니다.

김 선배는 회사를 떠나면서 의문사규명위와 관련된 이야기를 했습니다. "나는 의문사규명위 사무실에 가는 게 너무 싫었다. 왜냐하면 장준하 등 70년대 의문사를 당한 사람들의 당시 사건기사를 내가 썼기 때문이다. 나는 그때 이들의 의문사에 대해 제대로 규명조차 않은 채 쓴 것이다. 수십년이 지난 지금 그때의 중앙정보부 직원, 경찰 등이 조사를 받고 피의자 신분이 되었는데, 그 피의자 중에는 나도 포함되어야 할 것 같았다. 그런데 나는 지금 그때처럼 역시 그들에 대한 기사를 쓰고 있다. 그래서 나는 의문사규명위에 가고 싶지 않았다. 그런데도 캡은 자꾸 나를 보고 의문사규명위에 가라고 한다. 그러니 꾸역꾸역 갈 수밖에."라고.

제가 '왜 김훈이 〈한겨레〉를 떠났는가'라는, 주제에 곧바로 들어가지 않고 김훈에 대한 설명을 자세히 언급한 것은 김훈이라는 개인을 조금이라도 이해하지 않고선 그가 〈한겨레〉를 떠난 이유를 설명해도 오해하기 십상이라는 점 때문입니다. 김훈은 보통 사람과는 다른 세계관과 가치관을 지니고 있기에 그의 행동에 대해 보통 사람의 잣대로 평가할 경우, 우리는 그를 오해할 수밖에 없는 까닭입니다.

4. 김훈과 도올 김용옥

지난해 10월 어느 날이었습니다. 김 선배가 이렇게 말했습니다.

"김용옥이 곧 문화일보 기자가 된다고 하더군요."
"그래요? 기사로 씁시다. 단독인데."
"김용옥이 저보고 문화일보가 발표할 때까진 기다려달라고 하더군요."

김훈과 김용옥은 고려대 동기동창으로 친구 사이입니다. 그리 친하지는 않은 것 같습니다만, 대학시절부터 서로를 잘 알고 있었습니다.
지난해 10월 어느 날, 김용옥이 김훈에게 전화를 걸어 대학로의 한 카페에서 둘은 만났습니다.

"당신처럼 현장기자가 되려고 한다. 내가 무엇을 하면 되는지 좀 가르쳐달라."
"하지 마라. 이 일은 사람이 할 짓이 못 된다."
"이미 문화일보 사장과도 다 이야기가 됐다."
"굳이 하겠다면, '보고'를 잘해야 한다는 것을 명심해라."

'보고를 잘 하라'는 김훈의 한 마디 말에는 기자의 모든 것이 다 들어있습니다. 김 선배는 이 이야기를 제게 전하면서 "그런데 김용옥은 내가 무슨 말을 하는지 잘 못 알아듣는 것 같더라구"라고 이야기했습니다.

정몽헌 회장의 죽음 이후, 기자직을 그만둔 김용옥은 〈한겨레〉
의 김훈과 곧잘 비교되곤 했지만, 김훈과 김용옥은 '거리의 칼럼
3매'와 '신문 한 면'이라는 둘의 기사 길이가 둘의 차이를 모두 설
명해주고 있다고 생각합니다. 김훈은 〈한겨레〉 조직 안에서 행
동하고, 그의 기사도 그 시스템 안에서 작동했습니다. 그러나 김
용옥은 제가 보기에는 기존의 시스템을 초월했고(나쁜 말로는 '무
시') 특별한 기자의 새로운 전형을 만들었습니다.

사회부 기동팀(또는 경찰팀)은 보통 수습시절과 그 이후 1~5년
차 등 초년 기자들이 뛰는 경우가 대부분입니다. 50 넘은 기자가
이 현장으로 돌아온 것은 지금까진 거의 없었습니다. 김훈의 사
례는 다른 나이든 기자들에게도 적지 않은 영향을 끼쳤고 김용
옥도 김훈으로부터 상당한 용기를 받았던 것으로 생각됩니다. 김
훈 이후 〈경향신문〉, 〈SBS〉 등에서도 차장급 40대 기자들이 경
찰팀 기자를 자원한 적이 있습니다. 그러나 이들 대부분이 1년이
채 안 돼 원대복귀 하는 경우가 많아 아직은 실험단계일 뿐 정착
단계로 옮아가고 있진 않은 것 같군요. 김 선배가 현장기자로 조
금만 더 계셨더라면 상황이 또 어떻게 달라졌을지 모르는데, 기
자로서 안타까운 부분입니다.

5. 김훈이 〈한겨레〉를 떠난 이유

이제 진짜 본론 중의 본론이군요. 아래 기사는 김 선배가 〈한
겨레〉에서 마지막으로 쓴 기사입니다. 2002년 12월 20일 대선
직후였습니다. (날짜 상으로는 2003년 1월 1일자의 '세습사회 르포' 기사
가 더 나중이지만, 이는 대선 이전에 마감을 한 것이어서 기사를 쓴 시점으

로는 아래 기사가 가장 마지막입니다.)

대통령 선거 개표 결과는 지역보다는 세대별로 갈라섰다

조직되지 않고 동원되지 않은 젊은이들의 힘이 젊은 정치권력의 시대를 열었다. 국민통합21 정몽준 대표가 노무현 후보에 대한 지지를 철회한 18일 밤, 인터넷 공간에서 벌어진 젊은 세대들의 민첩하고도 전략적인 대응에 기성세대들은 경악했다. 이회창 후보를 찍었다는 엘지그룹 오정환(59) 전무는 "한마디로 무서웠다. 쇠뭉치로 뒤통수를 맞은 느낌이었다."고 말했다. 20일 아침, 오전무가 주재한 회사 간부회의 분위기는 무겁고 침울했다. "나이 먹은 간부들은 모두 멍한 표정이었다. 간부들은 리더십의 문제를 심각히 고민했다. 한평생 먹고사는 일과 회사수익 올리는 걱정만 하다가 미래의 가치를 내다보지 못한 죄도 있다."고 그는 말했다. 소설가 이문열(56) 씨는 19일 밤 개표방송을 보다가 술을 마시고 대취했다. "선동성에 노출된 젊은이가 다수가 되었다. 빨간 옷을 입고 다수의 힘으로 광장을 점거하는 젊은이들을 신뢰할 수 없다."고 그는 말했다. 20일 아침까지 그는 술이 덜 깨어 있었다. 전직 차관인 김시복(59) 씨는 "젊은 세대가 대통령을 만들었다고 해서 정치세력화한다면 기성세대와 마찰을 일으킬 것이다"라고 말했다. 익명을 원한 대기업 중역 김아무개(57) 씨는 "젊은이들의 힘이 특정정치세력화하지 않기를 바란다. 그저 순수한 변혁의 힘이기를 바란다. 통일 원동력이 된 경제력을 건설해온 세대의 고통을 부정하지 말아달라. 무섭고 두렵다."고 말했다. 월간지 〈바자〉 기자 김경숙(32) 씨는 개혁국민정당 당원이다. 19

일 밤 시울 광화문 네거리에서 수많은 젊은이와 함께 만세를 불렀다. 카페마다 젊은이들이 몰려들어 맥주잔을 쳐들며 환호를 질렀다. 민주노동당 당원이라는 젊은이들도 함께 함성을 질렀다. "우리는 정치적 이익을 바라지 않고서도 우리 후보를 위해 열렬히 선거운동을 할 수 있다. 그것이 청춘이다. 우리는 조직이 아니지만 필요할 때는 조직처럼 움직인다. 휴대전화와 인터넷이 우리의 무기다."라고 김씨는 말했다.

소설가 조정래(61) 씨도 개표방송을 보며 술을 마셨다. "이것은 혁명이다. 50대와 60대들은 근대화라는 업적을 민주화, 합리화로까지는 발전시키지 못했다. 그 결과는 김영삼과 김대중의 실패로 나타났다. 젊은 세대들은 정치에 대한 환멸을 희망으로 전환시켰다."고 말했다.

얼마 전 문화일보사에 입사한 도올 김용옥(55) 기자는 전국의 유세 현장과 투·개표 현장, 정당 상황실을 며칠째 쫓아다녔다. "미국을 객관적으로 바라볼 수 있는 세대가 시대의 전면으로 등장했다. 기성세대들은 이 젊은이들의 힘을 그저 막연히 느끼고 있었다. 이 힘이 현실로 나타나자 기성세대는 충격을 받고 있다. 이회창은 일방적이었다. 그러나 노무현은 젊은이들과 쌍방 커뮤니케이션을 했다. 이것이 노무현의 승인이다."라고 김 기자는 말했다.

19일 밤, 광화문에서 고려대생들이 20~30명씩 모여 건배를 하고 있었다. 고려대 학생기자 윤수현(23·경제학과 3) 씨는 "이회창이 이겼다면 어른들은 이런 자리를 만들진 않았을 것"이라고 말했다. 선배인 임춘택(32·고대신문 간사) 씨는 "월드컵, 소파개정 투쟁 열기 속에서 젊은이들은 개인의 판단으로 참가했다. 친구들끼리 가족들끼리 광장으로 가는 모습을 보며 나는 희망을 느꼈다."
고 말했다.

그 '희망'에 대해 50대는 여전히 의구심을 제기한다. 젊은 대통령
의 '희망' 앞에서 50대의 보통 사람들은 주눅 들고 불안해하고 있
다. 늙음은 다만 낡음인 것인가, 고생하며 살아온 세월은 단지 수
구 냉전의 고착화에 기여한 것이었던가 하는 것이 새로운 시대
앞에 처한 50대들의 자괴감이었다. 서울대 황상익(50·전국교수노
조 위원장) 교수는 "기성세대는 이제 행동이나 판단에 있어서 관
성에서 벗어나야 한다. 대립과 갈등이 아니라 역할분담의 길을
찾아야 한다."고 말했다.

20일 낮, 서울 도심 식당에서 젊은이들의 식탁은 '노무현'으로 시
끌벅적했고, 50대들은 조용히 밥을 먹고 있었다.

김훈 기자 hoonk@hani.co.kr

이 기사는 원래 김 선배가 쓰겠다고 한 기사는 아니었습니다.
대선이 세대간 대결처럼 치러지면서 대선 발표 직후, 50대 이후
장년들의 상실감이 상당했습니다. 이를 기사로 보여줘야 할 것
같아 김 선배에게 대선 다음날인 20일(금) 아침 전화를 걸어 이런
내용의 기사를 보내줄 것을 요구하며 이렇게 말했습니다.

"이번 대선결과에 대해 50대 이후 세대들이 충격을 받은 것
같더라구요."
"저도 충격을 받았습니다."

이때만 해도 저는 이 말에 그냥 웃고 말았습니다. 그런데 김 선배가 받은 그 '충격'이 바로 김 선배가 〈한겨레〉를 떠난 이유입니다. 위 기사를 마감한 그날 저녁 김 선배가 제게 다음과 같이 말했습니다.

"제가 칼럼을 한 번 써도 괜찮겠습니까?"
"예, 좋습니다. 어떤 내용이지요?"
"저는 노무현을 찍지 않았습니다. 이회창을 찍었습니다."
"그러셨나요?"
"제가 왜 노무현을 찍지 않았는지, 왜 이회창을 찍었는지를 〈한겨레〉 지면을 통해 이야기하고 싶습니다."

김 선배가 칼럼을 쓰겠다고 한 적은 그때까지 한 번도 없었습니다. 김 선배가 이회창을 찍었다는 것도 조금 놀랐지만(김 선배는 대선 전 이회창 지지 발언을 한 적이 한 번도 없었고, 평소에도 한나라당의 잘못을 지적하는 일이 더 많았습니다), 그런 내용을 공적인 자리를 통해 밝히겠다는 이유가 뭔지 궁금하기도 했고, 우려되기도 했습니다.

"김 선배가 쓰시겠다면 제가 뭐라고 할 말은 없습니다. 또 〈한겨레〉 지면에 그런 내용의 칼럼이 나가는 것도 좋다고 생각합니다. 하지만 아마도 김 선배 개인한테 반론과 비난이 쏟아질지도 모를 텐데 괜찮겠습니까?"

"괜찮습니다. 저는 이번 대선과정에서 노무현 후보 유세를 주로 따라다녔습니다. (김 선배는 노무현-정몽준이 서로 갈라서게 된 문제의 명동 유세장에도 그 한복판에서 그 과정을 모두 지켜봤습니다) 제가 그 과정에서 느낀 점 등을 그대로 써볼까 합니다."

저는 그 칼럼을 쓴 이후 김 선배가 겪을지도 모를 마음고생이 걱정되기도 했지만 솔직히 말하자면 김 선배의 칼럼을 지면에 게재하고 싶다는 냉혹한 욕심이 더 컸습니다. 이후 부장에게 보고해 이 내용은 국장에게까지 보고됐고, 지면확보 등 일단 회사 쪽 준비는 모두 끝난 상태였습니다. 김 선배가 칼럼을 보내오면 월요일 12월 23일치에 쓰기로 돼 있었습니다. 그런데 다음날인 12월 21일(토) 낮, 김 선배로부터 다시 전화가 걸려왔습니다.

"칼럼을 쓰긴 다 썼습니다. 그런데 제가 읽어보니 도저히 못 내보낼 것 같습니다. 아마도 칼럼이 나가면 예전에 제가 겪었던 비난여론이 또 한 번 몰아닥칠 것 같습니다. 제가 도저히 그것을 견뎌낼 자신이 없습니다. 죄송합니다만, 칼럼은 없었던 일로 해 주셨으면 고맙겠습니다."

그리고 그 일이 있은 얼마 뒤, 그해가 가기 직전 종로1진 기자가 제게 사표 한 장을 쑥 내밀었습니다.

"김 선배가 캡 갖다 주라고 해서요."

원고지 한 장에 쓴 사표 내용의 일부입니다.

"저는 〈한겨레〉의 진보성 속에 저의 보수성을 펴는, 나름대로 제 역할이 있다고 생각했습니다. 그러나 이는 실패했습니다. 늙음은 낡음인 것 같습니다. 도저히 더 이상 기사를 쓸 자신이 없습니다. 이제 조용히 집에서 책이나 읽으며 여생을 보내도록 하겠습니다."

"왜 그만둔다고 하시대?"
"이번 대선결과에 좀 충격을 받으셨나봐요."

그때 저는 순간적으로 '차라리 이회창이 됐더라면' 하는 바람이 불쑥 솟아나기도 했습니다.

"대선결과?"
"단순히 결과가 아니라 이제 자신 세대의 시대는 끝났다고 생각하시나봐요. 그런데 (김 선배 특유의) 횡설수설해서 무슨 말인지 못 알아듣겠어요. 몸도 좀 안 좋으신 것 같고."

김 선배 기사가 지면에서 보이지 않으면서 회사에도 소문이 퍼졌습니다. 사회부 바깥에서는 당시 기자생활을 시작해 한 면씩 도배를 하던 도올 김용옥을 거론하며 "혹 대접이 소홀해서 그랬던 건가?", "섭섭한 게 있었나?", "이제 다른 역할을 맡겨야 하는 거 아냐?" 등 여러 가지 이야기들이 오가기도 했습니다.

김 선배가 〈한겨레〉를 떠나는 이유를 김 선배가 말하는 이유로는 이해가 잘 안 됐기 때문입니다. 김 선배는 애초 그해 가을 자신의 집을 일산에서 회사 근처로 옮기려고도 했습니다. 일산에서 출퇴근하기가 너무 멀어 〈한겨레〉 바로 옆 삼성아파트로 이사하기 위해 사모님이 근처 복덕방을 돌아다녔습니다. 그러니 그때만 해도 김 선배는 〈한겨레〉에 꽤 오랫동안 머물려 했다는 것을 알 수 있습니다.

〈한겨레〉는 김 선배를 붙잡고 싶어했습니다. 사회부장, 전 사회부장(김훈 선배를 데려온), 심지어 사장까지 김 선배를 만나 설득했습니다. 김 선배와 친한 〈한겨레〉 인사가 김 선배와 밤새 술을 마시며 김 선배를 붙잡기도 했습니다. 사회부장과 김 선배가 만난 자리에선 저도 함께 있었는데 "지금 그만둔다고 곧바로 결정하시지 마시고, 조금 쉬시면서 머리도 좀 식히시다가 그래도 정 생각이 바뀌지 않으시면 그때 결정해도 되지 않겠습니까?"라고 구슬리기도 했습니다.

그러나 김 선배는 막무가내였고, 또 횡설수설했습니다. "나는 그들이 마르크스를 읽을 때, 노자를 읽었다", "조직이 중요하다", "더 이상 나는 이 세상에서 존재할 가치가 없는 사람이다", "그냥 조용히 있어야 할 것 같다", "세상에 나서는 게 무섭다" 등등 서로 연결되지 않는 말들을 마구 내뱉었습니다. 그리고 어느 날 감기에 걸렸다며 베이지색 바바리코트 깃을 세우고 찾아온 김 선배는 쓰지 않은 컴퓨터를 반납하고 〈한겨레〉를 떠났습니다.

김 선배가 〈한겨레〉를 떠난 이유는 한 가지 더 있습니다. 이 무렵 〈한겨레〉에서는 홍세화 선배 등 〈한겨레〉 기자 중 몇 명의 민주노동당 가입과 관련해 논쟁이 오갔습니다. 언론인의 정당가입 문제를 어떻게 보느냐 하는 것이었습니다. 당시 그 논란에도 세대차를 보여줬는데, 젊은 기자들은 '그건 문제가 될 수 없다'는 쪽이었고, 차장급을 기준으로 그 이상의 기자들은 '안 된다'는 입장이었습니다. 김 선배도 역시 '안 된다' 쪽이었습니다. 김 선배는 이런 〈한겨레〉 내부 논란 진행과정도 본인의 마음에는 좀 안들었던 것 같습니다. 논리적인 설명 없이 "그게 말이 되느냐"라는 말만 계속 되풀이하곤 했습니다. 제가 할 수 있는 말은 이게 전부입니다. 여러분들은 김훈이 왜 한겨레를 떠났는지 이해가 되십니까?

6. 김훈의 요즘(2003년)

김 선배가 〈한겨레〉를 떠난 뒤 저는 김 선배를 개인적으로 만난 적이 아직 없습니다. 제가 캡 생활을 할 때는 마음도 시간도 여유가 없기도 했거니와 뭔가 김 선배에 대해 정리를 하고 싶었기에 제 스스로도 적극적으로 김 선배를 찾지 않았습니다.

그러나 종로 1진 그 기자는 김 선배와 몇 차례 만났고, 그를 통해 김 선배의 요즘을 가끔 전해 듣습니다. 김 선배는 그의 소망처럼 나름대로 '음풍농월' 하고 있습니다. 김 선배는 유일한 낙을 "집 앞에 고등학교가 하나 있다. 오후 늦게 학교가 파하고 아이들이 쏟아져 나올 때 그 아이들을 바라보는 것."이라고 말했습니다. 아마 그 파릇파릇한 생명력을 부러워한 탓이겠지요.

제 핸드폰 8번을 꾹 누르면 액정에 '김훈'이라고 뜨며 김 선배의 핸드폰으로 연결됩니다. 이번 주말쯤에는 김 선배를 한 번 찾아뵙고, 허락 없이 김 선배 이야기를 쓴 것에 대해 용서를 구할 까 합니다.

김 선배는 요즘 이순신을 떠나 안중근에 푹 빠져 있습니다. 역 시 기자 출신답게 안중근을 이야기하면서도 이토 히로부미가 애 초 역을 떠나 몇 번째 역에서 내렸고, 그때 객차 수는 몇 개였는 데 이토 히로부미는 앞에서 몇 번째 객차에서 내렸고, 그때 역 사에서 안중근의 위치는 어디에 있었고 등 세세한 팩트 하나하 나까지, 안중근의 미세한 숨결까지 읊고 있습니다. '안중근'이라 는 말을 전해 들었을 때, '그래, 맞아. 김 선배가 흠모할 만한 또 다른 사람, 이순신을 닮은 사람.'이라는 생각이 번득 들었습니다. 아마 내년쯤에는 소설 〈총의 노래〉가 나올 지도 모르겠습니다.

(2003. 10 뉴스메일)

■ 이 글을 쓴 때로부터 14년이 지난 2017년 현재까지 〈총의 노래〉 는 나오지 않았습니다. 김훈 선배는 요즘도 가끔 만나 같이 밥을 먹곤 합니다. 김 선배는 제 부탁으로 2004년에 태어난 제 아들의 이름을 지어주시기도 했습니다.

사람이 나이가 들면 진보였던 사람도 점점 보수적으로 변한다고 합니다. 그런데 아주 가끔, 과거 보수로 여겨졌던 사람이 점점 진보 적인 생각을 갖는 경우를 보곤 했습니다. 이런 분들의 공통점은 세 속적 이利를 탐하지 않고, 늘 생각하는 분이었습니다. 그래야만 흐 르는 물결을 거슬러 올라갈 수 있었을테니까요. 김 선배가 그러합니다. 김 선배를 보수, 진보의 틀로 재단할 수 없지만 말입니다.

  이 책을 내기 직전 이 글을 책에 실어도 되는지 김 선배께 여쭤보기 위해 찾아갔습니다. 이미 온라인을 통해 10여년 전에 퍼져 있었지만, 혹 '원치 않는다'고 하시면 책에서 제외할 생각이었습니다. 그러나 김 선배는 제 말이 채 끝나기도 전에 "쓰세요"라고 했습니다.

안정숙 선배

〈한겨레〉가 오늘로 창간 25돌을 맞았다. 창간 때문만은 아니었는데, 얼마 전부터 책장에 꽂혀있던, 지난 1998년 〈한겨레〉 창간 10돌 때, 이인우 선배(《르몽드 디플로마티크》 한국판 에디터)가 썼던, 한겨레 10년사 〈세상을 바꾸고 싶은 사람들〉을 다시 읽었다. 15년 전 읽었을 때와는 전혀 다른 느낌이었다. 오래 전 사진 속에서 지금은 회사를 떠난 선배들, 그리고 나는 본 적이 없는, 창간 초기의 그 순진무구한 성정들….

책을 읽을 때, 책의 주제와 상관없이 단 한 문장, 단 한 장면에 꽂힐 때가 있다. 〈한겨레〉에 안정숙(62)이라는 기자가 있었다. 1990년대와 2000년대 초반 불세출의 영화 기자였다. 〈한겨레〉를 떠난 뒤, 영화진흥위원회 위원장을 맡기도 했다. 국회의원 원혜영의 부인이다.

함께 일한 경험이 없어, 안 선배에 대한 기억은 많지 않다. 그저 1997년 파리 출장 가서 파리 코뮌의 아픈 역사가 서린 파리 국립공동묘지 '뻬르 라세즈'를 취재해 기사를 쓴 뒤, 가끔 날 "뻬르 라세즈"라고 부르며 이뻐해줬던 것 같은 느낌만 어렴풋이 드는 정도다. 날 보고 "문화부 안 오고, 경제부 갔다 이거지?"라고 눈을 흘겼던 정도…. 아마 안 선배는 기억도 못 하시겠지만….

회사에선 한 번도 정치인 아내라는 티를 내지 않았지만, 김근태 유인태 의원 등 민주당 의원 비서관이었던 친구들이 안 선배 이야기를 하면서, 원혜영 의원 집에 가서 술 먹고 목욕탕 바닥에 오바이트를 하고 미안해서 쩔쩔 맸는데, 안 선배가 웃으면서 "괜찮아요"라면서 맨손으로 그 오물들을 그냥 쓱쓱 쓸어서 치우더라는 이야기를 들은 적도 있다.

1980년 〈한국일보〉에서 해직됐다. 그리고 1987년 새 신문이 만들어진다고 하자, 만사 제쳐놓고 달려왔다. 그런데 참 경우가 없었던 그 초창기 선배들은 안 선배에게 경리를 맡아달라고 했다. '경리 할 사람이 없다'고…. 주판알은커녕 전자계산기도 안 만져본, 돈 셀 줄도 모르는 여자더러. 그때 안 선배의 나이 37살이었다. 아마도 새 신문에서 해직기간 7년 동안 묵히고 묵혔던 영화 기사를 마음껏 쓰고 싶었을 것이다. 안 선배는 그 책에서 "눈앞이 다 캄캄했다. 맙소사. 경리라고?" 그러나 안 선배는 "하지만 누군가는 그 일을 해야만 된다는데…. 에라 모르겠다. 새 신문만 만들어진다면야…."라고 달라붙었다 한다.

기자든, 일반 직장인이든 자신이 원치 않는 일을 하게 되는 경우는 누구에게나 생길 수 있다. 이 경우, 사람들은 어떤 생각이 들까? "내가 뭘 잘못했을까?"라고 골똘히 생각한다면, 그나마 나은 경우일 테고, 대부분 누군가를 원망하게 될 것이다. 억울해할 수도 있고…. 그 이후엔, 자신도 모르는 새 사보타지를 할 가능성도 높다. 고의로 그랬다는 사람도 꽤 봤다. 그런다면 거기가 무덤이다.

무슨 일을 당해도 묵묵하는 바보가 될 필요는 없겠지만, 때론 직장에서뿐 아니라 우리 삶에서도 내가 원치 않는 곳에서 원치 않는 일을 하게 될 때도 나름 최선을 다하는 것이 사람됨의 도리가 아닌가, 그 옛날 안 선배를 보며, 존경하며 생각한다.

(2013.5.16 페이스북)

성수대교 사고가 나던 날

성수대교 사고 20주년이다. 1994년 그해 10월, 나는 서울 동부 경찰서를 출입하는 1년차 경찰기자였다. 사고가 나고, 끊어진 다리 위로 달려가고, 노란 줄 하나만 매달아놓은 무통제 상황에서 끊어진 다리 끝에서 내려앉은 다리 상판을 한없이 내려다보는 아찔한 순간들을 몇 번이고 반복했다. 희미한 이슬비도 부슬부슬 내리던 그날, 바람 불면 1/3 남은 다리 한쪽이 흔들흔들 거리는 듯했다. 예민한 누군가가 "다리가 무너진다"는 소리에 땅 쪽을 향해 수십 명이 전력질주를 했던 웃을 수 없는 일들도 이어졌다.

사고 당일, 무학여고로 달려가 마구잡이로 선생님과 학생들을 접촉하려는 무감각한 신출내기 기자들을 그때 65살로 정년퇴직을 앞둔 여교장 선생님이 교장실로 불러놓고 "아이들이 너무 충격을 받고 있다. 지금 아이들을 만나는 게 그 아이들 교육에 무슨 도움이 되겠는지 생각해 달라."며 간곡하게 호소했던 일들이, 그 정신없는 그때, 상황수습하기 바빴을 그때에, 기자들 모아놓고 일장훈시를 하게 만든 그 교장선생님께 이제사 죄송하고 죄송하다. 그때는 미안한 줄도 잘 몰랐다.

쪽배를 타고 내려앉은 상판으로 갔을 때, 미처 수습되지 못한 여학생의 책가방에서 삐져나온 색색연필에 잠시 눈물이 핑 돌았을 뿐, 눈물도 슬픔도 그때는 잘 몰랐다.

20년 전 무학여고 학생들과 피해자 가족들의 '그날 이후 삶'에 대한 기사를 봤다. 20년간 성수대교는 건너지 않았던 사람, 친구를 잃고 매년 위령탑을 찾아 울었다는 그때 여학생, 1학년 후배들이 엉엉 울던 일이 잊히지 않는다는 그때 3학년 여학생, '형을 잃고 어떻게 살았는지'라는 동생. 나는 잘 몰랐다. 어떤 사람들은 20년 전 그때를 계속 반복해 왔다는 것을.

왜 세월호 참사 피해자들의 이야기를 담은 〈한겨레〉 기사의 문패가 '잊지 않겠습니다'이어야 하는지 알 것 같다. '잊을래도 잊혀지지 않는 사람들'을 위해 너무도 쉽게 잊어버리는 사람들은 의지로 잊지 않아야 하는 게 사람 세상이어야 할 것이다.

어쩌다 〈동물의 왕국〉을 보면, 사자가 달려들면 정신없이 도망가다 가장 자그마한 새끼 노루 한 마리가 사자의 거친 앞발에 픽 쓰러지며 죽어나가고 나면, 더 이상 사자떼가 자신들을 덮치지 않으면, 그저 아무 일 없었던 듯 까만 눈동자를 천연히 하고선 다시 태연히 풀을 뜯는 노루떼들이, 짐승이지만 '어찌 저럴까'라는 생각이 가끔 들곤 했다. 사람 세상은 '동물의 왕국'과는 다른 곳이어야 하지 않을까 하는 생각이 거듭 든다.

이듬해 삼풍 사고라는 더 엄청난 참사를 겪기도 했지만, 엄청난 참사 앞에서 무감각했던, 철부지로 그날들을 살았던 '나'가 20년 지난 오늘 부메랑으로 돌아와 나를 찌른다.

(2014.10 페이스북)

〈한겨레〉 입사평가위원의
"악역을 마치며"

지난(2005년) 10월 26일치 〈한겨레〉에 16기 신입사원 합격자 발표가 실렸습니다. 취재·편집 6명, 〈한겨레21〉 1명, 사진 1명, 경영관리직 7명 등입니다.

〈한겨레〉 경제부 기자인 저는 16~17일 이틀 동안 신입사원 선발 합숙평가 평가위원으로 수유리 아카데미하우스에서 이들과 함께 했습니다. 2003년에 이어 두 번째입니다. 2년 전에 그러했던 것처럼, 선배들을 대신해 또 한 번 '합숙평가 후기'를 띄웁니다. 〈한겨레〉 합숙평가 포맷은 매년 조금씩 바뀝니다. 내년 합숙평가가 이와 똑같지는 않을 것입니다. 〈한겨레〉, 언론사 입사 희망자들 뿐 아니라 취업을 준비하는 모든 이들에게 조금이나마 도움이 됐으면 합니다.

0. 1~2차 시험

〈한겨레〉 입사시험은 1차 필기(국어, 상식, 영어는 토익으로 대체), 2차 논문·작문, 3차 합숙평가와 임원 면접 등으로 진행됩니다. 이번 시험에는 기자직에만 1,200여명이 지원했습니다.

1차에선 합격자의 10배수를 뽑습니다. 150명 정도 됩니다. 이들을 대상으로 2차 논문과 작문 시험을 치릅니다. 올해 논문 주제는 '헨리 조지의 토지공개념 사상을 중심으로 최근 부동산 정책에 대해 논하시오', 작문 주제는 '침묵'이었습니다. 2차 시험에선 3배수를 뽑습니다. 그리고 3차는 1박2일 합숙면접입니다. 1차 합격자는 제로베이스에서 2차 시험을, 2차 합격자 역시 제로베이스에서 3차에 임하게 됩니다. 3차에 오른 수험생들은 모두 똑같은 출발선에 서 있었습니다.

1. 자기소개(오전 9:30~오후 11:00)

〈한겨레〉합숙평가는 블라인드 테스트입니다. 출신지역·학교는 물론 본인 이름도 모른 채 진행됩니다. 수험생끼리도 '별명'으로 불립니다. 자기소개는 스스로 붙인 별명과 함께 자기를 PR 하는 시간입니다. 이미 '한겨레 면접장에선 별명을 쓴다'는 게 많이 알려져 미리 준비해온 이들이 많더군요. 자기소개가 합격에 별 영향을 끼치진 않지만, 첫 출발을 순조롭게 하면, 자신감이 붙을 것 같습니다.

2. '피처 기사' 취재 및 작성(11:30~오후 7:00)

우선 평가위원 중 한 명이 수험생들에게 '피처 기사'가 뭔지, 그리고 어떻게 써야 좋은 점수를 받는지 설명했습니다. 2년 전에 비춰볼 때, 훨씬 친절해졌습니다. 주제는 '청계천'이었습니다. 수험생들은 청계천에 나가 취재한 뒤, 수유리 아카데미하우스로 돌아와 교실에 비치된 노트북에 기사를 쓰고, 이를 프린트해 제출했습니다. 취재일지와 나눠준 취재수첩도 함께 제출합니다. 오후 7시까지 제출하면 됩니다. 대부분 5시~5시30분께 복귀하더군요.

면접위원들은 수험생들을 내보낸 뒤, 직접 청계천으로 나가봤습니다. 수험생들이 겪을 현장감을 함께 느끼는 게 평가에 도움이 될 듯했기 때문입니다. 저는 첫 번째 청계천 나들이였습니다. 면접위원들이 '피처 기사'에서 보려는 건 '매끄러운 글솜씨'가 아닙니다. 무엇을, 어떻게 보는가를 통해 그 사람의 시각, 기자로의 장래성 등을 알고자 하는 겁니다.

1) '무엇을' 쓸 것인가?

처음 청계천을 나간 저에게 다가온 청계천은 우선 마치 미로 또는 감옥처럼 느껴졌습니다. 좋기는 한데, 일단 들어서고 나니 도대체 출구가 어딘지 알 길이 없고, 한 번 바깥으로 나가려면 징검다리 개울을 건너야 하고, 게다가 계단은 왜 그리 좁게 만들어 놓았는지, 아이를 데리고 나오면 매우 위험하겠다는 생각이 절로 들었습니다. 징검다리 개울은 보기엔 좋은데 유모차를 옮기려면 땀을 삐질삐질 흘려야 하고. 화장실도, 식당도 없고. 여간 불편한 게 아니었습니다. 의문이 일었습니다. 왜 이렇게 불편하게 만들었을까, 하고 말입니다. 여기서부터 시작할 수 있겠죠?

처음 눈에 보인 것이 실제적 문제였다면, 두 번째로 다가온 것은 다분히 정서적이고 한편으론 감상적인 부분이었습니다. 이미 여러 차례 지적됐지만, 지금 만들어진 청계천은 사실상 거대한 인공수로입니다. 진짜 청계천은 우리 눈에 보이는 청계천 저 아래 어두컴컴한 곳에서 구정물을 머금은 채 끊어질 듯 졸졸 흐르고 있겠죠. 문득 중학교 1학년 국어 시간에 배운 이은상 씨의 편지글 '한 눈 없는 어머니'가 떠올랐습니다. 징검다리에 박아놓은 조명등도 왠지 인조인간처럼 섬뜩해 보였습니다. 자연미를 잃은 청계천은 우리에게 어떤 의미인가, 이런 식으로 이야기를 풀어나갈 수도 있겠죠?

세 번째로 눈에 들어온 건 두 번째 이야기와 정반대로 '자연이란 무엇인가' 하는 의문이었습니다. 비록 청계천이 인공으로 만들어진 것이라고는 하나, 오리떼들이 날아들고 드문드문 물고기들이 보이고, 물가로는 물풀들이 삐죽삐죽 고개를 내밀고, 무엇보다 청계천을 찾아간 그날, 중학교 1학년쯤 돼 보이는 계집아이들이 종아리를 둥둥 걷고 흐르는 물속에 들어가 장난치며 노는 모습 등을 보며, '이렇게들 좋아하는데, 그것이 굳이 자연천이 아니면 좀 어떤가' 하는 느낌이었습니다. 태초의 자연뿐 아니라, 사람이 일단 만들어 놓은 이 자연(청계천)이 앞으로 1년 뒤, 2년 뒤에는 또 어떻게 바뀔 것인지, 그 속에서 사람들은 또 어떻게 이 자연을 누릴 것인가 하는 점이 궁금했습니다.

그 다음 네 번째에야 청계천 바깥이 눈에 들어왔습니다. 과거 새까맣게 찌든 매연 때와 베란다 바깥으로 속옷들이 나부꼈던 삼일아파트 자리에 롯데캐슬이 올라서고 있더군요. 그러면서 주위를 둘러보니, 종로5가 아래쪽으로는 온통 공구상들인 데다 낮은 빌딩들뿐인데, '사회적 다이니즘'이 작용하듯, 이곳도 새롭게 재편되지 않을까 하는 전망이었습니다. 청계천 주변 땅값이 올라가면, 임대료가 올라갈 것이고, 그만한 임대료를 감당하지 못하는 영세 상인들은 자연스럽게 다른 곳으로 옮겨갈 수밖에 없을 것이고, 또 그 자리에는 그만한 임대료를 물고서도 수익모델을 찾는 업종들이 들어서겠죠. 1차로는 외식·오락업체들이 줄을 이을 것이고, 2차로는 주상복합 건물들이겠죠?

그 다음 문제는 고층화입니다. 땅값이 오르면, 세입자 뿐 아니라 4~5층짜리 빌딩 주인들도 바뀔 것입니다. 자본력을 지닌 새 주인들은 토지 수익률을 올리기 위해 고층빌딩을 지을 것이고, 이때 고려대상이 되는 것은 정부 또는 지자체의 규제(고도제한 등)와 수익성이겠죠? 어쨌든 청계천 주변이 고층화가 되면, 훤히 뚫려 시원한 청계천 하늘이 조각조각 나는 건 아닌가 하는 엉뚱한 우려도 같이 들었습니다.

자, 그럼 수험생 입장으로 돌아갑시다. 수험생들에게도 저와 마찬가지로 여러 가지 상념들이 한꺼번에 밀어닥쳤을 것입니다. 그러나 모든 걸 다 조금 조금씩 쓸 순 없습니다. 선택과 집중이 필요합니다. △자기가 가장 잘 쓸 수 있는 주제 △남들이 덜 쓸 것 같은 주제를 잡으십시오. 조심해야 할 건 '다르게 쓰겠다'는 것에만 급급할 경우, 논리박약으로 글이 꼬일 수 있음을 염두에 두십시오.

첫 번째 사안인 실제적 '불편'을 이야기해 봅시다. 이것은 현상이 널려 있습니다. 주변 사람 아무나 붙잡고 물어보면 됩니다. 상황을 세분화하면, 장애인 이야기를 할 수도 있겠죠. 하지만 이것의 문제점은 너무 흔해 식상하다는 겁니다. 그러니, 첫 번째 사안으로 이야기를 풀어나가려면 시민들의 이야기보다 정책당국자의 이야기에 초점을 맞춰야 합니다. "왜 이렇게 만들었느냐"

를 꼬치꼬치 캐묻고, 관련 전문가 이야기도 함께 담아야 좋은 점수를 받을 수 있습니다.

그런데 많은 수험생들이 어차피 똑같은 이야기하기 마련인 시민 A, B, C의 이야기만 줄줄이 늘어놓고 "시민들이 이렇게 불편해 한다, 당국은 각성하라" 정도에서 그치는 경우가 있습니다. 물론 정책당국자와 연결이 쉽지 않을 수도 있습니다. 그러나 이런 노력을 통해 최소한의 성과라도 끌어낸다면, 그 수험생은 높은 점수를 받을 것입니다.

이런 글을 쓸 때는 '내 글을 읽을 면접위원들'에게 초점을 맞추지 말고, '내일 신문에 이 기사가 실렸을 때의 독자 반응'을 염두에 두십시오. 장애인 이야기를 취재하면서 이런 생각을 할지도 모릅니다. '약자에 대한 관심과 애정이 평가받지 않을까?' 하고. 그러나 '장애인 불편하잖아' 하고 일방적으로 윽박지르기보다 '계단을 좁게 만든 이유가 뭔가'라는 궁금증(호기심)을 스스로 가져야 합니다. 기자란 높은 곳에 앉은 판관이 아니라, 전달자로서의 역할이 더 큽니다. 그 궁금증을 풀어주면, 목소리를 높이지 않아도 비판은 절로 됩니다. 예를 들어, 정책당국자와 관계자들을 취재해 '계단을 좁게 만든 이유는 청계천 경관을 더 장엄하고 수려하게 만들기 위해서였다'는 이야기를 끌어내면, 비판은 독자들이 하게 됩니다.

둘째 사안, '진짜 청계천'을 택했을 때를 한 번 봅시다. 첫 번째 사안에 비해 조금 다른 시각이 평가받을 수 있습니다. 사물의 현상이 아닌 이면을 본 것이니까요. 또 글쓰기 솜씨를 뽐낼 수도 있습니다. 그런데 이런 접근은 기사가 아닌 수필에 그칠 우려가 매우 큽니다. 수필은 자신의 감상만을 끄적일 뿐, 건설적 대안을 마련하기 힘듭니다. 그렇다고 현 상황에서 '청계천을 걷어내고 자연하천을 제대로 복원하자', 이런 주장을 하긴 힘듭니다. 결국 도입부에는 뭔가 있어 보이다, 결말이 흐지부지될 가능성이 매우 큽니다. 감상적 접근을 하더라도 건설적 메시지가 담겨야 합니다.

셋째 사안, '자연이란'을 택할 경우를 봅시다. 개인적으론 둘째 사안보단 셋째 사안을 택하는 게 차라리 더 나으리라 생각됩니다. 이면에 접근하는 또 다른 시각과 그를 뒷받침하는 현상들이 자연스럽게 연결될 수 있습니다. 시민들 반응, 당국 계획·입장, 그리고 향후 전망 등. 비판의 칼날은 첫 번째 '불편' 사안에 비해 조금 무뎌 보일지는 모르나, 긍정적 글쓰기와 현장감을 두루 접목시킬 수 있습니다.

〈한겨레〉는 '비판을 좋아하는 신문'이란 선입관에 빠져, 부족한 점·모자란 점·실수한 점만 보려고 눈을 부릅뜨면 종종 이런 부분을 빠뜨리게 됩니다.

넷째 '경제 또는 계급' 사안을 택하는 것도 괜찮을 듯합니다. 이는 공간에 대한 접근을 청계천이 아닌, 주변으로 확대하고, 청계천이 생태환경 뿐 아니라 경제환경 나아가 계급의 공간이동에 어떤 영향을 미치는가 하는 사회과학적으로도 재미있는 소재이기 때문입니다.

그런데 '사회' 이야기가 아닌 '경제' 이야기로 나아가려면 좀 더 정교하고 구체적으로 접근해야 합니다. 단순히 공구상 몇 명 취재하고, "청계천 복원돼 좋다고 하는데, 나는 여전히 살기 힘들고, 집세 올려달라고 해 걱정이다. 여기서 가면 어디로 가야 하나.(한숨)" 이런 식으로 쓰면, 최악입니다.

경제적으로 접근하려면 먼저 냉정해야 합니다. 그 다음, 구체적인 팩트, 수치 등을 챙겨야 합니다. 예를 들어, '현재 종로6가 공구상 임대료는 평당 얼마이고, 길가 쪽은 얼마, 길 안쪽은 얼마다. 그런데 청계천 복원으로 앞으로 종로 5~6가 임대료가 물길 주변 쪽은 종각~종로3가 수준으로 오른다는 것이 부동산업계 전망(업계 이야기를 뒷받침해)이다. 이 정도 임대료를 내고도 버티려면 월수입이 얼마가 되어야 한다. 이런 월수입을 거둘 수 있는 곳은 이러이러한 업종 밖에 없다.', 이런 구체적인 수치들을 근거로 자신의 논거를 읽는 이에게 차분하게 하나씩하나씩 설득시켜 나가야 합니다.

그리고 메시지가 담겨야 합니다. '이 사람들 어려우니까 도와주자'는 식의 이야기는 정말 곤란합니다. 공구상이나 만물시장 등이 이곳을 떠나지 않아야 한다면, 왜 그러해야 하는 지 설명해 줘야 합니다. 예를 들어, '이대로 그냥 놔두면 청계천은 도심의 미사리가 되고 만다. 청계천 주변 문화를 다양화해야 한다. 그래서 필요하다면 서울시가 청계천의 문화·경제 지도라는 밑그림을 갖고 있어야 한다. 여기에 얼마간의 예산이 들더라도 그로 인해 시민들이 얻는 이점을 생각하면 이는 결코 낭비가 아닌, 투자요소다', 이렇게 논지를 풀어나가면 글을 전개하기가 훨씬 쉽겠죠?

그러나 어쨌든 '사회' 문제가 아닌 '경제' 문제를 짧은 시간에 다루는 것은 상당한 리스크를 안아야 합니다. 저는 개인적으로 셋째나 넷째 식의 이야기를 쓴다면 더 높은 점수를 주었을 겁니다.

2) 어떻게 쓰나?

무엇을 쓰는가보다, 더 중요한 부분입니다. 저는 채점을 할 때, 먼저 '이 친구가 몇 명을 인터뷰했나, 그리고 인터뷰한 사람 중 몇 명의 이야기를 기사에 인용했나'를 가장 먼저 눈여겨봤습니다. 기사를 잘 쓰고 못 쓰고는 그 다음입니다. 어차피 그 자리는 '기사를 잘 쓴 기자'를 뽑는 곳이 아니라, '좋은 기자가 될 자질을 지닌 사람'을 뽑는 곳이기 때문이었습니다.

기사가 소설과 다른 점은 픽션이냐, 논픽션이냐 하는 점입니다. 그리고 수필과 다른 점은 객관과 주관의 차이입니다. 객관을 밑바탕에 깔기 위해선 사실fact에 대한 접근이 필수입니다. 그런데 사람과의 접촉은 없이, 그저 맨눈으로 휘휘 둘러보면서 자신이 느낀 감상이나 떠오른 생각들만으로 기사를 채우면 그 글이 아무리 유려하더라도 기사로서의 가치는 없습니다.

그 다음, 취재한 걸 다 쓰면 안 됩니다. 10을 취재하고 4~5를 쓰면 훌륭한 기사가 되지만, 10을 취재해서 10을 다 쓰면 중구난방, 중언부언이 되고, 5를 취재해서 5를 쓰면 헐거운 기사가 됩니다. 인터뷰한 사람을 다 적어 넣으면 곤란하고, 멘트는 각각이 나름의 개별적 의미를 지닌 경우에 한해서만 기사에 실어야 합니다. 따라서 똑같은 인터뷰를 여기저기 계속 따는 것은 시간낭비입니다. 그래도 '내가 고생한 걸 알아줬으면' 하는 마음이 간절하다면, 인터뷰 내역은 기사가 아닌, 함께 제출하는 취재일지에 적어 넣으면 됩니다.

마지막으로 가장 중요한 것. 마감시간입니다. 첫날 '피처 기사'에서 마감시간을 넘긴 수험생이 5명 정도 됐습니다. 아마도 '마감시간'을 두고 글쓰기를 해본 경험이 별로 없었기 때문일 겁니다. 약간의 감점을 하긴 했지만, 사실 합격 여부에 큰 영향을 미칠 정도까진 아니었습니다. 그럼에도 불구하고, 결과적으로 이들은 모두 탈락했습니다. 이유는 마감을 넘길 정도로 쫓기면서 허겁지겁 쓴 기사였으니, 당연히 완결성이 떨어질 수밖에 없었고, 첫날 마감시간을 넘겼다는 것이 심리적 부담으로 작용해 나머지 분야에서 '더 잘해야 한다', '모험을 걸어야 한다'는 생각으로 자신도 모르게 무리수를 두게 됩니다. 그러다보면, 상황이 더 꼬일 수 있습니다. 아쉽게도 이날 마감시간을 넘긴 수험생 5명 중 3명이 다음날 인터뷰 기사에서 또 마감시간을 넘겼습니다. 아마도 그런 연유 때문이 아니었을까 싶습니다.

<u>3) 수험생들의 '피처 기사'</u>
모두 23명이었습니다. 이중 7명이 '청계천의 불편'을 이야기했습니다. 장애인 이야기를 든 사람이 대부분이었습니다. 5명이 '청계천의 경제'를 이야기했습니다. 청계천의 양극화를 이야기하기도 했고, 어떤 이는 불쌍한(?) 공구상 이야기를 하기도 했습니다. 그리고 2명이 '청계천 복원하니, 시민들이 좋아한다'고 썼습니다. 이들 14명 중 2명 외에 다 탈락했습니다. 합격한 2명도 '피처 기사'가 아닌 다른 부분에서 좋은 점수를 받아 합격한 겁니다. 뻔한 이야기에 워낙 많이 나온 이야기였기에 임팩트가 약했습니다.
또 '경제' 이야기는 촘촘하게 글을 엮지 못해 내용이 헐겁거나

논리적 허점이 단박에 드러났기 때문입니다. '경제' 이야기를 당사자 말만 듣고, 수치적 논거 없이 막연하게 "예전보다 못하다", "무지하게 잘 된다"는 식의 이야기만 나열하면 곤란합니다. 이들의 탈락 요인이 '주제 선정' 때문은 아닙니다. 앞에서도 이야기했듯 '불편'을 이야기하려면, '왜 이렇게 불편하게 만들었을까' 하는 점에 주안점을 둬 그를 좇아야 했고, '양극화'를 이야기하려면 더 촘촘하고 꼼꼼하게, 마치 핀셋으로 개구리를 해부하듯 접근해야 했습니다. '청계천 복원하니, 시민들이 좋아한다'고 쓰려면, '사람들이 좋아하더라'는 표피적 현상만 쓰면 곤란합니다. '왜 좋아하나, 앞으로도 좋아할 건가' 등 늘 궁금증과 호기심을 갖고 접근해야 합니다.

심사위원들이 가장 주목했던 기사인 '삼일고가도로와 교각 콘크리트 덩어리는 다 어디로 갔나'는 궁금증(호기심)에서 출발한 기사였습니다. 접근이 신선했습니다. 그러나 아쉬웠던 것은 이 기사는 마치 기사를 쓰다만 것 같았습니다. 이 수험생은 기본적으로 '그 폐기물을 제대로 활용하지 못했을 것'이라는 비판적 예단에서 출발했습니다. 그런데 취재를 하다 보니, 92%가 재활용되고, 8%는 수도권 매립지로 보내져 제대로 잘 활용된 것으로 밝혀졌습니다. 그러자 이 수험생은 그만 당황한 기색이 역력합니다. 그러다보니, 글은 '교각 어디로'에서 출발했다가 시 관계자 설명 듣고 고개 끄덕인 뒤, 엉뚱하게 '청계천에 남겨진 교각 같은 동대문운동장 노점상들' 이야기처럼 샛길로 마구 빠집니다.

그래서 이 수험생은 결과적으론 '피처 기사'에서 그리 높은 점수를 받진 못했습니다. 꼭 잘못된 것만을 꼬집고 지적하는 것만

이 능사가 아닌데 말입니다. 92%가 재활용됐는데, 구체적으로 어디어디에 쓰였는지 좀 더 뒤쫓아가 독자들 궁금증을 풀어주고, 개발시대의 삼일고가도로가 재활용되는 데 의미부여를 하고, 다른 거대 교각이나 폐기물 등은 또 어떻게 재활용되고 있는지 등을 덧붙인다면 훌륭한 기사가 됐을 텐데 많이 아쉬웠습니다.

주목을 끌었던 또 다른 기사는 청계천에 온 도림천 주민들을 통해 '청계천 복원이 작은 동네 하천의 복원 등 지역하천 복원 운동으로 번지고 있다'는 사회변화를 포착한 기사였습니다. 이는 사례 1~2개만 더 찾아 잘만 포장하면 그대로 신문기사로 만들어도 훌륭한 기획기사가 될 것 같았습니다. 짧은 시간에 그렇게까지 하긴 힘들었을 테고. 사회적 메시지가 도드라져 좋은 점수를 받았습니다.

'노점상 불쌍하니, 서울시 대책 세워라'는 투의 기사는 심사위원들 사이에서 거론조차 되지 않았습니다. 그러나 노점상 문제를 다루더라도 문화적 접근, 또는 노점상이 아닌 노점상을 이용하는 소비자의 관점에서 다룬 것들은 오히려 좋은 점수를 받았습니다. 즉 '노점상이 있으면 청계천 주변 문화가 더 풍부해질 수 있는 것 아닌가, 노점상이 있어야 청계천 데이트가 더 즐거울 수 있지 않은가' 등입니다. 문제의식이 약하고, 주제가 가벼운 감은 있지만, 사물을 보는 다양성의 한 측면으로 이해할 수 있는 부분입니다. 늘 눈에 핏발만 부릅뜨면 잘 보이지 않는 부분이기도 합니다.

이밖에 내용적으로는 개성이 두드러지지 않았지만, 광고카피처럼 '청계천에는 3색3무1티가 있다'거나, '청계천의 사계' 등 단어 하나에 자기가 말하고자 하는 바를 다 담은, 일종의 형식미를 갖춘 기사들도 상대적으로 좋은 점수를 받았습니다. 젊은 부부, 어린이, 외국인노동자, 장애인 등을 각각 청계천의 봄·여름·가을·겨울에 비유해 하나의 이야기를 한 꼭지마다 담은 기사는 형식미가 지나쳐 좀 작위적인 냄새가 나기도 하고, 대학입시 논술 답안지 같은 느낌이 들기도 했지만, 글에서 느껴지는 사람에 대한 따뜻한 시각과 진정성이 좋은 인상을 주었습니다.

3. 집단토론(오후 8:00~9:30)

이전에는 조별로 나눠 하나의 주제를 놓고 토론을 진행하는 식이었습니다. 그런데 〈한겨레〉 지원자들의 논점이 그리 극명하게 차이가 나지 않아 토론이 겉돌거나, 변별력이 떨어지기도 했습니다. 그래서 이번에는 주제별 토론이 아닌, 모의 편집회의를 벌였습니다. 조도 3개조로 나눠 참여인원을 7~8명으로 줄여 좀 더 심도 있는 토론이 되도록 했습니다. 당일 아침 〈한겨레신문〉 편집국 회의자료를 주고, '1면 머리기사', '정치·경제·사회면 머리기사' 등에 대해 토론하도록 했습니다. 예상대로 각자의 생각을 이전의 주제별 토론에 비해 훨씬 다양하게 볼 수 있었습니다.

이런 식의 토론에서 중요한 건 '내일 신문'이 모범답안이 아니라는 겁니다. 자신이 무엇을 주장하든(이것이 1면 머리가 되어야 한다) 거기에 대한 뚜렷한 이유만 제대로 제시하고, 나아가 주변의 동료 수험생들을 설득시킬 수 있으면 됩니다. 힌트 하나만 드리자면, 연결·종합, 그리고 보이지 않는 것에 대해 신경 쓰라는 겁니다. 즉 단순히 나열된 항목 중 하나만 골라, '이걸 1면 머리로 올리자'는 것에 그치지 말고, '이것과 이것을 연결하고, 이렇게 꾸미면 어떨까' 또는 '이것이 들어가야 할 것 같은데, 이런 건 왜 빠졌느냐' 등을 지적할 줄 안다면 좋을 것입니다.

예를 들어, 이날 정치면에 단신처럼 '중부권 신당 창당'이 짤막하게 제목만 언급돼 있었는데, 한 수험생이 '이를 주요 기사로 올라있던 '10·26 재선거 점검'과 연결시켜 '아직도 사라지지 않는 지역주의'라는 식으로 기사를 키우자고 제안했습니다. '괜찮다'고 생각했습니다. 그러자 또 다른 수험생이 '그런 식의 신문 만들기가 오히려 지역주의를 더 자극한다'며 반대했습니다. '더 괜찮다'고 생각했습니다.

또 '천정배 법무장관 단독인터뷰'라는 부분에 대해 한 수험생은 "사표를 낸 김종빈 검찰총장 인터뷰는 왜 없느냐"고 지적했습니다. 면접위원이 일부러 제외시킨 부분인데, 잘 포착했습니다. 신문이란 늘 양쪽의 이야기를 다 듣고, 객관성을 유지해야 한다는 측면에서 기본적인 균형감각을 갖췄다고 판단될 수 있는 부분이었습니다.

4. 친교의 시간(오후 9:30~새벽 1:00)

이미 널리 알려진 터인지, 예전보다 편하게 맞는 듯했습니다. 그저 선배기자들과 이야기를 나누고, 경쟁자로 만난 낯선 동료들과 우의도 다지는 기회로 삼으면 좋을 듯합니다. 그 사이 친해진 건지, 3명의 수험생이 농담처럼 "우리 다 뽑아주시고, 우린 월급 3분의 1만 받으면 안 되나요?"라고 물어볼 때는 '쿡' 하고 가슴이 메어왔습니다. 2차로 노래방에도 갔습니다. 면접위원들끼리 미리 약속을 했습니다. 일부 수험생들이 분위기에 젖어 '3차'를 가자고 하더라도, 응하지 말기로. 다음날에도 집중력이 요구되는 평가가 계속 되는데, 컨디션이 엉망이 될 수 있기 때문이었습니다.

5. 인터뷰(이튿날 오전 10:00~낮 12:30)

이전에는 현장으로 내보내 스트레이트 기사를 써오라고 했습니다. 그런데 그 역시 변별력이 떨어진다는 점이 지적돼, 이번에는 홍세화 선배를 내세워 모의 인터뷰를 했습니다. 수험생들에게 미리 알리지 않았기에 교실에 홍 선배가 들어서자 수험생들이 약간 놀라는 분위기였습니다. 홍 선배가 새책 출간기념 형태로 간단한 내용을 설명하고, 수험생들이 기자가 돼 질문을 하고, 홍 선배가 대답하는 형식이었습니다. 사진기자 수험생들은 기사 대신, 카메라를 들고 사진을 찍었습니다. 실제 기자회견과 거의 흡사하게 진행됐습니다.

평가를 제대로 하자면, 누가 어떤 질문을 하는가도 봐야겠지만, 이번 평가에선 질문내역보단 제출한 인터뷰 기사에만 초점을 맞췄습니다. 인터뷰 기사를 쓸 때, 가장 점수가 낮은 건 '진행 순서대로 그대로 일문일답으로 쓰기'입니다. 일문일답으로 써도 괜찮으나, 그때도 흐름을 따라 써야 합니다. 가장 중요하다고 생각되는 것을 먼저 쓰고, 조금씩 연관되는 것을 물 흐르듯 이어 쓰면서(마치 둘만 앉아서 마주보고 이야기한 것처럼), 마지막에는 소감이나 전망 등을 이어 쓰면 될 터입니다.

단순한 일문일답보다는 인터뷰 내용을 새롭게 재편성해 자신의 글(기사)로 풀어쓰는 것도 좋습니다. 이게 일문일답보다 더 어렵기에 더 좋은 점수를 받는 건 당연합니다. 그리고 인터뷰 내용을 다 쓰려 하면 안 됩니다. 핵심에 초점을 맞춰야 합니다.

6. 평가위원 면접(오후 12:00~2:00)

답변은 짧게 요약적으로 하십시오. 한 사람에게 주어진 시간은 한정되어 있습니다. 내게 불리한 질문은 짧게, 유리한 질문은 조금 자세히 하는게 약삭빠른 면접 자세일 수 있으나, 일부 수험생은 그 반대로 행동했습니다. 자연히 '탈락 예상자'에게는 질문을 잘 않게 되었습니다.

그러니 면접시간이 길면 길수록 합격가능성에 더욱 근접했다는 점을 알 수 있을 것입니다. '이 친구가 지금까지는 성적이 좋은데, 내 판단이 제대로 된 것일까'라는 생각에 자꾸 질문을 내뱉고, 약점을 찌르기도 하는 겁니다. 제가 참여한 평가와 면접 이후에도 또 다음 난계에서의 면접과 평가도 진행되었고, 최종적으로 〈한겨레〉 새 식구가 될 후배이자 동료들이 정해졌습니다.

7. 불합격한 수험생들에게

시험이라는 게 누구를 뽑아야 하고, 누구를 떨어뜨려야 하는 가혹한 제도입니다. 3차까지 올라온 이들이라면, 누구를 뽑아도 무리가 없다는 게 평가위원 대부분의 공통된 의견이었습니다. 불합격한 몇 명에 대해선 평가위원들이 많이 아쉬워한 이들도 적지 않습니다. 너무 상심치 마십시오. 어쩌면, 당신들은 치열했던 1박2일의 '한겨레 탈락'을 평생 울궈먹을 쓰린 추억거리로 얻

은 것일지도 모릅니다. 아파야, 아름다운 법이니까요. 〈한겨레〉
와의 올해 '인연'은 여기까지였나 봅니다.

〈한겨레〉에도 실렸던 조선시대 화가 윤두서의 시조 한 수를
위로삼아 띄웁니다.

옥에 흙이 묻어 길가에 버려시니 / 오는 이 가는 이 흙이라 하는
고야 / 두어라 알 이 있을지니 흙인 듯이 있거라

8. 언론사 준비생 또는 취업 준비생들에게

주제넘은 짓인 줄 알면서 감히 한 말씀만 드립니다. 취업난이
단군 이래 최악인 건 사실입니다. 그러나 어떡하겠습니까? 이 상
황에서.

합숙면접을 마치고, 우연히 언론사 준비생들의 다음카페에 들
어가 본 적이 있습니다. 제가 준비를 할 때는 이런 카페가 없었
기에 신기하기도 했습니다. 그런데 몇몇 글을 읽으면서 든 생각
은, 카페지기에겐 미안하지만, '처음 준비할 때가 아니라면, (수험
생이) 이곳에 들어와선 안 되겠다'는 것이었습니다. 힘들고 어려
워서 그러겠지만, 자기연민 투의 글이 너무 많고, 또 그걸 보며
동병상련을 느끼며 의지하려는 이들이 너무 많았습니다. '연민'이
란 구질구질한 감정은 속을 곪게 만듭니다. 기자나 PD직 지망생
들은 감수성이 풍부한 이들이 많기에 쉽게 감정에 휘둘릴 수 있
습니다. 그러지 마십시오. 우울할 시간에 책 한 자 더 보십시오.

카페에서 몇몇 글을 읽어보고선, '아, 이 친구는 글도 잘 쓰고,

기자든 PD든 무엇을 하든 참 잘할 텐데, 이렇게 하다간 아마 1차 시험 벽을 넘기 힘들 것 같다. 차라리 새로운 분야를 개척하는 게 나을지도 모르겠다.'는 생각이 들 때가 많았습니다. '1차 시험'은 순전히 성실성으로 넘는 것입니다. 그리고 '성실성'은 기자 또는 PD, 사회인의 기본조건입니다. '성실성'은 때론 '체제순응'과 혼동되긴 하나, 창의력, 비판의식 등도 성실성이 밑바탕되지 않는다면, 바람 불면 날아갈 잘난 척이나 하는 쭉정이나 마찬가지입니다.

대학입시나 국가고시도 마찬가지이지만, 장기간에 걸친 공부는 흔들리지 않는 '지속성'이 생명입니다. 그러기 위해선 먼저 주변 환경(집안·연애·친구 등)이 깨끗해야 하고, 그 다음 생활이 단순해야 하고, 그리고 머릿속이 늘 맑아야 합니다. 최소한 수험기간 동안은 단순한 인간이 되십시오. 생활도, 생각도. 기계처럼 사십시오. 심지어 이성친구도 시간을 정해놓고 만나십시오. 1주일에 하루를 만나든, 매일 만나든. 그래야 수험기간을 단축시킵니다.

구체적으로 들어갑시다.

첫째, 일어나는 시간과 잠자는 시간, 나아가 밥 먹는 시간까지 일정하게 유지하십시오. 아침 일찍 일어나는 게 좋습니다.

둘째, 공부시간은 하루 10시간으로 일정하게 유지하십시오(아침 9시부터 점심-저녁시간을 빼고 밤 9시 또는 10시까지 하면 됩니다).

셋째, 흐트러지면 안 됩니다. 하루 10시간 공부를 한다고 할 때, 1주일을 그냥 놀면, 일요일을 빼고도 60시간의 공백이 생깁니다. 60시간의 공백을 메우려면 2달 이상을 하루에 1시간씩 더 공부해야 합니다. 한 달을 그냥 놀았다면, 그 해 시험은 포기하십시오.

넷째, 수험기간을 정하십시오. 가장 위험한 게 '될 때까지 한다'는 겁니다. 무슨 결연한 의지를 보이는 것 같지만, 이는 반대로 긴장도를 떨어뜨리는 요인입니다.

'2년' 정도로 못 박고, '최선을 다했는데도 언론사가 자신을 몰라주면 미련 없이 떠난다'는 결의를 갖고 덤벼드십시오. 개인적으로 언론사 준비에 '2년'을 넘기는 건 깊이 생각해 봐야 할 사안이라 생각합니다.

다섯째, 신문은 종이신문으로 보십시오. PD 지망생도 마찬가지입니다. 제가 종이신문에 몸담고 있어서 이런 말을 하는 게 아닙니다. 종이신문을 통해 그날의 여러 사건들 중 어떤 것이 더 중요하고, 덜 중요한지를 익혀나가십시오. 사회를 보는 눈을 키우는 겁니다. 무엇보다 인터넷으로 신문을 보면, 연예뉴스 등 선정적인 부문으로 빠져 1~2시간 '시간 도둑질' 당하기 일쑤입니다. 말씀드렸죠? 하루 1시간 손해 보면, 그를 벌충하기 위해 얼마를 애써야 하는지.

마지막으로, 반복되는 말입니다만, '자기연민'에 빠지지 마십시오. 기자든, PD든 '남을 사랑하는 연습'을 해야지, '자기 사랑'에 빠져 허우적대는 건 꼴불견입니다. 주제넘습니다만, 여러분들보다 몇 년 더 산 형으로서 감히 이야기하자면, '삶은 모 아니면 도'도 아니고, '아, 이젠 모든 게 끝났구나' 하는 순간, 또 다른 길이 한쪽 구석에서 기다리고 있었던 것 같습니다. 억지로라도 조금만 '쿨'하십시오. 홍세화 선배가 경구로 삼는다는, 안토니오 그람시의 "이성으로 비관하되, 의지로 낙관하라"는 말을 한 번 되뇌어 보십시오. 강하고 담대하십시오.

꿈이 있을 때, 사람은 늙지 않는 것 같습니다.

(2005.11.2 뉴스메일)

■ 　벌써 12년 전 글입니다. 출판사에서 이 글을 싣겠다고 했을 때, '지금도 유효할까'라는 생각을 먼저 했습니다. 당시 이 글이 언론사 지망생 카페에 오르고 나서 "많은 도움이 됐다"는 글도 받았지만, 꽤 많은 비판과 불만의 글도 받았습니다. '왜 이런 불합리한 시험제도를 그대로 운용하느냐', '하루 10시간씩 공부하라고?' 등등. 요즘 유행어로 보자면, 늘씬하게 '꼰대질'을 한 듯합니다. 이후에도 저는 면접위원과 논술, 작문 평가위원으로 몇 번 더 후배들을 맞기도 했습니다. 면접까지 올라온 이들을 보니, 아무나 뽑아도 훌륭한 이들이 모두였는데, 이들을 굳이 가르고, 나누고, 평가하고 하는 것들이 때론 부질없는 짓 같아 보이기도 하고, 잔인한 일인 듯해 이젠 평가위원으로 지목되는 게 많이 꺼려집니다.

백수의 추억

"클린턴의 대한반도 정책에 대해 영어로in English 말하시오." 한 방송사 기자직 면접시험장. '잉글리시'와는 전혀 안 어울릴 듯한 늙수그레한 면접관이 영어를 내뱉는다. 눈앞이 하얗다. 질문을 알아들은 게 그나마 다행이었다. 첫눈에 반한 사람을 보면 귓가에 종소리가 울린다더니만, 난 그날 '뎅그렁, 뎅그렁' 하는 또 다른 종소리를 들었다. '종 쳤구나!' 하는.

오늘 〈한겨레〉에 신입사원 합격자 명단이 실렸다. 지난 16~17일, 실무 면접관으로 이들, 그리고 명단 바깥의 더 많은 이들과 함께했다. 2003년에 이어 두 번째다. 2년 전에도 그랬지만, 아등바등하는 '시퍼렇게 젊은 청춘들'을 보며 가슴 저렸다. 그들은 오래전 내 모습이기도 했다.

1년8개월가량의 언론사 수험기간을 들추자니 먼저 창피스런 생각부터 인다. "상처는 아물어도 자국은 남는다"(영화 〈눈물〉의 대사)는 말처럼 아직도 백수 시절의 기억들은 날 아프고 부끄럽게 한다. 언론사 준비를 시작할 무렵, 우리 과에는 두 스터디 팀이 있었는데, 난 '마이너' 소속이었다.

처음 치른 언론사 시험에서 금융용어인 '꺾기'를 "누르기, 조르기와 함께 유도의 3대 기술"이라고 답안에 쓸 정도로 '깡통'이었다. 〈한겨레신문〉만 노리고, 한겨레 시험만 볼 배짱은 없었다. '견딜 수 없는' 몇몇 언론사만 제외하곤 마구잡이로 시험을 봤다. 참 많이도 떨어졌다.

늘 불안했다. "교과서 중심으로 공부했다"는 식의, '어떻게 하다 보니', '달리 할 게 없어서'('나는 머리가 좋다'와 동의어)처럼 여유롭게 입문하고 싶었지만, 못 그랬다. 헤이즐넛처럼 '쿨~'하고 싶었지만, 삶은 텁텁하고 끈적끈적한 '옛날식 다방 커피'일 뿐이었다. 떨어질 때마다 살점이 툭툭 떨어져나가는 통증, 그리고 존재의 무가치함에 자학했다.

스물여섯 살이던 그때, 내겐 아내와 막 태어난 아이가 있었다. 아내와 약속했던 '1년'이 끝날 무렵, 치른 한 언론사 면접에서 또 떨어졌다. 아내는 큰 눈에 눈물을 글썽이며 "이젠 어떻게 해?"라고 물었다. 돌배기 딸아이가 '엄마, 아빠'를 막 할 때였다. 그만 접으려 했다. 그러나 딱히 달리 할 일도 없었다. 그렇게 또 8개월이 흐른 뒤, 나는 한겨레신문사에 입사했다.

통계청 자료를 보면, 9월 말 현재 이 땅의 20대 실업자는 31만8천명이다. 고시생 등 '구직 단념자'는 포함되지 않은 수치다. 20대 인구 352만명 중 대학생 303만명(대학원 포함)을 빼면 49만명이 남는다. 10대·30대 대학생도 있겠지만, 군인을 빼면 '이십대 태반이 백수'(이태백)라는 말이 정말이다. 올해 대학가요제에서 대상을 차지한 '익스'의 이상미(22) 씨가 신데렐라 인기를 누리는 이유는 예쁘장한 얼굴이 먼저겠지만, 자신의 면접 탈락기를 노랫말로 만들어 비슷한 이들에게 큰 공감을 주었기 때문이기도 할 터이다.

'청년 백수들'에게 "눈높이를 낮추라"고 윽박지르는 건 야박한 일이다. 그 발언이 결코 '낮은 곳'에 있지 않은 이들에게서 나오기에 더욱 그렇다. 더 넓은 세상을 보고 배워야 할 이 땅의 새파란 청춘들이 그 '한밑천'을 침침한 도서관에서 토익책 뒤적이는 데 다 써버리는 건 엄청난 국가적·개인적 손실이다. 나이 장벽 등으로 '패자부활전' 또한 극히 제한적이라는 것이 '대한민국 청년 백수들'을 더욱 우울하게 만든다. 머리를 쥐어짜 봐도 누가 풀어야 할 숙제인지 언뜻 떠오르지 않는다.

그런데, 2년 전 면접장에서 만났던 파란치, 마르코스, 그리고 짱구는 지금 어디서 무엇을 할까?

(2005.10.26)

■ 젊은 날의 아픔이 참 오래도 가는군요. 이 글을 쓴 게 지금으로부터 12년 전, 그리고 이 글을 쓸 때 회상한 취업 백수 시절이 그때로부터 또 12년 전, 벌써 24년 전의 일인데도, 내가 쓴 글을 다시 읽는데도 또 가슴 한켠이 아파옵니다.

3차 면접을 치른 뒤, 발표날 저녁 종로5가 가판대에서 〈한겨레신문〉을 사서 떨리는 가슴으로 들쳐봤던 일, 신문에서 내 이름을 발견하고선 너무나 흥분해 그냥 길을 마구 달렸는데, 한참을 달리다보니 제기동이었던 일. 발표 다음날, 마치 무슨 과거 시험에라도 합격한 듯 내 이름 석 자가 적힌 〈한겨레신문〉을 앞에 펴놓고 할아버지께 큰절을 하던 일 등이 떠오릅니다.

그때 31만8천명이었던 20대 실업자 수는 이젠 40만8천명(2016년 12월 기준)으로 그때로부터 9만명이 더 늘었습니다. 40만8천개의 개별적인 젊은 아픔들이 하나하나 있을 겁니다.

칼럼에 언급한 것처럼 이 칼럼을 쓰기 직전, 2005년 회사 신입기자 실무 합숙면접 위원으로 참석했습니다.

맨 마지막 문장에 쓴 이들은 2003년 〈한겨레〉 신입기자 입사시험 장에서 탈락한 이들입니다. 〈한겨레〉는 합숙면접에서 이름을 밝히지 않고, 별명으로 불러 서로의 신상에 대해 끝날 때까지도 모릅니다. 이 칼럼을 쓴 직후, 그 중 한 명인 '파란치(병아리가 알을 깨고 나올 때 사용하는 부리 위의 작은 뿔)'로부터 이메일을 받았습니다. 합숙면접 장에서 인사를 할 때부터 또록또록한 모습과 맑은 인상 탓에 관심 깊게 봤으나, 1박2일간의 면접 과정에서 아깝게 탈락한 이였습니다.

탈락하기 전이나 이후에도 〈한겨레신문〉 애독자였던 그는 언론사 입사를 포기하고, 그 2년간 아르바이트를 하고 있었습니다. 출근길 지하철에서 제 칼럼을 읽었다 했습니다. 그리고 자신을 지칭한 마지막 문장이 잊었던 상처를 다시 때렸는지, '가슴에 소금절임을 당한 듯 탈수가 됐다(엉엉 울었다)'고 했습니다. 그러면서 열심히 살고 있다며, 그리고 열심히 살겠다고 했습니다. 그로부터 또 12년, 아마 '파란치'는 잘 살고 있겠죠?

2부

뒤로 뜀박질하는
대한민국

박종철, 박종운, 박상옥

- 박종철. 1964년생, 1984년 서울대 언어학과 입학, 1987년 1월 14일 치안본부 대공수사단 남영동분실 509호 조사실에서 박종운 소재를 추궁당하다 사망.

- 박종운. 1961년생, 1981년 서울대 사회학과 입학, 1987년 1월 8일 수배 중 박종철 자취방에서 묵음, 1991년 박종철기념사업회 운영위원, 2000년 한나라당 입당, 부천시 오정구 국회의원 선거에 한나라당 후보로 3번 출마.

- 박상옥. 1956년생, 1975년 서울대 법대 입학, 1978년 사법시험 합격, 1987년 박종철 고문치사 사건 수사검사, 2015년 대법관 후보.

세 사람의 지나온 삶이다. 1988년 12월 21일, 박종철 아버지 박정기 씨는 한겨레신문사 주선으로 〈한겨레〉 편집국에서 박종운을 만난다. "아버님, 죄송합니다. 앞으로 제가 철이를 대신하겠습니다." 1997년 박정기 씨는 〈철아, 아부지는 아무 할 말이 없데이〉라는 책에서 "박종운 같은 사람이 좀 더 이 사회에 많았으면 하는 욕심을 부린다. 주위에 이러한 착한 젊은이들이 있다고 자부하고 보면 내가 부자구나 하는 마음에 늘 자랑을 한다."고 했다.

"쌍용차 굴뚝농성, 파업이 아니라 점거파괴 범죄", "정윤회 게이트, 쥐 잡자고 달려드는 구제불능 새민련", "3·1절엔 독립운동 뿌리 이승만 독립정신 읽자", 인터넷매체 〈미디어펜〉 논설위원 박종운이 최근 쓴 칼럼 제목이다.

박상옥은 경기고-서울대 법대를 졸업했고, 재학 중 사시에 합격했다. 요직을 두루 거쳤고, 2003년 홍조근정훈장도 받았다. 대법원이 대통령에게 임명 제청을 하면서 내린 평에는 "선비처럼 온화하면서도 매사에 치밀하고 필요할 때는 단호히 원칙을 고수하는 전형적인 외유내강형의 성품과 부정부패 척결 등 사법정의 실현을 위한 엄정한 법집행과 이를 통한 국민권익 보호에 대한 확고한 신념으로 많은 선후배와 동료들의 귀감이 됐다"고 '한다'.

박상옥은 국회 제출 임명동의안에 박종철 수사 경력은 안 담았다. 야당 추궁에 "수사팀 '일원'으로 최선을 다해 수사했고, 수사 과정에 외압이 있었는지는 알지 못했다"고 답했다.

당시 검찰은 고문 경관 2명으로부터 "고문치사 범인이 3명 더 있다"는 진술을 받고도 수사를 진행하지 않았다. 이를 뒤엎은 건 천주교정의구현사제단의 폭로였다. 2차 수사를 벌였지만 강민창 치안본부장은 "범인 축소조작에 가담한 혐의가 전혀 없다"고 무혐의 처리를 했다. 박상옥은 1, 2차 수사에 모두 참여했다. 강 본부장은 나중에 사실이 드러나 구속됐다. 거기에 박상옥은 없었다.

막내 검사 박상옥의 행동을 추정하면, ①그냥, 선배 하는 대로 따랐다 ②고뇌했지만, 따랐다 ③최선 다했지만, 못 밝혀냈다. 그는 ③번이라 한다. 나는 ①번 같다. 1987년에 ②, ③번으로 행동한 이라면 2015년 그 일이 다시 문제가 될 때, '그래도 대법관 하겠다'고 저러진 않으리라 생각되기 때문이다.

박대출 새누리당 대변인 말이다. "(사건) 당시 주임검사 신창언은 1994년 여야 표결서 압도적 찬성으로 헌재 재판관에 임명됐다. 14년 경력 강신욱 검사도 2000년 여야 표결로 대법관에 임명됐다. 8년 경력 안상수 검사는 한나라당 대표까지 역임했다. (그러니) 2년 갓 넘긴 말단검사 박상옥의 대법관 임용에 딴죽을 거는 건 이치상 말이 안 된다."

어제의 '호구'가 오늘의 '진상'을 만들었다. 박상옥이 모멸을 감수하면서도 대법관 되려는 게 혹 연수입 10억원의 대법관 전관예우 때문인가? '어제 박상옥'은 박종철 수사에 항거하지 않았고, '오늘 박상옥'은 대법관 임명에 사퇴하지 않고, '내일 박상옥'은 전관예우 포기하지 않을 것이다. 법조에선 이래야 선후배·동료의 귀감이 되나 보다.

(2015.3.29)

■ 이 칼럼이 나간 직후, 박종철 열사의 형 박종부 씨로부터 전화를 받았습니다. 박종부 씨는 '미안하다'는 말로 운을 떼면서,

"아버님께서 많이 노여워하십니다. 권 부장 칼럼을 보고서 '그럼, 내가 사람도 제대로 못 알아보는 모자란 사람'이란 말이냐고 하십니다."

"아, 저는 전혀 그런 의도가 아니었습니다만, 아버님께서 보시기에는 그렇게 보실 수도 있겠네요. 어떡하죠?"

"아닙니다. 권 기자님 칼럼에는 전혀 문제가 없습니다. 제가 아버님께 '아이고, 아버지, 그런 뜻이 아닙니다'라고 몇 번이고 얘기했습니다. 저는 권 부장님이 무엇을 말씀하시려는지 충분히 이해합니다. 오히려 종철이를 기억해 줘서 고맙습니다. 다만, 아버님께 전화 한 통화만 해서 화를 좀 풀어 주셨으면 합니다. 죄송합니다."

"네, 그렇게 해야죠. 그런데 그렇게 하면 화가 풀어지실까요?"

"글쎄요. 잘 모르겠습니다. 그 다음엔 제가 어떻게 해보지요."

잘못을 저지르고, 교무실로 불려가는 아이처럼 그렇게 박정기 선생님께 전화를 걸었습니다. 그런데 예상과 달리, 박 선생님은 제가 전화를 걸었을 때는 화가 풀리셨는지 별다른 말없이 "좋은 뜻으로 쓰신 거죠. 네, 그럼 됐어요. 전화 주셔서 고맙습니다."라고 했습니다.

혼날 각오를 하고 있다가, 부드러운 응대에 가슴을 쓸어내리긴 했습니다. 하지만 마음은 편치 않았습니다. 80년대에 대학을 다닌 저 같은 사람들은 다들 박종철, 이한열에게 빚진 자의 심정을 지니고 있습니다. 세월이 흐르면서 그 마음이 점점 희미해지기는 합니다만, 어느 순간 그 이름이 불려질 때면 늘 그러합니다. 잠시 동안이었지만, '박종철'의 아버님께 불편함을 끼쳐드렸다는 생각에 잊었던 부채

의식에 무게가 더해졌습니다.

그리고 박상옥은 얼마 뒤 대법관이 되었습니다. 아마 박상옥은 억울했을 겁니다. 당시 그는 2년차였고, 자기 위의 선배들은 줄줄이 잘 나갔는데, 자기만 '불이익'을 당한다 생각했을 겁니다. 우리나라 엘리트들의 공통된 특징은 절대로 '불이익'을 용납하지 않으려 한다는 점입니다. 박상옥 입장에서 보자면, 억울할 수 있습니다. 그러나 그 시절 '박종철'의 반대편에 서 있었다는 자체만으로도 30년 뒤 억울해져야 합니다. 왜 억울함은 '박종철'의 편에 서 있는 사람들의 전유물이 되어야 합니까? 평생 단 한 번도 억울하지 않았을 박상옥은 기어이 이번에도 억울하지 않았습니다.

친일파의 나라, 한국과 일본

초등학교 때 만화영화 〈서부소년 차돌이〉(MBC)를 즐겨 봤다. 미국 서부개척시대에 한국인 소년이 아버지를 찾는 모험담을 그린 것인데, 자기 아들인 줄도 모른 채 차돌이를 만난 아버지가 차돌이에게 말로는 "태권도를 가르쳐줄게" 하며 대련을 하는데, 업어치기 등 유도였다. '저게 뭐지' 하는 궁금증은 한참 뒤에 '차돌이'의 본명이 '이사무', 국적은 일본이라는 걸 뒤늦게 알면서 풀렸다.

내 또래들은 〈마징가 제트〉, 〈철인 28호〉, 〈바벨 2세〉 등 지금의 〈어벤저스〉 같았던 유년의 영웅들이 모두 '일본 것'이라는 사실을 알게 된 순간이 있었을 것이다. 그날의 황망함이란. 어른들은 아이들에게 일본 만화를 보여주고선 '일본 것'이라고 하지 않았다. 로뎀, 로프로스, 포세이돈의 만화 〈바벨 2세〉 표지에는 '글·그림 김동명'이라고 적혀 있었는데, 가공인물이었다. 교과서에선 '극일(克日)'을 가르치면서 아이들에게 일본 것을 일본 것이라 할 수 없었을 터이다.

아베 신조 일본 총리가 패전 70년을 맞아 '아베 담화'를 발표했지만, 아베는 '사과하지 않았다.' 우린 일제 침략의 결과로 분단 됐지만, 일본은 언제나 늘 우리 앞에 있다. 일본이 과거 우리에게 상처를 입혔던 몽골·청나라처럼 망했다면 우리의 상처도 절로 좀 아물었으려나.

아베가 위안부 문제에 사과랍시고 한 말이 "전쟁 속에서 명예에 깊은 상처를 입은 여성들이 있다는 점을 잊지 말아야 한다"이다. '유체이탈' 화법은 일본에서도 유행인가 보다. 아베는 왜 사과를 못할까? '이전 총리가 사과했다'는 말은, '사과했으니 이제더 사과 안 해도 된다'는 뜻인지, '이전 총리는 했지만, 나는 못하겠다'인 건지.

아베의 외할아버지 기시 노부스케는 2차대전 당시 도조 히데키 내각의 상공부 장관으로, 태평양전쟁 개전에 서명을 한 인물 중 한 사람이다. 2차대전 이후 A급 전범으로 3년간 옥살이를 하고 1948년 석방된다. 정계에 복귀해 보수 단일정당, 오늘의 자민당(자유민주당)을 만들었고, 1957년 총리에 취임한다. 아베의 아버지는 1980년대에 외무상을 지냈다. 우리와 마찬가지로 일본 역시 과거가 청산되지 않았기에 '사과'가 힘든 것이다.

2차 대전 추축국은 독일, 이탈리아, 일본이다. 패전 이후 독일 국가원수 히틀러 총통은 연인 에바 브라운과 함께 권총 자살했고, 이탈리아의 국가원수 무솔리니 총리는 유격대에 붙잡혀 처형당해 시신이 밀라노의 로레토 광장에 거꾸로 매달렸다. 일본의 국가원수 왕 히로히토는 만수를 누리고 1989년 여든여덟에 숨졌다.

독일의 빌리 브란트 총리가 폴란드의 유대인 희생자 위령탑

앞에 무릎을 꿇고, 독일 정부가 나치 잔당들을 수십 년이 지나도 지구 끝까지 쫓아가 법정에 세우는 것은 독일인들이 일본인들에 비해 유달리 양심이 고와서가 아니라 과거 세력과 단절됐기 때 문일 것이다. 과거가 청산되지 않은 채 세워진 일본은 지금도 과 거의 끈에서 벗어나지 못했다.

이런 이유로, 이승만의 '국부 어쩌고' 하는 움직임에 결코 동의 할 수가 없다. 이승만은 자신의 정적 김구를 억누르기 위해 친일 파와 손을 잡고, 이 땅에 '친일파의 나라'를 세웠다. 그리하여 이 땅은 독립군을 육성했던 신흥무관학교 출신이 아닌, 독립군 쫓 는 일본군인을 배출했던 만주군관학교 출신이 대통령이 됐다. 70년 전, 히로히토에게 "대동아공영권을 이룩하기 위해 사쿠라 처럼 죽겠다"고 충성을 맹세하던 이의 딸이 지금 한국 대통령이 고, 같은 시각 히로히토를 받들던 A급 전범 기시 노부스케의 외 손자가 지금 일본 총리이다.

〈암살〉에서 주인공 안옥윤은 "16년 전 (김구 선생이 내린) 임무 지금 실행합니다"라며 친일파 염석진을 처단한다. 영화다. '70년 전 임무', 우린 언제나 실행할 것인가?

(2015.8.16)

■ 최근, 독일에서 아우슈비츠 의무병 출신인 90대 노인이 체포되었 다는 기사를 읽었습니다. 독일인들은 '자학사관'을 갖고 있기에 이러는 걸까요? 나치와의 단절이 용서와 포용보다 먼저임을 다시 한 번 느 끼게 됩니다. 이제 독일은 또다시 나치가 정권을 강제로 집어삼킨다

하더라도, 조력자가 없어 성권이 유지되지 못할 것입니다. '혼이 정
상'인 나라가 된 것이지요.

60살 이상은 왜
'위안부 합의 잘됐다' 하나?

늙음은 다만 낡은 것인가, 고생하며 살아온 세월은 단지 수구냉전의 고착화에 기여한 것이었던가 하는 것이 새로운 시대 앞에 처한 50대들의 자괴감이었다. (…) 20일 낮, 서울 도심 식당에서 젊은이들의 식탁은 '노무현'으로 시끌벅적했고, 50대들은 조용히 밥을 먹고 있었다.

소설가 김훈이 마지막 기자생활을 한 〈한겨레〉에서 마지막으로 쓴 기사의 마지막 문장이다. 2002년 대선 다음날 50대들의 풍경이다. 그때 김훈도 50대였다. 당시 김훈은 사회부 기동취재팀 소속이었고, 나는 한참 후배지만 시경을 출입하는 기동취재팀장으로 기동팀 기사를 책임졌다. '감히' 데스킹 한답시고, 맨 마지막에 "노무현은 50대다."라는 한 문장을 추가했다. '당신 세대가 지금 대통령이 됐는데 무슨 소리냐'는 항변이었다. 김훈 '선배'는 가타부타 아무 말이 없었지만, '천의무봉에 서툰 시다 한 땀 더 뜬 듯한' 불경함이 점점 엄습해 최종판에서 '솔기 자국'을 지웠다.

지난 8일 한국갤럽이 발표한 '한일 위안부 문제 재협상' 여론 조사 결과를 보니, "합의가 잘됐다"는 응답은 26%(잘못됐다 56%, 모름 20%)였다. 그런데 연령별로 보면, '60살 이상'은 "잘됐다"고 답한 비율이 54%나 됐다. 20대, 30대, 40대에서 "잘됐다"는 응답 이 10%대이기에 젊은층과의 괴리가 얼마나 큰지 알 수 있다. 기 사를 내보내기 전, '60살 이상만 "위안부 합의 잘됐다"'라는 제목 앞에 잠시 망설였다. '세대간 갈등을 부추기는 것 아닌가' 하는 우려 때문이었다. 그러나 이 표현을 제외하곤 조사결과를 설명 할 방도가 없었다.

기사 댓글 가운데 "60대 이상이면 위안부 할머니들과 나이가 가장 가까울 텐데, 왜 저런 결과가 나오느냐"는 불만과 의아함이 섞인 목소리가 여럿 있었다. 우리는 그 이유를 모르지 않는다. 만일 더불어민주당 정부가 이번 합의를 했다면, 아마 '60살 이상' 의 여론조사 결과는 완전히 딴판이었을 것이다. 그 경우, 상대적 으로 더민주당 지지세가 높은 젊은층이 지금 '60살 이상'처럼 더 민주당을 옹호해 줬을까? 정당 지지를 철회했을 것이다. 그래서 이 땅에서 새누리당 하기는 쉽고, 야당 하기는 어렵다.

2002년 50대들은 지금 60대다. 그때 이후 60대 이상 고연령층 의 정치·투표 행태는 더욱 강고해졌다. 목소리도 커지고, 정파 성도 점점 심해지는 듯하다. 경제가 어려워지면서 박정희 개발 독재 시대에 대한 강렬한 향수 탓이 크다. 하지만 이젠 '60살 이 상'이면 갖췄을 법한 지혜로움, 너그러움, 중후함 등이 잘 느껴 지지 않는다. 하루가 다르게 급변하는 세태에 '경험'의 쓸모가 예 전 같지 않기 때문일 수도 있지만, 그 상실감에 맞서는 대응법이

'60살 이상'답지 않기 때문인 건 아닌지….

　지난 2012년 대선 직후 〈조선일보〉(12월 21일치)는 투표율이 비약적으로 높았던 50대들의 반응을 모아 '50대들 "내 자식의 미래 걱정돼서, 내 자식과 다른 선택했다"'는 기사를 내보냈다. 그때 50대 후반은 지금 '60살 이상'이다. 나도 '내 자식의 미래 걱정'될 때 많다. 하지만 '60이 되면, 자식 또래 젊은이들이 내 생각과 다른 후보를 지지한다면, 자식 뜻 거스르는 선택을 해 '좋은 세상' 물려주기보단 차라리 기권하겠다'는 다짐을 혼자 한다. 미래는 내가 아니라 자식이 사는 세상이고, 자식의 선택을 존중하고 싶고, 내 판단이 틀릴 수도 있기 때문이다. '60살 이상' 세대에 이를 요구하지 않는다. '60살 이하'들이 나중에 '60살 이상'처럼 되지 않길 바랄 뿐이다.

(2016.1.10)

느리고 불편해야 선진국이다

이란을 방문한 박근혜 대통령은 지난 2일 이란 통치권자인 아야톨라 알리 하메네이 최고지도자를 만난 자리에서 "이란·이라크 전쟁 때 대림산업이라는 한국 기업이 이란에 진출해 건설을 하고 있었는데, 포격을 당해서 직원 13명이 목숨을 잃었다. 그런 참화를 겪고도 기업 임직원들은 이란을 떠나지 않고 끝까지 임무를 완수했다."고 말했다. 한국과 이란의 오랜 신뢰관계를 설명하고 우의를 다지기 위한 설명이었다.

대림산업은 1988년 이란 캉간 가스정제공장 건설공사를 진행하던 중 이라크 전투기의 공격을 받아 직원 13명이 숨지고 52명이 다치는 참사를 겪었다. 그러나 대림산업은 이후에도 철수하지 않고 "책임지고 완수하겠다"며 공사를 끝까지 마쳤다. '핏값'으로 산 신뢰다. 기업으로서, 계약자로서 훌륭하다 할 수 있겠다.

그러나 이젠 더 이상 이러면 안 되지 않을까? 박 대통령이 그런 뜻으로 말한 건 아니겠지만, 박정희 대통령이 작사한 새마을운동 노래 4절 "우리 모두 굳세게 싸우면서 일하고/일하면서 싸워서 새 조국을 만드세"라는 가사가 떠올랐다. 이명박 전 대통령도 과거 현대건설 과장 시절, 타이 건설현장 사무실에 칼 든 괴한들이 들이닥쳤을 때, 온몸으로 금고를 껴안고 열쇠를 끝내 내놓지 않은 채 결사항전 했던 일을 자서전에 적어놓았다. 그러나 그 자신도 한 인터뷰에서 "지금 생각하면 열쇠를 내주는 게 맞지, 미련 떤 거지"라고 말했다.

몇 년 전 미국에선 한 햄버거가게에 들어온 강도를 격투 끝에 물리친 종업원에 대해 본사가 '회사 규정을 어겼다'며 해고했다. 그런 상황이 닥칠 때, 종업원 규정은 '안전'에 최우선을 두고 절대 맞대응하지 말아야 하는 것인데, 이를 위반했다는 것이다. 은행 강도를 맨몸으로 때려잡는 직원에게 '용감한 시민상'을 주는 것과는 차이가 있다. 범인을 놓치더라도, 내가 격투기 선수여서 능히 그를 제압할 수 있다 하더라도, 예외적인 상황을 제외하곤 신고해서 공권력에 의존하는 것이 시스템에 의한 사회일 것이다.

미국에선 스쿨버스가 정류장에 서면 그 뒤에 오는 모든 자동차는 '서행'이 아니라, 그 자리에 멈춰야 한다. 스쿨버스를 앞질러 가면 벌금을 물게 되는데, 벌금이 아니어도 이를 무시하는 몰지각한 사람은 거의 없다. 초등학교의 경우, 보호자가 마중 나오지 않은 아이들은 하차시키지 않고 다시 학교로 데려가 보호자가 올 때까지 데리고 있는다. 13살 미만 아이들을 집에 혼자 놔두면 아동학대로 신고당할 수 있다. 이런 시스템이 갖춰져 있다면 끊이지 않는 학원 차량에 의한 아동 사망 사고는 일어나지 않을 것이다. 보육 문제는 다른 차원이다.

최근 우리를 우울하게 하는 가습기 살균제, 그 이전 세월호 등은 '자본의 탐욕'이 직접적 원인이지만, 그보다 앞서 자본세력이

'돈'을 위해 '소비자의 위험'을 감수하려는risk-taking 것을 제대로 제어하지 못하는 정부, 국가의 부재가 근본 원인일 것이다. 그리고 그 해결책도 '자본의 자비'에 의존하는 게 아니라, '국가의 책임'을 묻는 쪽으로 잡을 수밖에 없다. 우린 이 사고 이후에도 어쩔 수 없이 그래도 '사적 기업'보단 '공적 정부'를 바라볼 수밖에 없다. 그런데 2010년대와 어울리지 않는 1970년대 이데올로기가 아직도 유령처럼 이 정부 주변을 부유한다.

가습기 살균제 사고는 세계에서 유일하게 한국에서만 일어났다. 옥시레킷벤키저는 영국 회사다. 영국이나 미국은 가습기 자체를 거의 쓰지 않기 때문이기도 하지만, 만일 그렇더라도 미국 환경청EPA 등의 까다로운 심사가 걸러냈을 것이다. 가습기에 살균제까지 쓰려는 경제와 문화 수준을 갖춘 나라라면 그에 걸맞은, 2010년대에 걸맞은, 정부기관을 가질 수 있지 않을까? 그리고 국가가 나를 보호해줄 것이라는 믿음을 준다면, 기꺼이 느리고 불편함을 감수하고 싶다.

(2016.5.11)

가끔 인도를 달리는 배달용 오토바이와 마주칠 때마다, 신체적 위해감을 느끼기도 하고, 짜증도 납니다. "왜 오토바이가 인도를 달리는 거지? 경찰이 철저히 단속해야 하는 것 아닌가?" 하고. 인도를 달리는 것이 신호등도 없어서 더 편하고, 빠르기 때문일 것입니다.

미국에선 피자 배달을 시키면, 배달료를 별도로 받고, 팁도 당연히 줘야 해 가서 먹는 것보다 훨씬 비쌉니다. 한국에선 배달앱 등을 통해 배달시키면, 어떨 때는 가서 먹는 것보다 더 싸게 먹을 수 있습니다. 그러나 그 결과는 오토바이가 인도를 달리는 것과, 이를 배달 음식을 먹는 사람도, 먹지 않는 사람도, 다 같이 이런 불편과 위험감수risk taking를 하는 것입니다.

미국에선 은행 일도, 슈퍼마켓도, 운전면허증 갱신도, 어느 것 하나 불편하고, 오래 기다려야 합니다. 그리고 시민들도 그런 것에 이미 익숙한 듯합니다. 서비스요금이 비싸 창구에 많은 직원을 쓸 수 없고, 그리고 하나를 하더라도 철저하게 하는 탓입니다. 우리의 선택은 싼 서비스요금과 그에 따른 싼 임금, 그리고 '빨리빨리'와 '대충대충'이 결합하고 있습니다. 인도를 달리는 오토바이를 없게 하려면, 지금보다 배달음식을 더 비싼 돈을 치르고 먹어야 합니다.

〈추신〉

이 칼럼 제목을 달 때, '선진국'이라는 말을 피하려 애쓰다 포기했던 기억이 납니다. '선진국'이라는 말은 서구 우월주의에서 비롯된 용어이고, '선진', '후진'이라는 말 자체가 21세기에는 너무 후져보이기 때문이었습니다. 이 책의 제목을 여기에서 땄음에도 '선진국'이라는 말은 뺐습니다.

첫 여성 대통령으로 기억될까?
첫 부녀 대통령으로 기억될까?

2012년 12월 19일 밤, 박근혜 후보의 대통령 당선 확정 직후 1면 머리기사 제목을 두고 〈한겨레〉 편집국에서 작은 논란이 있었다. '첫 여성 대통령'과 '첫 부녀 대통령', 어느 것을 택하느냐였다. 다음날 〈한겨레〉 1면 제목은 '박근혜 과반 득표…첫 여성 대통령 됐다'였다.

11월 8일 미국 대통령 선거에서 힐러리 클린턴이 당선되면 '첫 여성'과 '첫 부부' 가운데 어느 쪽을 택할지 논란이 길지 않을 것 같다. 박정희와 빌 클린턴으로부터 박근혜와 힐러리의 독립성 차이 때문이다. 박 대통령은 힘든 결정 앞에 '아버지라면 어떻게 했을까'라고 생각한다고 여러 차례 이야기했고, 실제로 새마을운동을 우간다 등 아프리카로 전파하고, '불순세력, 국론분열' 등 요즘 보통사람들은 잘 안 쓰는 1970년대 아버지 시절 단어를 즐겨 쓰는 등 늘 '아버지'와의 일체화를 유지했다.

힐러리는 국무장관 시절, 콩고의 한 대학생이 미국 외교정책에 대한 빌 클린턴의 의견을 묻자, "남편은 국무장관이 아니다. 내가 장관이다. 나는 내 남편의 의견을 전달하진 않겠다."고 잘

랐다. 이보다 앞서 결혼 뒤에도 한동안 그는 남편 성 대신 '로댐'이라는 결혼 전 성을 그대로 썼고, 주지사 부인이 되어서도 변호사 직업을 유지했다. 힐러리가 남편 없이도 대통령 후보가 될 수 있었을까 생각해보지만, 그의 삶에는 남편을 훨씬 능가하는 치열함이 배어 있다. 이는 사람 좋아 보이는 '빌'에 비해 그가 더 독하기 때문이 아니라, 아마 빌은 겪지 않아도 되었던 일들을 그는 훨씬 많이 겪어야 했기 때문일 것이다.

힐러리는 '이기적이다', '계산적이다', '말과 행동이 다르다'는 말을 많이 듣고 또 상당 부분 사실에 부합한다. 하지만 힐러리가 남성이었어도 이런 비판이 끊이지 않았을까라는 생각을 가끔 한다. '유리천장' 개념을 아마 나 같은 남자들은 아무리 애써도 느끼지 못할 것이다. 버락 오바마가 〈내 아버지로부터의 꿈〉에서 백인과 흑인의 차이점에 대해 '눈 뜨고 있는 매순간 자신의 인종을 의식하는 것과 그렇지 않은 것'이라고 말한 바 있다. 그런 느낌일까?

〈허핑턴 포스트〉가 소개한 힐러리 명언 중 "여성들은 딜레마에 처하곤 한다. 한편으론 똑똑하게 자립해야 한다. 반면, 아무도 언짢게 하지 말고 누구의 발도 밟지 말아야 한다. 그러지 않으면 자기주장이 강하다는 이유로 아무도 안 좋아하는 사람이 되어버린다."는 말이 있다. 어떤 삶을 거쳐 왔는지 짐작하게 해준다. 힐러리는 국무장관 시절 종종 졸음을 깨우기 위해 "아주 매운 타이 고추를 씹는다. 정신이 번쩍 든다."고 했다. 그의 오늘은 남편 덕이 아니다.

박근혜 후보가 대통령이 되었을 때, 본인 의사와 상관없이 남녀평등에 상당한 기여를 하리라 생각했다. '대통령이 여성인 게 자연스러운 세상' 말이다. 그런데 최근 만난 더불어민주당의 한 다선 여성 의원은 "여성 리더십에 대한 이미지를 너무 많이 훼손해 다음 여성 대통령이 나오는 걸 더 어렵게 만들었다"고 한탄했다. 박 대통령의 대선 구호는 '준비된 여성 대통령'이었다. '준비'되었는지 잘 모르겠고, '여성'임을 인식하는지도 잘 모르겠다. 박근혜 정부에서 여성부를 제외한 여성 장관은 윤진숙 전 해양수산부 장관 단 1명이었다. 이명박 정부도 보건복지부, 환경부 등 3명(여성부 제외)이었다. 김영삼 정부 때도 교육부, 보건복지부, 환경부 등 4명이었다. 박 대통령은 '오직 능력만 보고 뽑는다'고 했다. 여성들은 박근혜 정부 들어 무능해진 건가?

힐러리가 대통령이 되길 바란다. 도널드 트럼프를 견딜 수 없기 때문이지만, 그가 주창하는 '소수자 보호, 다양성 존중, 중산층 회복' 등의 가치는 전 세계가 지향할 지점이기 때문이다. 그리고 나는 딸의 아빠다.

(2016.7.31)

■ 이 칼럼을 쓴 뒤, 한참이 지난 어느 날 출판사 〈인물과사상사〉에서 연락이 왔습니다. "강준만 교수님께서 보내라고 하셨다"면서 제게 책을 보내왔습니다. 강 교수는 제 칼럼의 마지막 단락을 자신의 책 〈힐러리 클린턴 - 페미니즘과 문화전쟁〉에 발췌 인용하면서 이렇게 말했습니다. "딸을 둔 아빠일수록 힐러리에게 호의적일 가능성이 높

다는 걸 시사해준다. 나 역시 두 딸의 아버지로서 '진보 성향'은 모르 겠지만, '여성적 욕구'를 비교적 호의적으로 받아들이는 동시에 여성 에 대한 비판에 대해선 한 번 더 생각해보는 버릇을 갖게 된 건 분명 하다."

강 교수님께 이메일을 보내 감사의 말씀을 전하자, 교수님은 무려 11년 전 경제부에 있을 때 쓴 '아침햇발−삼순이는 예쁘다' 칼럼이 기 억난다고 했습니다.

빵과 장미

사람들에게 뒤처질 수 있다는 두려움, 그걸 극복할 방법은 일찍 일어나는 새가 되는 길이라는 믿음을 포기하지 못한다. 나는 인생의 승자가 될 거다. 근데 왜 이리 불안할까?"

얼마 전 〈한겨레〉 입사 지원자들의 2차 작문 시험을 채점했다. 주제어는 '새벽'이었다. 윗글은 한 수험생의 답안 맺음말이다. 이 수험생은 직장인이면서도 '더 나은 내일'을 위해 새벽에 영어학원을 다니며 열심히 사는 일상을 써내려갔다. 좋은 점수를 주지 못했다. 세상의 모든 관심이 '나'에게만 집중돼 있었던 탓이 크다. "나는 인생의 승자가 될 거다"라는 말은 불편했다.

그 수험생의 글을 다시 읽었다. 이번에는 "근데 왜 이리 불안할까"라는 그의 '불안'이 더 가슴에 닿았다. 그는 새벽 횡단보도 앞에서 발을 헛디뎌 발목을 삐끗했다. 아무도 없는 컴컴한 겨울 새벽, 그는 '고립감에 눈물이 흘렀다'고 했다.

그뿐 아니라 이 시대를 사는 '우리 모두' 불안하다. 자본주의 사회에서 '불안'이란, 내가 원하는 것을 살 수 없을 때, 내가 원하지 않는 것을 사야 할 때가 불현듯 닥칠지 모른다는 압박 때문일 것이다. 〈부자아빠 가난한 아빠〉라는 책은 "대부분의 사람들이 어떤 일을 억지로 계속하는 것은 두려움 때문이다. 청구서를 제 때 처리하지 못하리라는 두려움, 해고될지도 모른다는 두려움, 충분한 돈이 없을 것이라는 두려움."이라고 했다. '두려움', '불안'은 우리를 움직인다. 새벽 영어학원으로, 투잡스로, 성형외과로. '강한 자'가 되려 애쓰면서 우린 어느새 세상의 이종격투기 선수가 되어간다. 영혼은 점점 황폐해져 가는데, 사회는 이젠 '인격'까지 요구한다.

스페인이 중남미를 침공하던 때, 원주민들은 셋째아이를 낳으면 그 자리에서 죽였다. 백인들의 노예사냥을 피해 도망가려면 부부 한 사람이 한 아이씩 들쳐 업고 뛰어야 했기 때문이다. 좀 더 세련된 모습으로 바뀌었을 뿐, 자본주의 사회의 가장 작은 경제단위, 그리고 전투단위인 '가계'가 저출산 유혹에 빠질 수밖에 없는 것과 '노예의 불안'을 피하려 했던 그 옛날 중남미 원주민들과 얼마나 다른가?

홍세화는 '파리의 택시운전사' 시절, 국제미아가 되어 생존 자체를 위협받을 때, 어린 딸아이가 "왜 우리 집은 우유 안 사?"라고 물어볼 때를 이렇게 회상했다. "빵(생존)에 대한 불안감은 장미(인간의 존엄성)에 대해 생각할 겨를조차 주지 않았다"고. 그리고 "빵이 장미의 조건임에는 틀림없지만 그렇다고 해서 빵에 너무 집착할 때 장미 자체가 사라진다"고 했다.

아이가 태어날 때 우는 이유는 익숙했던 어머니 심장고동 소리가 갑자기 들리지 않아, '불안'해서 우는 것이다. 영화 〈라디오

스타〉에선 나밖에 모르는 마흔살 최곤(박중훈) 옆에 엄마 같은 매니저 박민수(안성기)가 늘 있지만, 영화일 뿐이다. 영화 〈파이란〉에서 위장결혼 아내였던 '파이란'의 유골을 바닷가에 뿌리며, 강재(최민식)는 비루한 자신의 삶이 슬퍼 새벽 부둣가에서 목놓아 운다. 그러나 영화 바깥에 사는 우린, 우는 것도 자유롭지 않다.

피터 드러커는 신문사에서 근무했던 초년 시절, 편집국장으로부터 "형편없다"는 말을 자주 들었다. 해리슨 포드는 영화에 45초 단역으로 처음 출연한 뒤, 영화사 간부로부터 "자넨 안 되겠네"라는 말을 듣고 목수로 전업하기도 했다. 스타벅스 회장인 하워드 슐츠는 첫 직장인 제록스 세일즈맨 시절, 여섯달 동안 하루 50명에게 전화를 걸었지만 단 한 대도 못 팔았다.

이런 이야기들이 '불안'에 빠진, 시험에 떨어진 그에게 위안이 될까? 그렇지 않을 것 같다.

(2006.11.10)

■ 2006년 가을, 〈한겨레〉 수습기자 지원자들의 2차 시험인 논문, 작문 평가자로 1박2일 동안 꼬박 이들의 답안지를 채점했습니다. 그때의 느낌을 칼럼 소재로 사용했습니다.

지금도 여전히, 아니, 더욱 심하게, 우리 사회는 '불안'이 이끌어가고 있습니다. 대학에 떨어질까봐 고액 과외를 하고, 집값이 오를까봐 돈을 빌려 집을 사고, 노후에 비참하게 살까봐 지금 돈을 쓰지 않고…. '불안'이 지배하는 사회, '불안'을 자극하는 사회는 행복한 사회는 아닐 겁니다.

"쓸모없어지면 죽일 거다"

영화 〈차이나타운〉에서 범죄집단의 '엄마(김혜수)'는 주워온 아이들에게 이렇게 말한다. "쓸모없어지면 죽일 거다." 우리는 한평생을 '쓸모' 있는 사람이 되기 위해 애썼다. 학교에선 공부를 잘해야 하고, 직장에선 일을 잘해야 한다. 자본주의 사회에서 '쓸모'란 결국 돈을 얼마나 버느냐에 따라 가치가 계량화되기도 한다.

여야가 '국민연금 소득대체율 50%'를 놓고 갈 데까지 갔다 왔다. 연금 문제를 잘 모르지만, 몇 주 동안 신문들이 쏟아낸 기사를 보니 어디로 가야 할지 상식적 판단이 가능했다. 아래 사실(팩트)은 모두 신문에서 발췌했다.

'50%'는 40년 납입 기준이다. 20살에 취업해 60살까지 국민연금 내는 사람 없다. 평균 가입기간 24년 기준이면 실제 소득대체율은 19%까지 떨어진다. 한 보수언론은 "유럽은 소득대체율을 최대 30%포인트 낮추는 연금개혁 한다"며 '소득대체율 인상'을 질타했다. 그런데 예로 든 그리스의 소득대체율은 100.8%에서 67.9%로 떨어진다고 그 기사에 나와 있다. 20%포인트 인하 예로 든 룩셈부르크는 91.2%에서 71.7%, 이탈리아는 80.2%에서 58.8%였다. 외국은 "퇴직연금이나 사석연금을 강화해 개인의 책임을 강조하고 있다"고 했다. 산꼭대기에서 몇 걸음 내려온 것 보고, 산 입구에 있는 사람이 "요즘 추세"라며 "우리도 내려가야 한다"고 하는 격이다.

소득대체율 올리면 보험료 오른다고 난리다. 이탈리아 33.0%, 스페인 28.3%, 독일 19.6%, 일본 16.8%, OECD 국가(평균 16.9%) 가운데 한국(9%)보다 낮은 나라는 이스라엘(7.0%)뿐이다.

기업 부담 커진다고 난리다. 한국은 고용주가 보험료의 절반 인 4.5%를 낸다. 이탈리아는 고용주가 23.8%를 낸다. 핀란드 17.7%, 일본 8.4%, 미국 6.2%. OECD 국가(평균 11.2%) 중 고용주 부담이 한국보다 낮은 나라는 이스라엘(3.1%), 칠레(1.0%), 네덜란드(0%) 등 3개국이다. 네덜란드는 기업 부담 사회보장비용이 상당해 제외해야 한다.

연금기금이 '2060년'에 고갈된다고 난리다. 우리나라 국민연금 기금은 460조원으로 세계 1위다. 노인빈곤율은 48.1%로 OECD 평균(12.4%)의 3.9배, 노인자살률도 1위다. 박근혜 정부는 '비정상의 정상화'를 내세우고 있다.

박 대통령은 2009년 10월 국정감사에선 "국민연금을 도입할 때 70%를 준다 했다가 40%까지 내려왔다. 어르신들의 70~80% 가 최저생계비 이상은 받아야 한다. 실질적 노후보장이 안 되는 상황에서 고갈만 연장한다는 건 아무 의미가 없다."고 했다. 주 어만 가리면 문재인 새정치민주연합 대표의 말 같다.

그러나 2015년 박근혜 정부는 소득대체율 인상에 '도적질'이 라 했다. 이덕일 한가람역사문화연구소장은 칼럼에서 〈맹자〉를 인용해 "한 그릇 밥과 국을 얻으면 살고 못 얻으면 죽는다 할지라도, 호통 치면서 주면 길 가던 사람도 받지 않고, 발로 차서 주면 거지도 더럽다고 여긴다"며 현 정권이 국민연금을 대하는 자세를 말했다. 경북의 한 새누리당 의원은 "지역구 어르신들이 국가재정 어렵다는 말 듣고, '대통령이 우리들 기초노령연금 20만원 주느라 그런 건가? 이 돈 도로 가져가고 대통령 덜 힘들었으면 한다.'고 하더라"고 말했다. 그런데 박근혜 정부는 그리 독한 말을 뱉어야 했나?

소득대체율 인상은 '노인 문제'가 아니라 '우리 모두의 문제'다. 중년도 나중 걱정을 덜어야 지금 돈을 쓸 수 있다. 힘들어도 더 내고 더 받는 게 답인 것 같다. '쓸모'를 걱정하지 않아도 되는 사회에서 한번 살아보고 싶다.

(2015.5.24)

이 칼럼을 쓰기에 앞서 〈차이나타운〉이라는 영화를 봐야 할 것 같아, 어떤 날 서둘러 일을 끝내고 홍대앞에서 평일 마지막 시간에 혼자서 영화를 본 기억이 납니다. 그때는 이름도 몰랐던 '박보검'이란 소년의 인상이 너무 맑아서 참 인상적이었습니다.

아직도 우리에게 복지제도란, '쓸모'가 사라진 사람에 대해 '먹다 남은 떡' 주는 격으로 처리되는 듯합니다. 그리고 이를 잘 알기에, '쓸모'가 사라지지 않으려 아등바등 애쓰고, '쓸모'가 사라지지 않았다고 스스로를 포장하고, 위장하고.

국회의원은 '국민의 대표'입니다. '국민의 대표'란 다양한 계층과 직군과 지역에서 골고루 나와야 된다고 봅니다. '국민의 대표'가 모두 서울대 나오고, 잘 살고, 잘 난 사람들로 구성돼 이들이 못 배우고, 못 살고, 못 난 사람들에게 시혜를 내려주는 형태이기에 복지가 때로 모멸감을 주는 형태가 되는 듯합니다. '국민의 대표' 가운데에는 기초생활수급 대상자도 있어야 하고, 못 배우고, 못 살고, 못난 사람들이 지금보다 더 많아야 될 듯합니다.

기본소득, 내야 받는다

지난 2012년 대선에서 가장 주목받은 정책(?)이 '저녁이 있는 삶'이었다면, 대선 시계가 빨라진 올해 대선 정책 중 가장 주목받는 건 '기본소득'이다.

이재명 성남시장이 기본소득을 대선 무대에 끌어올린 선두주자다. 5년 전이었다면 그저 '몽상가의 뜬구름'으로 치부됐을지 모른다. 그러나 이처럼 관심을 받게 되는 건 그만큼 기본소득의 필요성을 반증하는 것이기도 하다.

일자리 부족으로 소득 수단이 점점 줄어들고, 그 결과 점점 벌어지는 소득불균형이 바탕이다. 유종일 교수의 연구결과를 보면, 현재 우리나라에서 가처분소득은 상위 10% 가구가 전체의 29.1%를 차지하는데, 순자산은 상위 10%가 전체의 43.7%를 차지한다. 토마 피케티의 〈21세기 자본〉을 보면, "자본의 수익률이 생산과 소득의 성장률을 넘어설 때 자본주의는 자의적이고 견딜 수 없는 불평등을 자동적으로 양산하게 된다. 이런 불평등은 민주주의 사회의 토대를 이루는 능력주의의 가치들을 근본적으로 침식한다."고 했다.

2015년 졸업식 때 교정에 나붙은 '연세대 나오면 뭐하나, 어차피 백순데'라는 플래카드, 초등학생들 사이 장래희망 1위가 '건물주'라는 이야기들은 우리 사회가 피케티의 명제를 현실화하고 있음을 보여준다. 피케티는 이번 프랑스 대선에서 기본소득을 공약으로 내건 브누아 아몽(사회당) 후보 캠프에 합류해 이론적 틀을 제시하고 있다.

이재명 시장의 기본소득안을 대입하면, 4인 가족인 나는 가구당 연간 320만원(토지배당+청소년배당)을 받게 된다. 집을 소유하고 있으니, 기존의 (지방세인) 재산세 외에 (국세인) 국토보유세를 또 내야 한다. 하지만 아마 새로 내는 세금이 새로 받는 기본소득을 넘진 않을 것 같다. 공약을 보면, 전체 기본소득을 위한 세원이 중앙정부 재정관리 7~8% 감축, 영업이익 500억원 이상 440개 기업 법인세율 8%포인트 인상, 10억원 초과 소득자(6천여 명) 최고세율 10%포인트 인상 등 부담이 극소수에 집중돼 있기 때문이다.

그런데 이들로부터 세금을 뽑아낼 때, 조세저항은 둘째 치고 제품 가격 및 집세 인상, 소득금액 축소 등 어떤 형태로든 전가하지, "우리 돈 가져가 기본소득에 써주세요" 할까? 그리 쉽다면 이전엔 왜 못했을까? 정부 재정 70% 이상이 경상비인데, 7~8% 감축하면 기존 복지재정에는 전혀 피해가 없을까? 자칫 나 같은 중산층이 별 도움도 안 되는 푼돈 받느라 아이들 급식 부실해지고, 차상위 계층 난방비 빼앗는 건 아닐까? 의문이 이어진다. 한 토론회에서 이 시장에게 이를 질문했으나, 시원한 답변을 듣진 못했다.

그럼에도 "일하지 않는 자, 먹지도 말라"는 산업화 시대의 논리였고, 이젠 '일하지 않는 자도 먹어야 한다.'

모든 이들이 적정 규모의 기본소득을 계속 얻을 수 있다는 확신을 갖는다면, 우리 삶과 사회는 획기적으로 달라질 것이다. '항산이 없으면 항심도 없다'는 맹자의 말이 아니더라도, 물질적 안정성이 구축되면 사회 구성원들은 '먹고살기 위해'라는 면죄부를 벗고 '가치있는 삶'을 선택하는 비율이 늘어날 것이다. 이는 자존감과 행복감을 높일 것이고, 다양성으로 연결될 것이고, 물질만능주의를 완화시킬 것이고, 공동체에 대한 관심을 높일 것이다. 범죄도 줄어들 것이다. 경제적으로도 안정적 수요가 보장돼 경기 변동 위기도 피할 수 있을 것이다. 기본소득이란 단어가 처음 등장한 게 1516년 토머스 모어의 〈유토피아〉라는 건 의미심장하다.

문제는 다시 '돈'이다. 기본소득이 '기본'다우려면, 1인당 월 50만원 정도는 되어야 할 것이다. 이재명 시장이 첫 걸음으로 제안한 것보다 좀 더 금액이 올라야 기본소득다울 것이다. 이를 전국민에게 제공하면, 300조원이다. 올해 예산이 400조원이다. 이재명 시장이 이 땅에 '기본소득' 이슈를 본격적으로 제기한 공이 크다. 그러나 기본소득이 우리가 원하는 만큼의 기본적인 삶을 보장하려면 아직도 갈 길은 너무나 멀고 먼 것이다. 비록 이 시장은 이번 대선에서 본선의 후보가 되진 못했지만, 그가 주창한 기본소득 이슈는 계속 이어가야 할 것이다.

이 글을 보는 사람이라면 아마 '기본소득'보다 '기본세금'을 지금보다 더 내야 할 것이다. 기꺼이.

(2017.2.23)

20세기

1. 인류역사상 가장 위대한 시절은 언제였을까요?

저는 20세기인 것 같습니다. 유일하게 20세기에만 소득불균형
이 축소됐습니다. 그 이전에도, 그 이후에도 그러지 않았습니다.
이유는 20세기에만 소득증가율이 자산증가율을 앞질렀기 때문입
니다. 이럴 때 사람들은 희망을 갖고 작은 꿈을 꿀 수 있습니다.

2. 20세기는 왜 지속되지 않았을까요?

레이건과 대처가 감세와 규제완화인 신자유주의를 주창하면
서 위대했던 20세기는 저물고, 90년대 이후 자본의 거의 완벽한
자유가 보장되는 세계화가 가속화됐습니다. 이제 자산증가율을
노동소득 증가율로는 도저히 따라잡을 수 없는 시대가 됐습니
다. 과거 지탄받았던 학벌조차도 우스운 시대가 되고 있습니다.
태어날 때부터 자산가의 자식이냐 아니냐에 따라 삶의 위치가
구분됩니다. 신분사회는 20세기의 짧은 해방 뒤 이렇게 다시 왔

습니다.

3. 기본소득이 이를 되돌릴 수 있을까요?

기본소득이 아니라 세금이 관건입니다. 소득의 몇 %를 세금으로 내야 할까요? 러프하게, 미국은 30%, 영국은 40%, 독일은 45%, 프랑스는 50%, 스웨덴은 55%입니다. 우리는 얼마가 적당할까요? 얼마를 내야 그들만큼의 복지를 기대할 자격을 얻게 될까요?

4. 어떻게 세금을 더 걷을 수 있을까요?

대공황 시절, 루스벨트는 25%였던 초고소득층에 대한 연방소득세 최고세율을 80%이상으로 올렸습니다. 그리고 복지정책을 사실상 처음 시작합니다. 대공황을 맞아아 우리도 그런 조치를 취할 수 있을까요?

5. 한국의 자산구조는 선진국보다 왜 더 기괴할까요?

피케티의 계산에 의하면, 선진국 국민은 평균적으로 1인당 연간 18만유로(2억2천만원, 4인가구 기준 8억8천만원)의 자본을 갖고 있는데, 반은 거주용 부동산, 반은 주식, 저축 등 금융자산입니다. 우린 어떨까요?

2부 뒤로 뜀박질하는 대한민국

6. 한국은 언제 부유세(?)를 부과할 수 있을까요?

프랑스에서 최고소득계층에 부과되는 부유세(정식명칭은 연대세: 가난한 사람들과의 연대)가 도입된 건 1980년대입니다. 1987년 프랑스의 1인당 국민소득은 1만2,800달러였습니다. 지금 우리나라의 국민소득은 1인당 2만7,633달러입니다. 구매력지수를 감안하더라도 2017년의 한국이 1980년대 프랑스보다 결코 못살 것 같지 않습니다. 늘 '시기상조'라는데, 언제가 되어야 '상조'가 아닐까요? 10만달러는 되어야 할까요? 부유세를 내기는커녕 혜택을 받을 사람들이 왜 부유세에 분노할까요?

7. 노동 없는 자산가가 흠모와 요즘엔 존경까지 받는 세상은, 아….

(2017.2.22 페이스북)

브렉시트… 이미자와 비욘세

미국 뉴욕, 빌 헤네시(64). 25년 다니던 회사에서 잘렸다. 늙은 그에게까지 돌아갈 새 일자리는 없었다. 20년 전 평생 살리라 생각했던 집을 팔아 매달 집세 2,700달러를 낸다. 젊은 날, 베트남전 반대 시위 때도 '대학생들이나 하는 것'이라며 무심했던 그가 매일 1시간 지하철 타고 '오큐파이 월스트리트' 집회 열리는 맨해튼 리버티 파크에 와 하루 종일 물끄러미 앉아 있다 돌아간다. 늙은 헤네시의 저항이다. 2011년 10월 뉴욕에서 만난 헤네시는 "옛날로 돌아가고 싶다"고 했다.

은퇴해도 다른 일자리 쉽게 찾을 수 있던, 연금으로 생활비 충당할 수 있던 영국 선덜랜드, 켄 워커(59). '탈퇴에 투표하라'는 포스터가 붙어 있는 펍에서 맥주를 들이켜는, '한때 잘나갔던 도시'의 은퇴한 노동자는 "주식시장에 돈 한 푼 없고, 외국 나갈 일 없다. 브렉시트(영국의 유럽연합 탈퇴) 후회한다고? 천만에. 더 나빠질 것도 없다."고 했다.

'브렉시트 날벼락'을 맞고 기사를 쏟아내던 초기에 문득 의구심이 일었다. 은연중 '브렉시트=나쁜 것, 브렉시트 반대=진보'라는 관점이 〈한겨레〉 기사에 녹아 있었다. 도널드 트럼프가 "대통령 되면 FTA 철회하고, TPP 탈퇴하겠다"는 내용을 전하는 기사에도 우려감이 섞여 있다. 본질은 다르지만, 〈한겨레〉는 한미 자유무역협정FTA과 세계화에 반대하지 않았던가? 그런데 이 상황은 뭔가?

'브렉시트'를 보는 시각 중 하나가 세계화에 좌절한 이들이 이 판사판으로 택한 탈출구라는 것이다. 토머스 프리드먼이 '세계화의 현재와 미래'를 그렸다는 〈세계는 평평하다〉(2005)를 보면, "이제 많은 일자리가 아웃소싱 될 세계화3.0 시대에 개인은 사고방식을 달리해야 한다. 결코 평범해선 안 된다. 자신이 가진 상상력을 최대한 발휘해 아웃소싱 할 수 없고 디지털화할 수도 없고 자동화할 수도 없는 '대체 불가능한 사람'이 되어야 한다."고 말한다. 많은 이들이 이를 이뤄보려 애썼다. 그런데 20여년 기자 경험으로 확신하건대, '대체 불가능한 사람'은, 없다.

마을에서 이미자 '동백 아가씨' 하나만 멋들어지게 불러도 '우리 동네 명가수'라는 자자한 칭송을 받던 이들이, 텔레비전 생겨나니 김추자, 펄시스터즈처럼 춤도 춰보라 소리 듣더니, 어느 순간 완벽에 가까운 군무와 노래로 무장한 소녀시대 수준을 넘어 이젠 세계화라며 비욘세 수준에 맞추라 한다. 불가능한 수준을 제시하고 이를 '경쟁력'이라 불러 모두에게 열패감을 안긴다. 돈을 많이 안 받는 것도 경쟁력이다. 영·미 노동자는 중국 노동자와의 경쟁에서 이길 수 없었다.

2011년 뉴욕에선 "부자들은 가난한 사람들의 피를 먹고 산다"는 구호가 거칠었는데, 2016년 영국에선 "이민자들이 너무 많아

집세도 오르고, 병원 가면 너무 오래 기다리고, 일자리도 없고"라 한다. 자신들을 '99%'라 자처하는 이들의 2011년 표적은 월스트리트의 상위 '1%'였는데, 2016년 표적은 이민자인 하위 '1%'다. '그 1%'는 너무 멀고, '이 1%'는 너무 가까운가?

2011년 뉴욕에는 20대 청년과 60대 노인이, 미국인과 외국인이, 흑인과 백인이 뒤섞여 조화를 이뤘는데, 2016년 브렉시트에는 '우리끼리'만 남았다. 2011년 리버티 파크에는 미 전역, 심지어 유럽에서도 전화 걸어 '공원에 피자 200판' 기부하는 또 다른 '세계화'가 이뤄져 좁은 공원 안에 음식이 넘치고, 사람들은 '필요만큼' 가져갔는데, 2016년에는 내게 피해 닥칠까봐 조바심 내고 이나마 가진 것마저 잃을까 잔뜩 웅크린다.

'역사는 진보하는 것'이라 했는데, 5년간 역사는 진보한 것인가?

(2016.7.6)

■   워싱턴특파원으로 2011년 뉴욕에서 겪은 '오큐파이 월스트리트' 시위 현장과 국제에디터로 치른 2016년 런던의 '브렉시트' 상황을 비교해 보았습니다.

한국에서는
우파가 찬성하는 성매매

성매매특별법 강력 시행을 찬성하느냐, 반대하느냐를 떠나 이 논쟁을 보면서 저는 보수, 진보의 개념조차 헷갈리기 시작했습니다. 교과서에서 배운 대로라면, 현재의 성매매특별법 시행에 대해 오히려 보수진영이 적극 지지해야 하고, 진보진영이 적극 반대해야 합니다. 그런데 2004년 현재 한국의 상황은 완전히 거꾸로 바뀌었습니다.

2000년 이후 네덜란드, 독일 등 유럽의 일부 나라에서 매춘이 합법화될 때, 보수단체가 적극 반대했고, 진보진영, 특히 인권단체가 적극 찬성했습니다. 보수단체는 기독교적 신앙에 입각한 종교적, 도덕적 이유가 강했고, 진보진영 쪽에서는 개인의 자유를 확대하는 쪽에, 그리고 인권단체는 실질적으로 공창제를 실시하는 것이 성매매 여성들의 권리를 오히려 더 보장한다는 입장에서 그런 주장을 편 것입니다.

법적으로 매매춘이 금지된 미국에서도 보수적인 주에서는 엄격하게 금지돼 있고, 오히려 보수적이지 않은 주에서 은연중 매매춘이 이뤄지고 있기도 합니다. 물론 양쪽을 모두 처벌하고, 심지어 여경을 성매매 여성처럼 꾸며 남자를 유인한 뒤, 호텔방에서 수갑을 채우는 함정단속은 유명합니다.

그런데 우리나라의 경우는 정반대 현상이 벌어지고 있습니다. 이른바 진보진영이 성매매를 강력반대하고, 보수진영에서 성매매를 허용하라고 요구하고…. 왜 그럴까요?

우리나라 보수와 진보 진영의 뒤틀리고 아픈 여정과는 많은 차이가 느껴집니다. 먼저 진보진영을 보자면, 진보진영은 오랫동안 보수진영에 대해 약자의 입장에 있었기에 상대방의 압제를 피하기 위해 도덕성의 잣대에서 한 치의 흐트러짐도 보이면 안 됐습니다. 보수진영의 공격을 피하기 위해서는 물론이고, 진보진영 내부에서도 이는 용납되기 힘든 것이었습니다. 이는 때로 좌파적 엄숙주의로 비판받기까지 할 정도였습니다.

'진보'란 인간의 자유를 무한정으로 더 넓혀가는 개념임에도 불구하고, 우리나라의 진보는 자신을 컨트롤하지 않으면 안 되었고, 따라서 우리나라의 진보계층은 자신의 사회적 신념 뿐 아니라 통념적인 관습, 유교적 도덕성 등 갖은 형태의 벤다이어그램 안에서 좁디좁은 교집합 안에서만 서 있을 수 있었습니다. 여기에 일반여성의 권리신장과 입장을 대변하는 여성단체의 역할이 진보계층의 큰 축을 담당하면서 오늘날 우리나라 진보진영의 입장이 정립된 듯합니다. 진보란 심하게 말해 인간이 좀 더 방종해지는 쪽에 가까운 것인데, 과거 1980년대 캠퍼스에서 벌어진 운동진영 내부의 삶처럼 더욱 엄격한 도덕성과 규율을 요구받았고, 80년대에 대학을 다닌 사람들 가운데는 지금도 행동 뿐 아니라 의식마저 자유롭지 못한 경우가 많은 것을 봅니다.

다음, 보수진영의 성매매특별법 옹호는 삐뚤어진 우리 사회 보수층의 천박성과 빈약한 도덕적 바탕을 부끄러운 줄도 모르고 양심에 불도장 맞은 듯, 그 밑바닥을 맨몸으로 드러내 보이는 것과 마찬가지입니다. 보수라면, 제대로 된 보수라면, 벌써 오래 전에 우리나라의 성매매 상황에 대해 개탄하고, 이를 방치하는 정부를 비판하고 도덕재무장 운동이라도 펼쳤어야 마땅합니다. 미국의 보수파가 낙태, '게이메리지(동성결혼)'를 반대하듯 우리나라의 보수파는 성매매를 반대했어야 합니다. 세계 어느 나라의 보수파가 성매매 반대를 반대한단 말입니까?

이는 우리나라의 아픈 역사와 무관치 않습니다. 우리나라의 집창촌은 일제시대부터 생겨나 친일파와 무관하지 않고, 그들 친일파들은 해방 이후에도 보수 지배계층을 형성했고, 산업화 시대에는 기생관광 등이라며 보수 정권에 의해 은연중 성매매는 조장되어 온 측면도 없지 않습니다. 결국 오랜 시기를 거치면서 성매매 문제와 안팎으로 결합돼 이 문제에서 결코 자유로울 수 없게 돼버린 것이 오늘날 한국의 (일부) 보수계층입니다. 성매매 문제 하나를 통해 우리나라 보수 진영의 한 일면을, 이땅에 진정한 보수가 없는 상황을 보게 되는 우울함입니다.

보수파들이 "절제하라"고 말해야 되고, 진보진영이 "인간의 자유를 최대한 허용하라"고 해야 제대로 된 논쟁이 될 터인데, 우리의 일그러진 역사가 보수·진보 논쟁마저 이상한 형태로 변질시켜 놓았습니다. '성욕을 어찌하란 말이냐?'고 항변합니다만, 성매매와 관련된 우리 사회의 역사를 보면 수요가 있기 이전에 공급이 먼저 있었고 이후 과정에서도 공급이 새로운 수요를 창출

하는 경향이 더욱 짙은 게 사실입니다.

예전에 외국인노동자를 취재할 때, 이들을 돕는 한 목사님이 '회교권 국가에서 온 외국인노동자들이 처음에는 자신의 나라에서 했던 것처럼 엄격한 생활을 유지하나, 얼마 못가 동료들을 따라 한국의 창녀촌을 경험하는 등 매우 빠른 속도로 물드는spoiled 경우를 많이 봤다'는 말을 전해들은 적이 있습니다.

저는 이런 이상한 현상을 보면서 한 미국인 할머니에게 성매매에 관해 물어봤더니, 독실한 기독교 신자이자, 강력한 조지 부시 지지자인 그 할머니는 "있을 수 없는 일"이라고 못을 박았습니다. 미국은 오래전부터 보수적 기독교인들이 사회의 근간을 형성하고 있었습니다. 미국에서 만난 보수적 기독교인들로부터 비록 일종의 편견과 아집bias, 독선적인 경향을 느끼긴 했지만, 이들은 나름 순수했습니다. 어떤 의미에서 그들의 부시 지지는 자기확신적인 경향도 있다고 봅니다.

나이 50~60 된 사람들이 평생을 학교, 교회, 직장, 가정에서만 생활했다고 생각해보십시오. 범생이도 이런 범생이가 없습니다. 이들에게 성매매와 관련해 물어보았습니다. "있을 수 없는 일"이라고 못을 박았습니다.

(2004.12 뉴스메일)

한국의 보수파 기독교인들이란?

2004년 현재, 시청 앞에서 성조기를 흔들며 구국기도를 하는 세력을 한국의 보수적 기독교인들이라고 보는 것은 일부 정치적 기독교인들에 대한 잘못된 지칭인 듯합니다. 전통적으로는 한국 기독교사회에서 '보수'와 '진보'는 크게 개인구원과 사회구원으로 나눠진다고 봐야 할 듯합니다.

이 기준에 따른다면, 우리나라의 교회 대부분이 보수입니다. 그러나 그들 모두가 시청 앞 시위세력과 맥을 같이 하는 것은 아닙니다. 즉 "가이사의 것은 가이사에게", "나의 시민권은 하늘에 있나니" 등 보수 기독인들의 관심은 이 땅의 문제보다는 영적인 부분에 맞춰져 있기에, 그들이 관심을 쏟는 분야는 선교에 맞춰져 있습니다. 물론 이들 교회들의 상당수가 우리 사회의 보수적 시각과 비슷한 시각을 갖는 경우가 적지 않으나, 이는 정치적 의도나 목적과는 무관한 것입니다.

예수가 이스라엘 땅에 왔을 때, 수많은 이스라엘 민중들은 환호했습니다. 오랫동안 '메시아'를 기다려 온 그들은, 메시아 예수가 '해방자'로서 그들을 로마의 압제로부터 해방시켜 줄 것으로 믿었기 때문입니다. 이스라엘 민중들은 예수를 '이스라엘의 왕이여'라며 환호했습니다. 그러나 엉뚱하게도 예수는 예루살렘에 입성한 뒤, 로마 식민정부를 무너뜨리지 않고, 오히려 그 식민정부의 총독에 의해 십자가에 못 박혀 죽고 맙니다. 보수적 기독교인들은 이를 통해 예수의 관심이 당시 이스라엘 민중들처럼 이 땅에 있지 아니하고, 만민의 영혼구원에 있었다고 믿으며 이 시각에 따라 행동하는 것입니다. 따라서 제대로 된 보수 기독교인이라면 특정 정치세력을 옹호하는 것은 보수 기독교적 시각에서도 적절치 않은 행동입니다.

진보 기독교인이라는 것은 사회구원에 맥락을 맞춰 예수의 뜻이 전해지도록 이 땅의 민주화 등에 적극 참여하며, 평등, 박애 등 예수의 정신을 이 땅에 널리 전하도록 하자는 것이며 적극적인 사회참여를 표방하고 있습니다. 영화 〈미션〉에서 원주민들을 지키기 위해 스페인 정부군에 맞서 총칼로 맞서 싸우던 열혈 사제 로드리고 신부(로버트 드니로)는 진보로, 그리고 무저항 비폭력으로 스러져갔던 가브리엘 신부를 보수로 보면 될 듯합니다. 이후 스페인 정부군과 짝짜꿍이 되어 식민세력의 앞잡이가 되었던 기독교 세력들은 보수로도, 진보로도 구분하기 힘든 기득권 집단이라고 봐야 할 것입니다. 제발 성조기만 들고 나오지 말았으면 좋겠습니다. 미국인 아무도 모릅니다. 여러분들의 그 짝사랑을….

(2004.12 뉴스메일)

█ 2004년에 썼던 성매매 특별법과 시청앞에서 성조기를 들고 나온 보수 기독교인들의 시위와 관련된 글인데, 13년이 지난 지금과 별반 차이가 없어 혼자 놀랐습니다.

조문, 17년 지나 제자리

1994년 7월, 당시 경찰기자였던 나는 충북 단양에서 수해로 인한 단양팔경 훼손 현장을 취재 중이었다. 회사에서 전화가 왔다. "모든 걸 중단하고 서울로 올라오라"고. '김일성 사망' 발표 날이었다. 서울로 올라오면서 카폰으로 시민단체 반응을 모으는데, 사건팀장(캡)의 추가 지시가 떨어졌다. "남산 자유총연맹 본부에 가서 그쪽 반응도 따보라"는.

토요일이었다. 본부에는 50대 간부 한 분이 당직근무를 서고있었다. 무척이나 더웠던 그해 여름, 사무실로 들어선 내게 그분은 주스를 건넸고, 이런저런 물음에도 선선히 답해줬다. '조문을 가는 건 어떻게 생각하느냐'고 묻자, "6·25를 일으킨 김일성의 죽음을 슬퍼할 순 없지 않습니까? 하지만 애도가 아니라 외교적 차원에서 조문을 가는 것도 괜찮다고 봅니다."라고 말했다. 그때 나는 이 답변에 별반 주목하지도 않고 당연한 듯 들었다. 당시 남북정상회담을 앞두고 해빙 무드가 무르익던 때였고, '조문파동'이 일어나기 전이었다. 그분의 답변도 기사 속 멘트 한 줄로 간단히 보도됐을 뿐이다.

며칠 뒤 그분이 회사로 찾아왔다. "나는 이런 말을 한 적이 없으니 정정보도를 해달라"는 것이다. 그때는 '조문 파동'이 온 나라를 들썩일 때라 충분히 이해했지만 당황스러웠다. 난색을 표하자, "알겠다"며 물러갔다. 얼마 뒤 언론중재위원회에 출두했다. 위원회는 그분의 손을 들어줬다. "자유총연맹 간부가 이런 말을 했을 리 없다"는 게 근거였다. 거기에 '입사 1년이 안 된 기자이기에 실수했을 수 있다'는 게 덧붙었다. 며칠 뒤 반론보도가 조그맣게 나갔다.

17년이 지났다. '김정일 사망' 보도는 워싱턴에서 접했다. '조문 파동'까진 아니어도 '조문 논란'이 또 일어난다. 이명박 정부가 "정부 차원 조문은 않되, 민간 차원 조문은 제한된 범위에서 허용, 북한 주민에게 위로" 등의 고육지책을 내놓았을 때, 기대치가 낮았던 탓인지 '그나마 다행'이라는 게 첫 느낌이었다. 하지만 이번 결정은 씹어볼수록 안타깝다. "이것은 조문을 한 것도 아니고 안 한 것도 아니여"라는 몇 년 전 개그가 떠오른다.

이명박 정부는 무척 고심했을 것이다. 조문에 대한 국민 생각도 바뀌었고, 남북관계 개선 기회로 활용하고 싶은 마음도 있는 반면, 한쪽으론 한나라당 표밭인 보수층의 반발도 우려했을 것이다. 그래서 '정부 아닌 주민 애도', '북한 조문단이 온 유족들의 조문 허용'을 '묘수'인지 '꼼수'인지 내놓았는데, 결과는 진보·보수 양쪽 모두로부터의 비판이다. 늘 이렇다.

정부는 노무현재단의 조문단 파견을 불허하면서 "조문단이 남쪽에 오지 않았다", "국민 정서를 고려해" 등의 이유를 들었다. 노 전 대통령 서거 당시 북한이 조문단을 보내려 했지만, 이명박 정부가 난색을 표해 북한 조문단은 개성에서 조의문만 읽고 돌아갔다. 20일 여론조사에서 '정부가 북한 당국에 조의를 표하는 것'에 65.4%가 찬성했다. 19일 '리얼미터' 조사에선 정부의 공식 애도 표명에 49.6%가 찬성했고, 반대는 31.4%였다. 정부가 말하는 국민 정서는 뭔지 궁금하다.

이명박 정부는 출범 당시 실용정부라 했는데, 그동안 행적을 보면 실용정부도 이념정부도 아니고, 엉거주춤하다. 국가적 실리는 물론 정치적 실리도 못 챙기기 일쑤였다. 정보 무능을 비판받자, 뜬금없이 "북한 발표를 그대로 받아들이기 애매하다"며 의혹을 제기한 건 우국충정인가, 진실규명인가? 아니면 '나, 이 정도는 알아'인가?

세상은 달라지는데, 정부는 제자리. 17년 전 자식뻘 되는 젊은 기자에게 친절을 베풀었다 날벼락 맞았을 자유총연맹의 그분이 이번 조문 논란은 여유롭게 봐주셨으면 한다.

(2011.12.23)

█ 이 칼럼을 뉴욕에서 썼습니다. 김정일 북한 국방위원장이 사망한 직후, 저는 뉴욕으로 가 북한대표부의 신선호 주유엔 대사 인터뷰를 시도했습니다. 거절당했습니다. 나중에는 유엔빌딩 인근 북한대표부 빌딩 앞에 이틀 가량 그냥 서 있었습니다. 우연히 마주치게라도 되면, 한 마디 물어볼 요량으로. 그러나 신 대사를 보긴 힘들었습니다.

결국 북한대표부 사무실로 그냥 들어갔습니다. 입구에 있던 북한 대표부 직원이 멈칫하면서 "어떻게 오셨느냐"고 했습니다. 그래서 그냥 "한국 특파원인데, 김 위원장 조문하러 왔다"고 하고 들어섰습니다. 뭔가 찜찜해 하면서도 '조문하러 왔다'는 말에 마지못해 "그럼 들어오시라"고 했습니다. 방명록에 이름을 쓰고, 처음으로 북한대표부에 발을 들여놓았습니다.

안쪽에 들어서니 텅 빈 방 하나를 빈소로 꾸며 벽에 김정일 위원장 사진을 걸어놓고, 국화꽃으로 장식한 단을 차려놓았습니다. 양쪽에는 뉴욕의 통일단체 명의의 조화 등이 서 있었습니다. 대표부 직원이 뒤에서 날 계속 지켜보고 있었고, 저는 고개만 잠깐 숙인 채 조문 시늉만 하면서 그렇게 잠시간을 보냈습니다. 그렇게 조문 아닌 조문을 끝내고, 뒤돌아서서 "신선호 대사와 잠깐 인사라도 하게 해달라"고 했으나, 대표부 직원은 "안 계신다"는 말만 반복하며 저를 밀어내다시피 했습니다.

기사거리도 안 됩니다만, 저는 '북한 유엔대표부에 들어갔다'는 부분을 기사에 싣지 못했습니다. 별다른 내용도 없는데, 괜한 시빗거리에 휘말릴까 염려한 탓입니다. 그러면서 남쪽의 기자가 제3국에서 북쪽 대표부를 방문한 것을 걱정해야 된다는 사실 자체가 남북관계의 현주소를 보여주는 듯해 씁쓸한 자괴감이 일었습니다. 그로부터 만 5년이 지났습니다. 천안함 이후, 이명박 정부에서 이보다 더 나빠질 수는 없을 것 같던 남북관계는 박근혜 정부 들어 더욱 극한으로 치달았습니다. 이제 뒤늦게나마 그때 순간을 이렇게 전합니다.

3부

꼬인 정치
풀어보기

2004년 총선,
그리고 우리의 이데올로기 지형

어느 신문엔가 이번 선거결과를 두고 미국 〈워싱턴포스트〉를 인용해 "대한민국에서 최초로 좌파가 다수를 점했다"고 보도했더군요. 제가 보는 이번 선거(2004년 총선)의 이데올로기적 지형은 이렇습니다.

1) 수구(한나라당) - 극우단체, 반촛불집회 세력
2) 보수(없음)
3) 개혁(열린우리당) - 시민단체, 촛불집회 대다수 세력
4) 진보(민주노동당)
5) 좌파(사회당)
6) 극좌(공산당, 역시 없음)

여기에서 범보수라 함은 1)~3)번이고, 진보라 함은 4)~6)번까지라는 것이 사회과학을 전공한 사람들의 일반적 인식입니다.

물론 한나라당에는 대부분 1번이겠지만, 2번도 일부 있을 수 있고, 열린우리당에는 2~4번까지, 그리고 민주노동당에는 3~5

번까지의 이념적 스펙트럼이 존재하리라 보여집니다. 하지만 1번인 한나라당이 3번인 개혁을 부르짖는 것은 우습고, 3번인 우리당이 5번인 좌파로 불려지는 것은 적절한 명명법이 아니라고 보여집니다. 우리당을 두 계단 왼쪽인 5번 좌파로 밀어붙여야, 1번 수구인 한나라당의 위치가 2번 보수 쪽에 그나마 조금이라도 가까워지기 때문일 것입니다.

수구와 보수의 차이점은 '도덕성'과 '사회에 대한 책임'입니다. 포클랜드 전쟁이 터진 1982년이었습니다. 여동생의 잡지책인 〈여학생〉을 뒤적이다 지금의 톰 크루즈를 닮은 듯한 영국의 왕자(찰스 왕자의 동생, 앤드류)가 해군 복장을 한 채 장미꽃 가지를 물고 있는 멋진 모습이 큰 사진으로 실려 있는 걸 봤습니다. 공군 장교였던 그 왕자는 아르헨티나 상공으로 비행기를 몰고 전투에 나섰다가 아르헨티나 군대의 포격을 맞고 비행기가 추락당하는 일을 겪고, 구사일생으로 살아남으면서 국민적 영웅으로 치솟았습니다. 이런 게 '보수'입니다.

영화 〈황산벌〉을 보면, 난공불락의 백제 계백을 무찌르기 위해 신라 김유신은 젊은 화랑들을 희생시키기로 결정합니다. 영화에서 장군들은 자신의 자식들을 죽음의 전장으로 내몹니다. 이게 '보수'입니다. 김구는 임시정부의 수장으로서 얼마든지 자신의 기득권을 주장할 수 있었지만, 이승만과 미국에 자신의 기득권을 요구하기에 앞서 통일정부를 세우는 것에 온 마음을 바칩니다. 이게 '보수'입니다.

선조는 임진왜란이 벌어지자 한양을 버리고 야반도주합니다. 백성들이 "우릴 버리고 어디로 가시나이까" 하고 가마를 막아섰지만, 이들을 물리치고 도망갔습니다. 의주까지 도망가서는 또 여차하면 압록강을 건너려고 눈치만 봤습니다. 전장은 모두 권율과 이순신에게 맡겨두고. 그러면서도 혹 이순신이 자신을 배반할까봐, 백성들이 자신보다 이순신을 더 따를까봐 안절부절합니다. 이게 '수구'입니다.

한국전쟁이 일어났을 때, "우리 국군이 북으로 진격하고 있으니 안심하라"는 이승만 대통령의 대국민 방송은 국민들 몰래 피난 내려간 대전에서 행했습니다. 그 방송만 믿고 피난하지 않고 가만히 있다가 얼마나 많은 사람들이 희생됐습니까? 국민들이 정부의 말을 믿지 않게 된 게 그때부터 아닐까요? 이게 '수구'입니다.

이 땅의 수구는 조선시대 송시열로 대표되는 서인 노론세력에 그 뿌리가 닿습니다. 이들은 당시 야당격이었던 남인을 박해하며 온갖 기득권을 누리다가 일본에 나라를 몽땅 바치고, 일제 때는 친일파가 되어 기세등등하게 지내다가 해방 이후에는 교묘하게 '보수파'로 위장해 계속 기득권을 누리고 있습니다. 그들은 '보수'가 아니라, '수구'입니다. 간단합니다. '보수'는 남의 이익을 위해 나의 이익을 희생하는 것, '수구'는 나의 이익을 위해 남의 이익을 희생하는 것.

이 땅에 '보수'의 씨는 말랐습니다. 개혁이나 진보세력이 그 척박한 땅에서도 싹을 틔울 수 있었던 것은 '수구'에 저항하면서 그 스스로 힘을 길러냈기 때문입니다. 그러나 '보수'는 '수구'가 '보수'를 참칭하면서 완전히, 거의 박멸되다시피 했습니다.

그 '보수'를 복구하는 방법은 단 하나입니다. '인적 청산'입니다.

한나라당 내부에는 이른바 '건전 보수' 논쟁이 한창입니다. 그러나 쉽지 않을 것 같습니다. 이 땅에 '수구'의 세력이 강고했던 이유는 그들은 몇 차례 위기에서 타협을 통해 자신들의 세력을 확장시켜 나갔기 때문입니다. 마치 흡혈귀에 피를 빨린 인간이 그도 흡혈귀가 되는 것처럼.

한나라당의 건전보수를 희구하는 세력들은 많이 있고, 한나라당이 살 길은 그것뿐입니다. 하지만 이 점은 단단히 명심해야 합니다. 거듭나기 위해서는 일체의 '기득권'을 포기해야 한다는 것을. 그것이 진정으로 사는 길입니다. 창피스럽더라도 '우리당'의 행태를 표절해야 합니다. 그리고 거대한 '수구' 세력을 소외시켜야 합니다. 더 이상 '수구'가 '보수'를 대변하지 못하게 해야 합니다.

그러나 나는 압니다. 이른바 한나라당에서 건전보수를 부르짖는 이들이 그렇게 하지 못하리라는 것을. 그들도 이미 가진 게 너무 많기 때문입니다. 차가운 벌판에 나서본 적도 없고, 나설 자신도 없고, 나서기도 싫고, 나설 필요까진 없다고 느낄 겁니다. 그래서 아마 '수구'의 몸뚱이에 적당히 '보수'의 껍데기를 뒤집어쓰고 나타날 겁니다.

(2004.4.19 뉴스메일)

2004년 이른바 '남원정(남경필, 원희룡, 정병국)'이 한나라당에서 '당 개혁'을 촉구하며 바람을 일으켰습니다. 그때의 이야기입니다. 그로부터 13년이 흘렀습니다. 그동안 '보수개혁'은 점점 빛이 바랬고, 이명박-박근혜 정부를 거쳐, 그리고 급기야 대통령 탄핵에 이를 정도로, 얼마나 후진을 거듭했는지 모릅니다. 그리고 이제 자유한국당과 바른정당으로 갈라졌습니다. 그나마 그때의 '남원정'이 지금 자유한국당이 아닌 바른정당에 있음을 위안으로 여겨야 할까요? 그런데 박근혜의 새누리당을 계승한 자유한국당의 홍준표 후보가 온갖 막말과 '돼지발정제' 논란에도 보수층의 지지를 얻는데 반해, 토론에서 수위를 차지하고, 도덕적으로 큰 하자가 없고, 정책적으로도 진정한 보수개혁을 주창하는 유승민 바른정당 후보는 대선전에서 맥을 못 추는 이유를 어떻게 설명할까요?

우리나라 보수 지지층의 한계입니다. 한나라당이 '개혁'을 이야기하던 2004년, 그로부터 13년. 허망합니다.

그 아름답던 보수는 어디 갔나?

"(…), 너희들, 왜 이러니?" 고등학교 1학년 때였다. 무섭던 담임 선생님이 이민을 떠나자, 독어선생님이 담임이 됐다. '좋아라' 난리를 피던 녀석들은 선생님과 자꾸 부딪쳤다. 지각생이 늘고, 반 성적은 최하위로 처지고. 큰 소리 한 번 낼 줄 모르던 선생님은 매를 들었다. 그런데 아이들이 반발했다. 일부의 선동에 독어시간에 책을 펴지 않는, '수업 보이콧'까지 하기에 이르렀다. 그날, 27살 여선생님은 책으로 얼굴을 가리며 울고 말았다. 며칠 뒤, 열혈청년 옆반 선생님의 매타작으로 우리들의 쿠데타는 진압됐다. 17살, 우리들은 비겁했다.

2006년 9월 2일, 서울시청 앞에서 사실상 '반정부' 보수집회가 열렸다. 1980년 8월 6일, 서울 롯데호텔에서 보수 기독교인 중심으로 전두환 국가보위비상대책위원회 상임위원장을 위한, '국가와 민족의 장래를 위한 조찬기도회'가 열렸다. 광주항쟁 이후 석달이 안 됐을 때였다.

'보수'가 일어선다 한다. 보수주의자들은 김대중-노무현 정부 10년을 '잃어버린 10년'으로 표현한다. 보수란, 기존의 가치를 지킨다는 뜻이고, 지난 10년을 잃어버렸다 하니, '그 이전 50년'을 지키겠다는 것 같은데, 그때 지켜야 할 그 '무엇'이 무언가?

보수할 게 없다는 것, 이게 대한민국 보수의 비극이다. 왕정, 헌정질서, 전통문화, 도덕. 외국의 보수들이 진보세력에 맞서 지켜왔던 것을 우린 자칭 '보수'들이 다 깨뜨려왔다. 외국에선 진보가 찬성하고, 보수가 반대하는 성매매를 우린 보수가 지지한다. 한국 보수의 독특함이다. 남은 건 '반공' '친미'요, 그 뒤엔 '기득권'이 어른거린다. 홍세화는 이를 두고 "보수란 '가족·전통·자유' 등을 보수하려는 정치세력이어야 하는데, 우린 분단 상황에서 '수구'가 보수를 참칭하는 게 문제"라고 말했다. 강준만은 "한국 상류층의 애국심이나 윤리적 수준이 한국 평균 수준을 넘지 못한다는 데 이의를 제기할 사람은 없으리라 믿는다"고 말했다.

결국 수구와 보수의 차이는 도덕성과 자기희생 여부로 알 수 있다. 고대 그리스, 페이시스트라토스가 쿠데타를 일으켜 아크로폴리스를 점령했다. 모든 아테네 정치인들이 도시를 빠져나갈 때, 홀로 광장에 나서 쿠데타에 저항할 것을 호소하는 이가 있었다. 솔론(기원전 630~560)이었다. 측근들이 말리자, 그는 "나는 늙은 나이를 믿는다"고 말했다. 이게 보수다. 아들이 없는 로마 황제 아우구스투스는 사위 아그리파를 최전선에 보냈다. 아그리파는 전사했다. 황제는 외손자 루치오, 가이우스도 반란이 일어난 아르메니아에 보냈다. 외손자들도 모두 전사한다. 이게 보수다.

신라 품일 장군은 난공불락 계백 앞에서 16살 아들 관창을 사지로 보낸다. 이게 보수다. 고려를 지키려는 정몽주는 새로운 세상을 만들자는 이방원을 만나러 선죽교로 향하던 밤, 등불 들고 말고삐를 쥐는 하인을 물린다. "놔둬라. 나 혼자 가마." 하인의 목숨을 살리려는 마음이었다. 이게 보수다. 최익현은 을사조약 이후 항일 의병 운동을 하다, 일본군에 붙잡혀 쓰시마섬에 보내진다. 그는 "적군의 음식은 먹지 않겠다"며 단식하다 숨진다. 이게 보수다. 생각은 달라도 존경할 수 있었던, 그 '아름답던 보수'는 다 어디 갔나?

영화 〈클래식〉에서 주희(손예진)에게 받은 목걸이를 다시 가져오려 포연 속으로 달려가던 그 맑디맑은 준하(조승우)도 월남전 용사였다. 가난한 집안에 조금이나마 도움이 되지 않을까 해서 목숨 걸고 월남으로 갔던 이 땅의 장남, 차남들. 참으로 아픈 세대였다. 그들이 보수라는 이름으로 한 묶음 되는 게 외려 서럽다.

(2006.9.20)

■ 노무현 정부 말기로 치닫던 이때(2006년), 당시 야당인 한나라당과 보수언론은 '잃어버린 10년'이란 말을 만들어냈습니다. 노무현 정부 이후 서민경기 위축, 집값 상승 등을 겉으로 내세웠지만, 실상은 보수 정권이 집권을 하지 못함을 일컬은 것이지요. 그리고 이명박-박근혜 정부의 '잃어버린 9년'은 참으로 참혹했습니다.

이 땅에 제대로 된 보수가 모습을 드러내는 날을 보기를 기약해 봅니다.

대통령의 눈물

2014년 5월 19일, 세월호 기자회견에서 대통령이 눈물을 흘렸다. 그런데 전혀 마음에 와 닿지 않는다. 왜 그럴까?

타이밍이 늦었다. 남들은 너무 울어 진이 빠지고 눈물이 마를 지경인데 한 달이 지난 시점에 뒤늦게 운다. 억지로 울린 것 같아 미안한 맘은 들지언정 감동은 안 되는 이유다. 참사 직후였다면 달랐을 것이다. 박근혜는 늘 늦다. 이를 신중이라 하기 힘들다. 다른 정치인이었다면 이 정도로 정치적 행동이 늦다면, 대통령은 고사하고 구의원 기초공천 받기도 힘들다.

둘째, 쇼 티가 너무 난다. 연기자가 아닌 이상 눈물은 흘리고 싶다고 해서 저절로 샘솟는 건 아니다. 대통령은 눈물을 흘리는 그 순간 분명 호명한 그분들에게 미안하고 맘이 아팠고 울컥했을 것이다. 그런데 공적인 자리에서 울음이 나오려 할 때는 억지로라도 눈물을 참고 삼키는 게 정상이다. 손석희 앵커가 방송 도중 목소리가 떨려 더듬거리며 온힘을 다해 울음을 참으려 할 때 감동하는 것이지, 만일 손석희 앵커가 박 대통령처럼 흐르는 눈물을 닦지도 않고 줄줄 울면서 방송을 진행했다고 생각해보라.

추하다.

모범답안을 말하자면 박 대통령은 울컥거리는 울음을 애써 참으며, 삼키면서, 그래도 눈물이 솟구치면 손수건을 꺼내 눈시울을 닦고 "죄송합니다"라고 하면서 담화를 마무리 하는 게 쇼를 위해서도 더 나았을 것이다. 어제 눈물은 마치 두 눈 부릅뜨고 '봐라 눈물, 이제 됐냐'라고 외치는 것 같았다. 무섭다.

어제 박 대통령의 담화가 70년대 동춘서커스 피에로의 눈물처럼 비치는 건 진정성 부족에 앞서 이처럼 연출의 진부함 때문이다. 이런 식이라면 새누리당의 미래는 없다.

정치행위는 일정 부분 쇼다. 하지만 쇼처럼 보이면 안 된다. 쇼가 쇼처럼 보이면 관객은 돈이 아깝다. 더 영악하게 연기를 하던가, 아니면 연기하지 말고 실제를 그대로 보여야 한다. 둘 다 안 되면 전국적 정치인이 되기 어렵다. 박정희 같은 아버지를 두지 않는 한.

70년대에는 〈여로〉를 보고도 사람들이 눈물을 펑펑 흘렸지만, 요즘엔 〈별에서 온 그대〉를 보고도 그때처럼 쉬이 감동하지 않는다.

청와대 참모들은 반성해야 한다. 잊어선 안 된다. 사람들은 청와대에 있는 사람들보다 더 똑똑하다는 것을. 이는 기자들도 같이 명심해야 되는 것이기도 하다. 예전에는 청와대 사람들, 기자들이 정보도 더 많고 일반인들보다 더 똑똑했다. 이젠 아니다. 그래서 겸손해야 한다. 정치인과 기자들에게 이제 겸손이란 도덕의 차원이 아니다. 생존 차원이다. 남들이 나보다 더 똑똑하니까 한 번 더 생각해야 된다. 하수와 바둑을 두면 한 수 뒤만 생각하면 되지만 이젠 세 수, 네 수 뒤까지 고려해야 한다. 대충 준비하니까 어제 담화꼴 나는 것이다. 남들은 멍청하지 않다.

똑똑할 자신이 없다면 때론 솔직함이 돌파의 해법이 될 때도 있다. 그러나 그럴 수 없다는 것, 박 대통령을 있는 그대로 내보일 수 없다는 것, 그것이 현 청와대의 딜레마다.

마지막으로 기자들의 일문일답을 받았어야 했다.

눈물만 흘리고, 기자들의 일문일답 없이 그냥 꾸벅 절하고 나간 것, 이해가 안 되는 건 아니다. 청와대는 분명 고민했을 것이다. 일문일답을 받을 것이냐, 말 것이냐를 놓고···. 이미 지난번 신년 기자회견에서 기자들과 짜고치는 기자회견을 한 터라 이번에는 그렇게도 못한다.

두 가지가 걸렸을 것이다. 우선 박 대통령은 기자들의 질문에 그대로 나설 만큼의 능력이 없다.

호시절에 '퇴근하시면 뭘 하십니까' 라는 질문에는 답할 수 있지만, '세월호 첫 보고를 언제, 누구한테, 어떻게 받았느냐', '세월호 승객 전원구조 아니란 걸 언제 처음 알았느냐', '중앙재해대책본부에 그날 저녁에 가서 빨간 구명조끼를 입었는데 발견하기가 힘듭니까라고 말한 건 무슨 뜻으로 한 말이냐' 등의 공격적 질문이 계속 이어지면 당황하고 흔들리는 모습을 보여주고 자칫 말실수를 할지 모른다. 따지고 보면 정치인에게 말'실수'라는 건 없다. 평소 생각하던 것이나 부족한 지식, 인격 등이 조금만 깊이 들어가면 그대로 드러나는 것일뿐···.

청와대 참모들은 자신이 없었던 것이다. 그들은 자신의 주군의 능력을 잘 알고 있다. 박 대통령의 가장 큰 문제는 독선과 오만이 아니라 무능이다. 그리 오랜 정치인 생활을 했음에도 일문일답을 제대로 못하는 정치인, 요즘엔 그리 흔치도 않다.

왜 못하나? 안 해봤으니까 못 하는 것이다. 늘 짜여진 각본을 벗어나면 불안해하거나 똑같거나, 무의미한 말만 반복하는 이유는 순발력도 부족하지만, 순발하더라도 내놓을 무언가가 없기 때문이다. 그렇기에 청와대 참모들은 결론을 내렸다. 일문일답 안 해서 먹는 비판이, 해서 먹게 될 욕이나 대통령의 실체를 드러내는 것보다 차라리 낫다고.

그리고 또 하나는 이 담화 발표의 하이라이트가 눈물인데, 드라마는 거기에서 끝나야 되는데 일문일답으로 이어지면 눈물이 희석되는 것도 고려했을 것이다.

자, 그런데 요즘 사람들은 쉬이 감동받지 않고, 멍청하지 않다는 것…. 그게 박근혜 정부 국정운영의 '원쑤, 암덩어리' 같은 존재다.

만일, 청와대가 전체가 아닌 51퍼센트만의 감동만을 얻고자 했다면 한바탕 담화 발표와 눈물은 나름대로 주효했다. 박근혜 지지층은 여론조사할 때 요즘 시국에는 창피해서 지지한다고 응답 못하다가도 지지할 핑곗거리만 만들어주면 언제고 다시 온다. 그게 목적이었다면 어제 담화 쇼는 그럭저럭 소기의 성과를 달성했을 수 있다. (6월 지방)선거에도 도움이 될 것이고.

우리편 지지만 받으면 되는 반쪽짜리 대통령이, 현 청와대가 원하는 것인가? 그러려면 선거 직전에 하나 더 해야 한다. 총리 교체든, 청와대 개편이든….

허를 찔러라. 감동은 예상하지 못할 때, 예상을 뛰어넘을 때

온다. 그러나 '반쪽이 대통령'을 원한다면 그리 애써 맘 쓸 필요
까진 없을 것 같다.

(2014.5.21 페이스북)

3인방은 물러나지 않을 것이다

정윤회 문건 파동 등에 대해 새누리당의 한 의원에게 "왜 2년 차에 벌써 이런 일이"라고 말하자, "벌써가 아니라, 늦게 나온 것"이라 했다. 2004년 한나라당 대표 시절부터 폐쇄적이고, 비서 3인방(당시 4인방)을 통해서만 연결되고, 소통을 않는 전근대적 방식이 지금까지 제대로 문제 되지 않았다는 게 오히려 더 이상한 일이라 했다. 지금은 '입안의 혀' 코스프레를 하는 김무성 대표도 한때 박 대통령을 "민주주의 개념이 부족한 분"이라고 했다.

유신헌법을 입안한 사람이 비서실장을 맡고 있는, 1970년대 양장점 의상을 입는 1970년대 대통령이 21세기 사회와 부딪히는 것은 어쩌면 당연하다. 정윤회 문건 파동과 문화체육관광부 국-과장 인사 개입 의혹을 정무적으로만 판단하자면, 만일 대통령이 자신의 스타일을 고수하고 싶다면, 좀 더 세심했어야 했다. 미운 사람에게 떡(자리) 하나 더 줬어야 하는데, "무능, 비개혁"이라고 꼬리표를 달아 쌀쌀하게 내쳐버렸으니. 왜 그랬을까? 이 역시 1970년대 스타일이다. 지금은 '남산(중앙정보부)'이 없다.

대통령은 왜 그토록 주변 권고에도 '비서관 3인방', 김기춘 비서실장, 그리고 도대체 알 수 없는 '비선'에 의존하는 걸까? 왜 대면접촉을 피하고 보고서만 싸 짊어지고 관저로 들어가는 걸까? 왜 기자회견은 않고 국무회의, 비서관회의에서 '부하들' 앉혀놓고 가져온 지시사항만 줄줄 읽어나갈까?

자신이 없기 때문일 것이다. 한 점 흐트러짐 없는 모습을 보여주려면 나름 철저하게 준비해야 하고, 토 달지 못하게 해야 한다. 안 그러면 스타일이 무너진다. 지난 대선 토론회 때 우리는 '정치인 박근혜'의 진면목 일단을 엿봤다.

이명박 대통령 역시 시대착오적인 부분이 많았지만, 이 대통령은 이른바 '계급장 달고' 토론하기는 즐겼다. 본인이 훨씬 경험도 많고 똑똑하다 생각했기 때문이다. 과도한 자신감이었다. 취임 초, 주말에 테니스 치다 불쑥 기자실을 찾아 같이 커피 마시면서 이야기를 나누기도 했다. 은근히 즐기는 듯했다. 그런데 광우병 파동 이전까지였다. 광우병 파동 이후 이런 일은 눈에 띄게 줄었고, 그는 점점 권위적 · 폐쇄적이 되어갔다. 그때도 다들 '소통, 소통' 했는데, 정반대로 갔다. 보호본능이 작동된 탓으로 보인다.

그러니 이번 사태를 통해 박 대통령이 바뀔까? 박 대통령은 7일 당 지도부와의 오찬 자리에서 "나는 절대 흔들리지 않는다. 누가 뭐라 해도 확고한 의지를 갖고 있다."고 말했다. 누가 뭐라 하면 흔들려야 한다. 그게 21세기다.

박 대통령은 사태가 터진 뒤 두 번이나 공식 자리에서 "찌라시, 근거 없는 이야기"라고 목청을 높였다. 과장된 측면이 있을 것이다. 그러니 억울할 것이다. 그렇다고 다 드러낼 순 없을 것이다. 딜레마다. "검찰수사를 지켜봐야"라면서 그 앞에 "일방적 주장"이라고 못을 박는다. 검찰에 가이드라인을 제시하려면 몰래 해야지, 이렇게 공개리에 하면 검찰 입장만 더 난처해진다. 불안하거나, 아니면 '아니라 해도 당최 못 알아듣는 무지몽매한' 국민들을 가르치려 들거나.

앞으로 김기춘 실장은 더 강력해질 것이다. 3인방은 물러나지 않을 것이다. 다만 앞으로 보안은 더 철저해질 것이고, '수첩인사'는 가속화될 것이고, 아니 인사도 잘 없을 것이다. 인사 기준은 '능력' 아닌, '충성도'가 될 것이다. 이미 유진룡 문화체육관광부 장관을 내치고, 새로 들이려 했던 인사가 정성근 후보였다는 것을 봐도 알 수 있다.

박 대통령은 아마 왕을 했으면 잘했을 분이다. 차라리 1970년대에 박정희 대통령을 이어 곧바로 세습 통치를 했으면, 지금 같은 마찰은 없었을 것이다. 너무 늦게 대통령이 됐다.

(2014.12.7)

█ 이 칼럼을 썼을 때가 2016년 '박근혜-최순실 파동'이 일어나기 2년 전, 정윤회 파동이 일어난 직후였습니다. 당시 〈한겨레〉 정치부도 정윤회-최순실 부부를 쫓고 있을 때였습니다.

그때 칼럼에서 '김기춘 실장은 더 강력해질 것이고, 3인방은 물러나지 않을 것'이라고 예언 아닌 예언을 했는데, 그게 그대로 적중할지는 저도 몰랐습니다. 만일 박 대통령이 그때 3인방을 물렸다면, 탄핵은 없었을 수도 있습니다. 하지만 박 대통령은 정윤회 파동이 일어난 이 직후부터 더 파국을 향해 치달은 듯 합니다. 최순실의 미르, K재단 추진이 가속화된 것도 이 즈음입니다. 정윤회 파동이 일어났을 때, 이를 위기로 생각하고 정신을 차렸어야 했는데, 반대로 나아갔습니다. 혼군昏君을 그 누구도 제어하지 않았습니다.

왜 멀쩡한 국가를 개조하나?

국가개조라…. 청와대와 정부를 개조해야지, 왜 멀쩡한 국가를 개조하나? 고색창연한 이름은 누가 지었을까? 이광수의 민족개조론, 박정희의 국민정신 개조…. 청와대 사람들은 이런 안이 나왔을 때 받아쓰기만 한 건가? 그건 참모가 아니다. 명민하지 못한 주군에 모든 걸 내맡기고 받아쓰기만 하는 건 비겁한 일이다. 아니면 생각이 다 똑같은가?

추신. 대통령 말할 때 60 넘거나 다된 수석들이 왜 받아쓰기를 할까? 미리 복사해서 나눠주면 되는데…. 토씨 하나 안 틀리고 읽어나가는데…. 이해할 수가 없다…. 일일이 받아 적기 힘드니 프린트해서 나눠달라는 말이 그렇게 무례한 말인가?

(2014.4.29 페이스북)

세월호 이후, 박근혜 대통령이 해법으로 꺼낸 말이 '국가개조'였습니다.

무상급식은 네 공약,
무상보육은 내 공약

안종범 청와대 경제수석이 9일 청와대 브리핑에서 무상급식과 무상보육에 대한 청와대의 입장을 밝혔다. "누리과정(무상보육)은 무상급식과 달리 유아교육법 등에 따라 반드시 편성해야 하는 지자체나 지방교육청의 의무다. 반면 무상급식은 법적 근거 없이 지자체와 교육청 재량에 의해 하도록 돼 있는 사업이다. 무상급식은 각 지자체와 교육청이 과다하게 편성하고 집행했다. 무상급식은 (대선) 공약이 아니다."

여야가 무상급식과 무상보육을 놓고 한바탕 전쟁을 벌이고 있다. 그런데 이전의 복지논쟁과 달리 여당은 무상급식을, 야당은 무상보육을 공격 포인트로 정하고 있다는 점이 도드라진다. 무상급식은 초등학교를 중심으로 학생 누구나 무료로 학교에서 밥을 먹는 것이고, 무상보육은 0~2살 영유아 보육료 지원과 3~5살 유치원-어린이집 비용 전액지원(누리과정)을 말한다.

지금 여야간 다툼을 보면, '아이들 밥 먹이는 게 더 중요하냐, 미취학 아동 보육이 더 중요하냐'는 정책 우선순위 논쟁도 아니고, '부자들에게까지 예산 지원을 해줘야 하느냐'는 보편복지 논

쟁과도 다소 거리가 있다. 단순화시키면 '네 공약, 내 공약'이라
는 저급한 다툼으로 변질되고 있다.

비용으로 따지면, 올해 무상급식 예산은 2조6,568억원이고, 무
상보육은 이명박 정부에서 실시한 0~2살, 5살 등의 무상보육을
제외한 이른바 박근혜 대통령 공약인 '누리과정(3~5살)' 예산만 3
조4,156억원이다.

정치권 논쟁은 늘 수단과 목적이 바뀐다. 무상보육과 무상급
식은 '목적'이 아니다. 무상급식과 무상보육, 모두 아이들의 복지
향상, 여성의 사회참여 지원 등의 목적을 위한 '수단'일 뿐이다.
세계 각국에서 복지 논쟁이 벌어지고 있지만, 우리처럼 여야가
각자의 영토 하나씩을 지키겠다며 이런 논쟁을 벌이는 곳은 없
을 것 같다. "내 공약은 이것이고, 그건 내 것 아니고"라는 식으
로 말하는 대통령이나 총리도 없을 것 같다.

이런 논쟁이 벌어진 건 2년 전 TV 토론회에서 "무슨 돈으로"
라고 묻자 "내가 대통령 되면 다 할 수 있어요"라고 답할 때부
터 예고된 것이다. 지난해 국세수입 부족분이 8조5천억원이다.
경제성장률 전망치를 4.0%로 잡았는데, 결과는 3.0%여서 세수
가 줄어들었다. 국회 예산정책처에 따르면, 올해 국세수입 부족
도 최대 10조7천억원에 이를 것으로 예상된다. '불요불급한 예산
을 줄이고, 지하경제 양성화를 통해' 증세 없는 복지가 가능하다
는 2년 전 약속이 부메랑이 되어 돌아오자, 무상급식과 무상보
육 다툼을 조장했다.

미국도 무상급식을 않는다. 독일도 무상보육을 않는다. 소득
에 따라 급식료를 내고, 소득에 따라 보육료를 낸다. 하지만 이

를 보편복지를 공격하기 위한 소재로 삼는다면 저급한 논쟁을 더욱 저급하게 만드는 것이 될 것이다.

지난해 덴마크 출장을 다녀온 적이 있다. 코펜하겐 거리에서 두 가지에 놀랐다. 마치 10년 전 중국처럼 자전거 부대가 엄청나게 많고, 시민들의 옷차림이 너무 수수했다. 덴마크의 1인당 국민소득은 6만달러로 우리나라(지난해 2만4,329달러)의 2.5배다.

덴마크의 한 기업체 간부에게 이 이야기를 했더니, "심성이 검소해서 그런 게 아니고, 돈이 없어서 그렇다"고 말했다. 연봉의 반을 세금으로 내고, 부가세가 높아 물가도 비싸, 쓸 돈이 없다고 했다. 그러면서 "노르웨이는 더해 나 정도 벌면 60%를 세금으로 낼 거다. 물가도 비싸 노르웨이에 놀러 갈 땐 도시락을 싸서 간다."며 웃었다.

'복지'는 공짜가 아니다. 무상급식, 무상보육, 보편복지 논쟁이 저급한 정쟁이 아니라, 복지와 조세 정책 전반에 대한 우리 사회의 고민으로 이어져야 할 것이다.

(2014.11.9)

'꽃분이네 가게'를
팔아야 한다

영화 〈국제시장〉에서 노인이 된 덕수는 자신의 점포인 '꽃분이네 가게'를 절대 안 팔려 한다. 가족들의 성화도, 시청 공무원의 행정 압박도, 그리고 주변 상인들로부터 '알박기'라는 욕을 얻어먹으면서도 이젠 장사도 안 되는 수입잡화점인 '꽃분이네 가게'를 "내 눈에 흙이 들어가기 전에는 못 판다"며 역정을 낸다. 10살이던 1·4 후퇴 때 피난지 첫 밤을 보낸 곳이고, 가족을 먹여 살린 덕수의 분신과도 같은 곳이다. 그리고 아버지를 기다리는 곳이다.

하지만 냉정히 보면, 덕수 삶의 목적은 '꽃분이네 가게'가 아니라 '가족'이었고, '꽃분이네 가게'는 '가족'을 위한 수단이었다. 그리고 '아버지'는 돌아오지 않는다. 영화가 아니어도 우린 종종 수단과 목적의 전도 현상을 보게 된다.

김기춘 청와대 비서실장은 2일 시무식에서 '충'을 말했다. "나아가서는 국민과 나라"라 했지만, 이때 충이란 "대통령님께 걱정 끼친 일들"에 대한 반성이란 걸 굳이 숨기지 않았다. 주군에 대한 '충' 그 자체가 목적인 건 조선시대에 끝났다. 군사정부는 충성 대상을 '국가'로 대체했다. 하지만 국가란 '개인'들이 더 나은 삶을 위해 만든 기구다. 이 '기구'를 우상화해 충성을 맹세케 하는 건 전체주의 국가의 일반 유형이다. 굳이 충성을 맹세하려면 그 자리는 '국가'가 아니라 차라리 '이웃(사회)'이 되어야 할 것이다.

김기춘 비서실장은 비서실 훈화 말씀을 비서들에게 얘기했으면 됐지, 뭣하러 대변인을 통해 '국민'에게까지 알렸을까? 국민도 대통령께 충성하라는 건지, 우리 이리 고생하는 걸 알아달라는 건지 알 수가 없다. 〈국제시장〉에 60대 이상 노년층이 성원을 보낸다. 지난 삶에 대한 회한이기도 하겠지만, 내 '희생'을 알아달라는 자기연민이 담겨 있는 듯하다.

결은 다르지만, 지난 연말 헌법재판소로부터 해산 결정을 당한 통합진보당의 경우에도 이 정서가 느껴진다. 1997년, 80년대 대학에서 노동현장으로 갔다가 그대로 현장에 머문 이들을 기획취재 한 적이 있다. 여전히 '철의 노동자'로 살고 있을 그들을 그렸는데, 막상 가보니 '그냥 노동자'가 많았다. 프레스에 손가락 하나 잘린 81학번은 노조 활동만 캐묻는 맹한 기자를 불편해하며 "그냥 일하고 월급 받고 살아요"라고 했다. 현장 투사와 결혼한 옛 여학우는 애 맡기고 큰맘 먹고 찾은 동창 모임에서 함께했던 '동지들'로부터 끼어들기 힘든 주식, 청약, 연봉 얘기만 듣고서 집으로 향하는 성수동 비탈길을 울며 오르며 "다신 가지 않으리" 골백번도 더 혼잣말을 했다는, 공지영 후일담 소설 같은 이야기를 들었다.

2006년 무렵, 야당을 출입할 때 통합진보당 전신 민주노동당

의원의 자동차가 아반떼였다. 당시 한나라당에서 쏘나타를 타던 의원이 이재오·차명진 등 단 3명이었고, 대부분 에쿠스를 탈 때였다. 민주노동당 의원들은 매달 세비 800만~900만원 중 300만원만 가져가고, 나머지 500만~600만원은 특별당비로 내놓았다.

그 시절 운동했던 사람들, 그리고 통합진보당 인사들, 많은 희생을 한 사람들이다. 정의로운 목적에 나의 희생이 겹쳐지면 자신에게 관대해지는 게 인지상정이다. 통합진보당은 RO 모임, 부정경선 사태에 왜 그 매서운 결기로 단호히 처리하지 못했나? 만일 그때 제대로 처리했다면 헌법재판소는 아마 통합진보당 해산 결정을 못 내렸을 것이다. 내 신념이 절대적으로 옳다는 확신이 강하면, 다른 모든 게 정당해지고, 사소해질 수 있다. '신념의 정치'는 그래서 위험하다.

덕수는 영화 말미에 가게를 팔 것을 허락한다. 지난달 리얼미터 여론조사에서 통합진보당 해산이 올바른 결정이라는 게 60.7%였다. 그런데 청와대 인적쇄신이 필요하다는 응답은 69.9%였다. '꽃분이네 가게'는 이제 팔아야 한다. 통합진보당은 팔 기회를 놓쳤고, 청와대는 기회가 남아 있다. '충'을 말한 인사가 꽃분이네 가게다.

(2015.1.4)

■ 이즈음부터는 4주만에 돌아오는 칼럼 주제를 거의 의도적으로 박근혜 청와대를 비판하는 데 할애했습니다. 지금 생각하니 어차피 부질없는 지적이요, 들을 수 없는 이에 대한 허망한 외침이었습니다.

천수답 박근혜 정부

6월 5일 대통령이 국립의료원을 방문했다. 메르스 확진환자 발생 17일째, 노란색 민방위복을 입고 나선 첫 현장방문이다. 방호복을 완벽히 챙겨 입은 간호사 앞에 선 박근혜 대통령 사진을 처음 봤을 때, 의아했다. 격려가 목적이라면 방호복 벗은 간호사들 등 두드려 주면 되는데, 옷 갈아입을 틈도 없었던 건지…. '그렇다면 감염 위험은? 경호실이 체크했을 텐데, 마스크도 하지 않은 저 상황은 뭐지?'

며칠 후 텔레비전을 보니 방호복 간호사들은 유리문 안쪽 병실이 아닌 왼쪽 기계실에서 상관으로 보이는 남자 직원이 '지금이야'라는 지시를 하는 듯하자, 단역배우가 무대 위로 나가듯 불쑥 문을 열고 대통령 앞에 등장했다. 두 간호사는 방호복 입고서 문 뒤에 얼마나 서 있었을까?

뒤늦게 박 대통령이 나섰다. 하지만 국민들에게 어떤 메시지를 주려는 건지, 목적은 뭔지 의아하다. 6월 1일 수석비서관회의, 메르스 대책 일성 "유언비어 단속하라", 5일 국립의료원 방문 "메르스는 사스와 다르다"(노무현 정부와의 비교에 항변), 9일 국무회의 "지자체 독자적 대응 혼란 준다"(박원순 서울시장 비판).

미국 방문(애초 6월 14~18일) 대신 한 것이 동대문시장 방문 "상인들, 대통령 환영"(14일), 초등학교 방문 "메르스는 중동 독감, 올 수도 있고"(16일), 삼성서울병원장 질타(17일) 등이다. 〈조선일보〉의 19일 사설 제목이 "청와대만은 삼성서울병원 질책할 자격 없다"였다. 〈동아일보〉는 18일 사설에서 "박 대통령은 보여주기식 행보에 치중할 때가 아니다"라고 했다. 〈한겨레〉 사설이 아니다.

사람들이 똑똑해졌다. 청와대 실수는 늘 여기에서 비롯된다. 그러니 메르스 현장방문도 선거운동 하듯 한다. 현장 다니는 게 '메르스 환자' 걱정보단 '메르스 정국' 걱정으로 비치는 걸 어찌할 건가? 국회법 개정안 거부권 행사 결정도 최대한 미뤄 메르스 국면 봐가며 할 것이란 보도를 접하면 국민들은 무슨 생각을 하게 될까?

삼성서울병원장을 청주까지 불러 '질타'한다 해서 환호하는 이는 이제 그리 많지 않다. 대통령은 사과를 받을 게 아니라 해야 했고, 병원 가서 브리핑 받을 게 아니라 국민들께 브리핑 해야 했다. 그러나 '사과'는 이 정도(21일 현재 사망 25명) 사안에선 하면 안 된다 했을 것이고, 대국민 브리핑은 할 능력이 안 되는 걸 비서들이 차마 말은 못하지만, 다 안다. 그러니 늘 우린 박 대통령 대국민 메시지를 수석비서관회의나 국무회의를 거쳐서 듣는다. 국민들이 대통령 부하인가?

왜 이토록 무능하고 공감능력이 떨어질까? 남 밑에 있어본 적 없고, 남처럼 살아본 적 없기 때문이다. 어릴 때야 그렇다 하더라도 1998년 정치를 시작할 땐 대변인도 하고, 초선들 맡는 소소

3부 꼬인 정치 풀어보기

한 당직도 맡으며 윗사람 눈치도 보고 그렇게 성장해야 했다. 그런데 첫 보직이 당 부총재였다. 박 대통령은 평생 남에게 보고해 본 적이 없다. "팔로워follower 경험이 없다는 건 보스로서 결격 사유가 된다(신현만, 〈보스가 된다는 것〉 중)."

박 대통령은 또박또박 말하는데도 왜 말실수가 잦을까? 수석 비서관회의에서 '유디티UDT, 특수전단 대원'을 '디디티DDT, 살충제 대원'이라 하질 않나. 평소 대화를 안 하기 때문이다. 그럼에도 한마디 할 때마다 과분한 찬사를 받았다. 야당 대표 시절 바지 입으면 '전투복'이라 치켜세웠고, "대전은요?", "참 나쁜 대통령" 등 문장도 안 되는 말 한마디에 극찬했다. 그러니 이제 와 발전을 기대하긴 힘들다.

천수답 정부다. 비가 와야 메르스도 해결되고, 가뭄도 해결되는. 그저 이 사태가 어서 지나가기만 바라는. 국민들 심정도 그렇다. 박 대통령의 가장 큰 업적은 '박정희 신화'의 종식이 될 것이다. 이대로라면.

(2015.6.21)

█ 1년 반 전에 쓴 칼럼을 지금 보는데, 무능과 공감능력 제로, 보여주기식 행보 등이 그 이후 계속 가속화 됐음을 알 수 있습니다. 그리고 박근혜 대통령은 본인이 최대 수혜자인 '박정희 신화'의 종식을 확실히 해줬습니다. 박근혜 대통령의 가장 큰 업적이 될 것 같습니다.

국정원 '댓글녀'는
무엇을 잘못했나?

아돌프 오토 아이히만, 2차대전 당시 600만명의 유대인이 희생당한 홀로코스트의 실무 책임자였습니다. 계급은 중령입니다. 아르헨티나에 숨어 있다 1961년 붙잡혀 전범 재판으로 넘겨졌는데, 아이히만은 지극히 평범한, 가정적인 가장이었고, 반유대주의자도 아니었습니다. 다만 그는 맡은 바 임무를 성실히 수행하는 사람이었습니다. 그는 재판에서 "나는 괴물이 아니다. 나는 오류의 희생자다."라면서, 자신은 '상부의 지시'에 충실히 따랐을 뿐이라는 점을 강조했습니다.

국정원 취업할 수 있습니다. '댓글 달기' 조직에 소속돼, 팀장의 지시에 따를 수 있다고 칩시다. 그러나 '정도의 문제'가 남습니다. 상부의 지시에 따르더라도, '해선 안 될 말, 안 될 행동'이 있습니다.

취재일선에서 부조리한 상황에 대해 현장에 있는 공무원들에게 이를 언급할 때, 자주 듣는 말이 있습니다. "우리가 뭘 아나요? 그냥 시키니까 하는 거죠."라는. "시키니까 했다"는, 한국사회에서 주로 '법적·도적적 면책'의 주요한 근거로 쓰입니다. 논리가 확장되면, 1980년 광주학살에 참가한 군인들도 "시키니까 했다", 김근태를 고문한 이근안도 "위에서 시키니까 했다"는 식이 될 수 있습니다. "시키니까 했다"는 더 이상 면책 사유가 되어선 안 됩니다. 사유하지 않은 것, 그것이 죄가 됩니다. 29살이면, 결코 어리지 않습니다.

그 '댓글녀'가 보수 이념을 가졌거나, 극우파라고 생각하지 않습니다. 명문대를 졸업했고, 국정원에 취직할 때까지 그는 열심히 살았을 것입니다. 그리고 국정원에서 팀의 일원으로 지시에 충실히 따랐을 것입니다. 좋은 점수, 학점 올리느라 노력했듯이 직장인 국정원에서도 좋은 평가를 얻기 위해 애썼을 것입니다.

'무죄'입니까? 저는 '유죄'라 생각합니다. 사유하지 않은 죄, 판단하지 않은 죄. 요즘도 그런지 모르겠습니다만, 군에 처음 들어가면 듣게 되는 말이 "판단하지 마"입니다. 이는 그저 '시키는 로 해'라는 뜻입니다. 김재규가 10·26을 일으킬 때, 부하직원들 중에는 상황을 전혀 모르고 그날 지시를 받고 그저 따른 정보부 요원 4명이 있었습니다. 그들은 '상관의 지시에 그저 따른 죄' 밖에 없었다고 항변할 수 있습니다. 그들은 모두 사형됐습니다.

우리의 교육이 '무엇이 옳은 일인가?'에 초점을 맞추기보단, 지금처럼 '무엇이 더 좋은 점수를 얻을 수 있는 방법인가?'에 초점을 맞춘다면, 우리는 평범한 사람이 괴물로 변하는 모습을 봐야 합니다.

(2013.6 페이스북)

'비박'은 왜 저럴까?

새누리당은 왜 저럴까? 대선에서 이기려 하기 때문이다. 전임자가 탄핵당한 정당의 후보자가 삐딱하게 앉아 또 한 번 '내가 대통령 되면 다 할 거예요'라는 소리를 지껄일 순 없는 노릇이다. 총선이 많이 남았기 때문이다. 새누리당은 '지금 전국 민심'이 아닌 '3년 뒤 지역구 민심'을 본다. 이 질풍노도 시기가 지나면 '지가 가긴 어딜 가'라고 믿는 것이다. '민심'과의 괴리는 그래서 생긴다. 돈 때문이다. 당권은 악착같이 버티는 '친박'이 쥐고 있어 당사와 당 재산을 다 남겨두고 가자니 너무 아깝다. 천막 칠 돈도 없는데.

지나간 실패와 성공의 얼룩진 역사도 잘못된 판단을 내리게끔 한다. 1996년 총선은 자민련(김종필)과, 97년 대선은 국민신당(이인제)과 나뉘었다 망했다. 1987년, 2008년 '광장'도 그때만 엎드리면 얼마 안 가 '말아먹을 수' 있었다. 그러니 '우야등간'('무슨 일이 있더라도'의 경상도 사투리) 붙어 있어야 한다고 생각한다. 그렇게 한번 해보라. 민심은 돌아오지 않을 것이고, 새누리당은 해체될 것이고, 비박은 친박보다 먼저 자취도 없이 사라질 것이다.

'4월 퇴진'? 하도 거짓말을 많이 해 그 사이 뭔 짓을 벌일지 믿을 수가 없다. 이런 정도의 일을 저질러도 '탄핵'이 안 된다면, 헌법에서 '대통령 탄핵' 부분은 삭제하는 게 낫다. 그리고 스스로 물러나는 걸 이젠 국민이 원치 않는다. '명예로운 퇴진'? '명예'란 단어는 이럴 때 쓰는 말이 아니다.

무엇보다 국정을 위해 '탄핵'해야 한다. '히키코모리형 관저 지킴이'여서 이전에도 국정에 크게 관여한 바는 없었다. 하지만 지금은 자신의 안위를 위해서라면 나라를 어디로 몰아넣을지 모른다. 국민이 무척 불안해한다. 지금 국정의 가장 큰 걸림돌은 '박근혜'다. 그러니 '돌'을 치워야 국정이 돌아간다. '황교안 국무총리를 믿을 수 없고'는 그 다음 문제다. 영국 〈이코노미스트〉는 3일 "한국인들이 박 대통령에게 질려버렸다fed up with"고 했다. 그러면서 "박 대통령이 나라를 생각한다면, 더 이상 야단법석fuss('3차례 담화'를 뜻함) 떨지 말고 지금 물러나야 한다. '서커스'를 끝내는 게 그나마 남은 최소한의 존엄을 지키는 일."이라고 했다. 정말 '서문시장 모노서커스'는 다시 보고 싶지 않다.

그러니 '비박'이 할 일은, 아마 박 대통령이 7일 내놓을 '4월 퇴진, 2선 후퇴' 선언과 상관없이 '9일 탄핵 결의'에 동참하고, '친박'과는 완전 분리해야 하며, 새로운 보수혁신당을 만들어 '친박당'을 도태시켜야 한다. 야당이 정말 두려워하는 게 그것일지 모른다. 김무성의 '정치적 아버지' 김영삼(YS)이라면 지금 어떻게 했겠는가?

그리고 이번 대선은 포기해야 한다. 김무성 전 새누리당 대표가 지난달 23일 대선 출마를 포기할 때 그 이유로 "박근혜 정부 출범의 일익을 담당했던 사람으로, 국가적 혼란 사태에 책임을 통감하기 때문"이라고 했다. 그런데 지난 1일 새누리당 의총에선 "6월 대선이면 우리가 힘 합치면 싸워볼 만하다"는 말이 나왔다. '비박'은 이번 대선에선 후보를 안 내는 게 옳다. 길게 보면, 아니 짧게 봐도 그게 더 이롭다. 잘했어도 정권을 내주는 게 민주화의 한 모습인데, 이 지경을 만들고도 '잘하면'이라니.

1800년대 중반 미국에 휘그당이 있었다. 2명의 대통령도 배출했다. 그런데 노예제 찬반을 놓고 뚜렷한 입장을 못 내놓고 우왕좌왕하다 민주당과 공화당으로 다 찢겼다. 나중에 한 줌도 안 남은 이들은 국수주의 정당으로 갔다. 그 당 이름은 '모르쇠당Know-Nothing Party'이었다. '비박'의 미래가 될 수 있다.

(2016.12.4)

■ 2006~2007년 한나라당 반장으로 출입할 때 느낀 점 중 하나는 "국회의원은 다들 대단한 사람들이다", 그리고 "개별적으로 보면 한나라당에도 꽤 괜찮은 사람이 예상외로 많다"는 것이었습니다. 그런데 시간이 흐를수록 '꽤 괜찮은 사람들'이 점점 사라지고, '어디 이런 사람들'이 점점 늘어나고 있음을 몸으로 느꼈습니다.

박근혜는 보수의 적이고, 이 사태는 보수의 기회입니다. 그런데 고름을 도려내지 않고, 항생제로 적당히 넘어가려 합니다. 그렇게 해선 보수의 미래는 없습니다. 보수가 제대로 서야 진보도 긴장하고 더 노력합니다. 박근혜나 '친박'은 이제 가급적 더 이상 비판하지 않으려 합니다. 이미 끝장난 정권이기 때문입니다. 전직 한나라당 반장 출신인 〈한겨레〉 기자가 그래도 애정이 남아 이런 칼럼을 썼다고 말한다면 웃겠지요?

지금도 같은 생각입니다만, 자유한국당은 2017년 대선 후보를 내선 안 되며, 바른정당의 경우는 가급적 대선 후보를 내지 않겠다, 더 철저히 반성하겠다고 선언하고, 오히려 야당에 대비한 탄탄한 보수 정책 정비와 자세를 다지는 것이 장기적으로는 더 낫지 않았을까 하는 생각이 듭니다. 바른정당은 제대로 된 야당을 준비하고, 무엇보다 자유한국당과의 관계를 확실하게 정리하는 것이 장기적 포석의 첫 걸음이 될 수 있을 듯합니다. 너무 이상적인 건가요?

관훈클럽 토론회에 패널로 참석해 유승민 의원에게 이를 질문했습니다. 그러자 유 의원은 "그건 좌파의 주장"이라며 단호하게 배척했습니다. 정치적 논리로 보자면, 유 의원의 말이 맞습니다. 대선 후보도 내지 않는 정당이라면, 대선 기간을 거칠 동안 존립이 쉽지 않아 대선 이후에도 정비가 어렵기 때문입니다. 하지만 어차피 3~5% 지지에 머무는 수준이라면, 역발상의 리스크테이킹을 하는 것은 어땠을까, 전략적으로. 그리고 더 깊은 성찰과 반성을 했더라면 장기적으론 차라리 낫지 않았을까 하는 아쉬움은 여전합니다. 바른정당이 보수의 진정한 중심으로 자리를 잡지 못하는 이유는, 바른정당이 미덥지 않거나, 아니면 바른정당이 지향하는 온건보수가 우리 사회에 없는 건 아닌가 하는 의구심마저 들기도 합니다.

65세 소녀 박근혜

지난 8월 11일 박근혜 대통령과 이정현 대표 등 새누리당 신임 지도부가 청와대에서 오찬을 한 날, 박 대통령이 참석자들만 '배꼽 잡고 뒹구는' 특유의 썰렁 유머를 했다. "경상도 분들이 '할머니 좀 비켜주세요'를 세 글자로 줄이면?"이라 묻더니, "할매 쫌"이라고 자문자답하며 한바탕 웃었다. 송로버섯 나온 날이다. 아마 65살 박 대통령은 '할매' 유머를 준비하면서 자신과의 연관성은 전혀 떠올리지 못했을 것이다. 박 대통령의 정체성은 '60대 여성'이 아닌, '미혼 소녀'에 맞춰져 있기 때문이다.

예전에 한나라당을 출입할 때, 박 대표 애창곡이 솔리드의 〈천생연분〉이란 말을 듣고 의아했다. 2004년 박사모 모임에선 회원들이 박 대통령 좋아한다고 이 곡을 '떼창' 할 정도였다. 빠른 랩이 주를 이루는데다, 청춘남녀가 애인 몰래 소개팅 나갔다 딱 마주쳤다는 가사다. 젊은 감각 지니고 있다고 좋게 봐줘야 했을까? '그 노래를 어디서 알았고, 그 빠른 랩은 언제 익혔을까?' 그땐 그런 게 잘 이해가 안 됐다.

한나라당 대표 시절, 대변인이었던 전여옥 전 의원이 최근 펴

낸 〈오만과 무능〉을 보면, 전문가들로부터 서민주거대책을 한참 브리핑 받은 뒤, 당시 박 대표가 이렇게 질문했다. "그런데 근저 당이 뭔가요?" 세상 물정 모르고, 나이 들어도 몸도, 마음도, '얼굴도' 젊게 사는 게 비난받을 일은 아니다. 하지만 외부로 비쳤으면 하는 바람과 실제 모습과의 엄청난 괴리는 '짧은 쇼'와 '긴 은둔'이란 생존방식을 택할 수밖에 없도록 했을 것이다. 타고난 게으름도 한몫했다.

2014년 '세월호 대통령 눈물'은 그로테스크했다. 눈물은 흐르는데, 얼굴은 전혀 슬픈 표정이 아니다. 분노에 가득 차 '내가 어찌 이 지경까지. 이제 됐냐, 눈물'이라 외치는 듯했다. '눈물'의 진정성은 차치하고, '연출'의 저급함이 요즘 시대와 너무 멀다. 2011년 애리조나 총기난사 사건 현장인 투손을 방문한 버락 오바마 미국 대통령은 연설 도중, 9살 희생자 소녀를 언급하다 울음을 애써 참느라 51초간 눈을 깜빡이는 등 '침묵'했다. 오바마는 왜 눈 부릅뜨고 희생자 이름 줄줄 읊으며 눈물 질질 흘리지 않았을까?

박 대통령은 "프랑스 유학 시절 때…"라는 말을 자주 했다. '유학' 중단하고 '퍼스트레이디' 생활을 해야 했다며. 그게 '유학'이 아니라, 6개월짜리 '어학연수' 과정이었다는 건 지난 6월 프랑스 그르노블 대학이 박 대통령에게 '명예 어학연수 수료증'을 수여하면서 알게 됐다. 주변에 '어학연수' 간 걸, '유학' 갔다 왔다 하는 사람 있는가?

박 대통령의 또 다른 특징 중 하나는 합리적 상황판단을 못한다는 점이다. 직무정지 상태로 관저에 머무는 박 대통령은 탄핵

심판 준비 외에 참모들로부터 현안에 대한 '대면보고'도 받고, 민생도 걱정한다고 한다. 탄핵은 기각되고, 본인은 복귀하는 걸로 믿는 것이다.

박 대통령은 롤모델로 '엘리자베스 1세'를 이야기했다. 어머니가 불행히 돌아가셨고, 왕이 되기 전 오랜 고초를 겪었고, "잉글랜드와 결혼했다"며 독신으로 살았던 점 등에 감정이입 됐을 것이다. 하지만 박 대통령은 엘리자베스 사촌이자 스코틀랜드 여왕이었던 메리 스튜어트에 더 가까워 보인다. 메리는 아버지 제임스 5세가 세상을 떠나 1542년 생후 7일만에 왕이 됐다. 어린 시절을 프랑스에서 지내 영어도 못 했고, 음악과 가면극을 좋아했다. 정치는 '비선 실세'들 몫이었다. '정치'는 싫었지만, '여왕'은 좋아했다. 지저분한 범죄로 왕좌에서 밀려나 감옥에 갇힌 뒤에도, 본인은 복귀할 줄로 알았다. 계속 음모를 꾸미다 점점 수렁에 빠져들었다. 결국 엘리자베스 암살을 꾸미다 들통 났다. 1587년 2월 8일, 참수됐다.

(2016.12.29)

■ 이 칼럼을 쓰기 전에, 가급적 소재에서 '박근혜 대통령'을 피하려 했습니다. 하나는, 이미 '탄핵 절차'에 들어가 직무정지 된 박 대통령을 더 공격해 봤자 하는 생각이 들었고, 둘째로는 나 아니어도 박 대통령을 비판할 사람과 글은 얼마든지 널려 있고, 셋째로는 '너무 쉽게' 칼럼을 쓴다는 생각 때문이었습니다.

칼럼을 쓰는 사람으로서, 그리고 〈한겨레〉에 글을 쓰는 사람으로서, '박근혜 비판'보다 더 쉬운 건 없습니다. 잘못하는 게 너무 많아 쓰기도 쉽고, 또 쓴 뒤에 구설수나 비판에 휘말릴 위험도 없고, 또 이른바 조회수도 쉽게 많이 나올 수 있기 때문입니다. 벌써부터 박 대통령이 사라지고 난 이후에는 칼럼 쓰기가 훨씬 어렵겠구나 하는 생각이 들 정도입니다.

칼럼을 마감해야 하는 이날 아침까지도 다른 주제로 글을 쓰려 하던 참이었습니다. 그러나 결국 '박근혜 칼럼'으로 마무리 했습니다. 칼럼을 보내고 나서, 혼자서 저의 '게으름'과 '안이함'을 반성했습니다. 그런데, 며칠 뒤, 박 대통령이 신년 기자간담회를 하면서 전혀 변한 게 없는 인식을 드러내며 역공을 펴기 시작했습니다. "끝날 때까진 끝난 게 아니었습니다." 그래서 '칼럼 주제를 바꾸길 잘했다' 생각했습니다.

마지막 문장, '참수됐다'를 놓고, 몇 번 지웠다 살렸다를 반복했습니다. 너무 자극적인 것 같기도 하고, 또 반대로 자극적이어서 강한 인상과 메시지를 던져줄 것 같고 해서. 최종적으로 그 마지막 문장을 살렸는데, '그러길 잘했다' 생각했습니다.

"아이고, 많이들 오셨네"

지난 21일 박근혜 전 대통령의 검찰 출석 장면을 보면서 22년 전 그때가 말 그대로 주마등처럼 스쳐 지나가 '아재 인증'을 스스로 했다. 감옥에서 16일간 단식투쟁을 벌이던 전두환 전 대통령이 병원으로 옮겨진다고 해 횅한 안양교도소 앞에서 '이제나 저제나' 기다리며 겨울바람에 온종일 덜덜 떨며 서성대던 밤, 아침 댓바람부터 연희동 자택에서 서초동 검찰청까지 노태우 전 대통령 자동차 뒤꽁무니를 쫓아 강변도로에서 카레이스를 벌였던 일 등.

박 전 대통령 출석 장면 중 그때와 다른 것 하나가 삼성동 집 앞에 운집한 '태극기 부대원'들이다. 박 전 대통령도 반가운 마음에 "많이들 오셨네"라는 혼잣말이 절로 나온 듯하다. 골목 나설 땐 입양 가는 아이, 자동차 안에서 엄마 부르듯 차창에 손바닥을 쫙 펴서 딱 붙였다.

고마울 것이다, 내가 뭘 하든 언제나 '내 편'이 되어주는 이들이. 박 전 대통령에게 '태극기 부대원'은 '아편'이다. 양치질도 않는 아이가 사탕을 제어 못하면 이가 다 썩듯, 박 전 대통령을 이리 만든 것도 이들이다. 박 전 대통령의 '박 진 (한나라당) 대표' 시절, 친박계는 사석에서 이런 말을 하곤 했다. "살인만 않는다면 언제든 지지하는 이들이 30%는 된다"고. '콘크리트 지지'란 말이 그때부터 나왔다.

그러니 최순실과 국정농단 해도 괜찮을 줄 알았고, 국회에서 탄핵안 결의 안 될 줄 알았고, 헌법재판소에서 탄핵안 기각될 줄 알았다. 헌재 결정 당일까지 삼성동 집을 전혀 손대지 않은 게 '본인은 기각될 줄 알았고, 그래서 아무도 얘기 못했다'는 게 정설로 굳어진다. 이젠 감옥 안 갈 줄로 알 것이다.

새삼스럽지 않다. 2007년 6월 한나라당 경선 한창일 때, 매달 실시했던 〈한겨레〉 여론조사에서 이명박 40.1%, 박근혜 25.4%로 나온 적 있다. 전달 22.5%포인트에서 14.7%포인트로 크게 좁혀졌다. 지금 자유한국당 중진인 친박 의원이 한나라당 반장이던 내게 이것저것 묻더니, "됐네, 됐어. 권 반장, 우리가 이겼어. 내가 예상했던 대로야."라고 말했다. 몇표 차로 이긴다며 숫자까지 불러줬다. 당시 친박계 중 경선 전날까지 이길 걸로 생각하는 이들이 많았다.

똑같은 사람 모여, 똑같은 말 나누고, 똑같은 생각 공유하기 때문이다. 박 대통령이 탄핵되던 날, 지하철에서 한 70대 노인이 전화기를 붙들고 울분에 차 "박지원이가 헌법재판관들에게 20억 원을 줬대요. 그래서 그렇게 나온 거야. 죽일 놈들. 이제 남은 건 (우리들의) 순국밖에 없어."라며 분통을 터뜨렸다. 저편에서 '어디서 들었냐'고 되묻는 듯했다. "카카오톡"이라고 했다. 똑같은 생각과 주장을 공유하고, '가짜뉴스'도 나눈다. 어른과 아이, 그리고 지식인의 차이점이 자기객관화인데, 기술과 정보의 발달에 반비례해 우린 각자의 동굴 속으로 기어들어가는 듯하다.

도널드 트럼프에게서도 '박근혜'를 본다. 경험 없는 아웃사이더들이 수석전략가, 고문 등 백악관 요직을 꿰차고, 측근 위주로 뽑다 보니 프로골퍼가 백악관 직원이 되기도 하고, 내각에는 '트럼프 사람들'이 자문위원으로 들어가 충성도를 감시하고, 딸은 직책도 없이 국정 전반에 관여한다. 그나마 '이방카'는 공개돼 있긴 하다. 하지만 이대로 가면 트럼프는 '제2의 박근혜'가 될지 모른다.

트럼프 걱정할 만큼 오지랖 펼 때가 아닌 것 같긴 하다. '우리가 남이가'인 이 땅의 보수는 '우리 편'에게 너그럽고, '나쁜 놈'에게 가혹하다. 극단이 시대착오적 '박근혜'다. 이 땅의 진보는 '약자'에게 너그럽다. 가끔 본인을 '약자'로 놓긴 한다. 보수든 진보든 '박근혜' 안 되려면 자기성찰과 객관, 비판에 열려 있어야 한다. 우리끼리만 '많이들 오시지' 말아야 한다.

(2017.3.23)

4부
워싱턴에서

아사다 마오의 눈물

시상대 위에서 아사다 마오는 울지 않았다. 김연아는 울었다. 아사다는 두 번의 트리플악셀을 성공시켜 205.5점을 얻었다. 자신의 최고 점수다. 그러나 김연아(228.56점)와는 격차가 너무 크다.

아사다 마오는 여자 피겨 역사상 공중에서 3바퀴 반을 도는 트리플악셀을 가장 잘하는 선수다. 그러나 3바퀴 반 돌고 나서, 그다음 2바퀴로 마무리 짓는다. 합쳐서 5바퀴 반이다. 그런데 김연아는 공중에서 3바퀴 반을 돌진 못하지만, 3바퀴를 연달아 돈다. 6바퀴다. 링크에 서기 전에 이미 아사다는 0.5바퀴 뒤져 있다. 아사다는 3바퀴를 연달아 돌지 못하기 때문에.

김연아가 65번이나 넘어지면서 똑같은 동작을 연습했다고 했다. 아사다라고 그만큼 넘어지지 않았을까? 그는 일본 방송과의 인터뷰에서 "그래도 제가 지금 할 수 있는 건 모두 다 했다고 생각하기 때문에"라고 말하며, 그제야 울음을 터뜨렸다. '2등'은 아무 데서나 울 수도 없다. 〈로스앤젤레스 타임스〉는 "한국의 김연아가 아사다 마오를 철저히 무찔러 과거 일본의 식민지배에 앙갚음했다"고 보도했다. 스무 살 소녀들에게 너무 무겁다.

겨울올림픽을 워싱턴에서 〈NBC〉로 봤다. 김연아에 대한 환호로 가득 찼지만, 마음 한 켠에는 무대 뒤에 내려가서야 울 수 있는 아사다가 아주 조금은 밟혔다. 굳이 영화 〈아마데우스〉의 모차르트와 살리에리를 대비하지 않더라도, 우린 누구나 '1등의 환희'보다 '2등의 아픔'에 너무 익숙하니까.

이규혁. 23~24살만 돼도 '노장' 소리를 듣는 스피드스케이팅에 32살 나이에 5번째 올림픽. 그러나 결과는 예상대로였다. 그는 "안 되는 것을 도전하는 게 슬펐다"고 말했다. 우린 그 말이 무슨 뜻인지 잘 안다.

급속한 산업화, 군사문화 등은 우리에게 은연중 '안 되면 되게 하라' 정신을 주입시켰다. 그러나 잘 '되어지지가 않았'고, '되게 하려면' 내 몸을 갈아야 했다. 그리고 '되게 하지 못하면' 나와 남에게 죄책감을 느껴야 했다.

"최선을 다하기만 하면 되는 건 학생(아마추어)이다. 여기는 학교가 아니다. 직장인(프로)에게 최선은 필요없다. 결과를 내놓아야 한다." 몇년 전 사회부 기동팀장 시절, 수습기자들을 처음 만났을 때 내뱉은 일갈이다. 의식적이었지만, 참 냉정했고, 참 '한겨레'스럽지 않았다. 원래 부하는 '결과'를, 상사는 '과정'을 살펴야 하는 법인데, 우린 늘 거꾸로다.

우리 사회가 이번 올림픽에서 예전처럼 '금메달'만 처다보지 않고 여러 선수들을 두루두루 축하하고 위로하는 건 그만큼 성숙해진 탓일 게다. 하지만 지나친 경쟁에서 상처 입은 사람들, 소수에 의해 소외당한 다수가 그만큼 많은 탓도 아닐까.

그렇지만 미국과 한국 언론의 메달 집계를 보면, 혹 우리의 그런 모습이 제 딴의 '멋내기용'이 아닌가 하는 의심이 든다. 미국 언론의 메달 집계는 말 그대로 '메달' 개수를 합한다. 반면, 한국 언론은 금-은-동 순이다. 은메달 100개가 금메달 1개를 앞설 수 없다. 미국 신문을 보면, 올림픽 종합순위가 미국(메달 37개)-독일 (30개)-캐나다(26개) 순인데, 한국 신문을 보면, 캐나다(금 14개)-독일(금 10개)-미국(금 9개) 순이다. 한국 순위도 한국 언론에선 5위, 미국 언론에선 7위다.

국제올림픽위원회IOC가 나라별 순위를 정하지 않으니, 순위 매기기는 어차피 '그 나라 맘'이지만, 대부분의 나라가 전체 메달 개수 순이다. 한국 같은 순위 매기기는 어쨌든 '글로벌 스탠더드' 가 아니다. '1등만 기억하는 ×××세상' 아닌 척하기 쉽진 않다. 아사다는 4년 뒤 올림픽에선 4바퀴에 도전하겠다고 한다. 그것도 쉽지 않을 것 같다.

(2010.3.2)

■ 이 칼럼을 보낸 뒤, 독자들의 많은 이메일을 받았습니다. 일부는 '내 심정을 대변해 준 것 같다'는 말도 많았지만, 더 많은 건 '어떻게 아사다를 칭찬할 수 있느냐, 아사다 마오의 트리플 악셀은 속임수' 라고 말하는 등 항의였습니다. 제가 얘기하려는 건 '아사다'가 아니라, 아사다를 통해 들여다 본 '우리들'이었는데, 약간의 간극이 있었던 듯합니다.

4년 뒤, 2014년 소치 동계올림픽에서 김연아는 은메달을 땄고, 아사다는 엉덩방아를 찧고 6위에 머물렀습니다. 4바퀴는 고사하고, 주

특기인 트리플악셀도 제대로 해내지 못했습니다. 이후 동갑내기 김연아는 은퇴했고, 아사다는 홀로 남아 몇 달 뒤 세계선수권대회에서 1위를 차지해 다시 재기하는 듯했습니다. 2014년부터 1년간 휴식을 취한 뒤, 2015년 재기에 나섰으나 이후 점수는 신통치 않습니다.

아사다의 나이도 27살. 2016년 12월 일본선수권대회에서도 8위에 머물렀습니다. 아사다가 6번이나 우승한 대회였습니다. 몸이 예전 같지 않았습니다. 일본 빙상연맹은 2018년 평창 올림픽에 아사다 마오의 출전을 강력히 희망했습니다만, 결국 아사다는 2017년 4월 은퇴합니다. 앞서 평창 올림픽을 준비할 때, 아사다는 "마음처럼 잘 되지 않는 것이 많아요. 하지만 내가 할 수 있는 것을 마지막까지 하고 싶습니다."라고 말했습니다.

진중권에서
김구라까지

개그맨 김제동씨가 〈한국방송〉에서 잘렸다는 소식을 워싱턴
에서 들었다. 부끄러웠다. 이전에 진중권 중앙대 겸임교수, 가수
윤도현 씨가 강단과 방송에서 밀려났고, 그다음에는 손석희 성
신여대 교수가 〈100분 토론〉에서 물러났다. 이젠 개그맨 김구라
씨도 퇴출 압력을 받고 있다. 이들이 정치적 이유로 물러났다는
증거는 없다. '출연료가 너무 많거나', '시청률이 떨어지거나', '말
이 거칠거나' 등이 이유다.

김구라 씨가 몇 년 전에 한 인터넷 방송을 뒤늦게 듣고 놀란
적이 있다. 선을 넘었다. 당시 이명박 서울시장을 향한 욕설이
인격모독에 해당된다고 생각했다. 그러나 정권이 바뀌었다고 6
년 전 일을 끄집어내 '막말 방송인'이라며 퇴출 압력을 노골화시
키는 건 조선시대 같은 일 아닌가?

탤런트 박용식 씨는 전두환 전 대통령과 비슷하게 생겼다는
이유로 1980년대 초부터 80년대 말까지 방송에 못 나왔다. 그는
생계를 위해 방앗간을 하며 참기름도 짰다. 개그맨 심철호, 김명
덕 씨는 전 전 대통령의 부인 이순자씨와 '턱'이 닮았다는 이유로

수난을 겪었다. 80년대 이야기다.

민주당 정부에서도 이회창 후보를 지지했던 탤런트 박철, 개그맨 심현섭 씨 등이 방송에서 물러났던 적이 있긴 하지만, 요즘처럼 '우연'이 동시에, 연속적으로 일어나진 않았다. 노태우 대통령이 "나를 코미디 소재로 써도 좋다"며 권위주의 타파를 부르짖은 덕분에 개그맨 최병서 씨가 신나게 1노3김을 풍자한 90년대 이후, 이런 일은 사라진 줄 알았다. 청와대가 이런 일들을 지시했으리라곤 믿지 않는다. 80년대에는 차라리 솔직했다. 지금 같은 행태는 정권의 지시 여부와 상관없이 결과적으로 현 정권의 품위를 손상시키고 있다.

2004년 대선 당시 가수 오지 오스본은 '전쟁 돼지들'이라는 노래를 부르며 조지 부시 대통령을 아돌프 히틀러에 비교했다. 마이클 무어는 노골적으로 부시를 비난하고 조롱하는 영화 〈화씨 9/11〉을 만들었다. 리어나도 디캐프리오는 대선 기간에 '케리' 티셔츠를 입고, 유권자들을 직접 투표소로 인도하기도 했다. 가수 마돈나, 영화배우 귀네스 팰트로도 존 케리 지지를 공언했다.

미국의 풍토가 우리나라에 비해 정치적 입장을 표현하는 데 훨씬 자유롭다는 것을 인정하더라도, 이들이 케리의 선거 패배 뒤 부시 정부에서 '갑자기' "출연료가 너무 많다"며 밀려났다는 소식은 안 들린다. 오프라 윈프리는 오랫동안 민주당 후보를 지지해 왔으나, 그의 쇼는 정권의 향배와 상관없이 끊어지지 않는다. 그의 수입은 한 해 2,500억원이다. 출연료가 너무 많지 않은가? 골수 공화당 지지자인 클린트 이스트우드는 오바마 정부 아래에서도 영화 〈그랜 토리노〉를 찍으며 노익장을 과시하고 있고, 역시 공화당 지지자인 브루스 윌리스도 별 탈이 없다.

이회창 자유선진당 총재는 최근 이렇게 말했다. "좌파 정권을 교체한 보수정권이 좌파정권과 똑같은 일을 하고 있다. 개인적으로 김제동 씨나 손석희 씨에 대해 유쾌하지 못한 기억을 갖고 있지만, 정권이 바뀌었다고 몰아낸다면 과거 정권과 무엇이 다른가? 보수는 공정해야 한다."라고. 이른바 '좌파 정권'인 참여정부에서 일했던 한 공직자는 최근 이렇게 말했다. "우린 우리를 욕하는 사람들과 맞짱을 떴지만, 그걸로 끝이었다. 그런데 이명박 정부는 가만히 뒤에서 잘라 버린다. 누굴 더 무서워하겠는가?"라고. 그는 한마디 더했다. "정권 보위 측면에선 이명박 정부가 더 똑똑하네."

(2009.10.27)

■ 8년 전 이명박 정부 때의 '연예인 탄압' 건입니다. 하지만 이도 박근혜 정부의 '문화계 블랙리스트'에 비하면 애교 수준으로 보입니다.

미국 연예인들을 봅시다. 마돈나는 대선 당시 힐러리 클린턴에 대한 강한 지지를 표명하면서 뉴욕 시내에서 즉흥 길거리 콘서트를 열기도 하고, 대통령 취임식 다음날 워싱턴에서 열린 대규모 여성시위에는 마돈나, 스칼렛 요한슨 등 유명 연예인이 참석해 트럼프 반대 목소리를 높였고, 영화배우 메릴 스트립은 아카데미 시상식에서 '트럼프의 장애인 비하' 등을 신랄하게 비판했습니다. 미국은 '블랙리스트'가 없는가요?

문화의 영역에 '블랙리스트'라는 음험한 잣대를 들이대는 순간, 문화는 질식하고 맙니다. 이는 진보정권이라도 마찬가지입니다. 문화와 21세기와 전혀 맞지 않는 정권의 도래가 우리를 얼마나 세계와 멀어지게 만들었는지, 폭풍이 지나간 지금도 한숨이 새어나옵니다.

'베테랑'이 존경받는 사회

지난 11월 11일은 미국에선 '재향군인의 날Veterans Day'이었다. 여론조사 기관인 라스무센이 재향군인의 날을 맞아 실시한 여론 조사에서 미국인들의 81%가 군에 대한 호감을 표시했다. 비호감 응답자는 9%에 그쳤다. 또 응답자의 61%는 재향군인들이 주택이나 직장을 얻는 데 혜택을 받아야 한다고 답했다.

다소 놀랐다. 우리와는 많이 다른 군에 대한 인식에. 최근 아프가니스탄 반전 분위기가 확산되고 있지만 미국인들은 기본적으로 군에 대한 존경심을 갖고 있다. 똑같은 여론조사를 한국에서 했다면 어떠했을까? 한국의 한 전직 장성이 미군 장성에게 "미군은 어떻게 국민들로부터 사랑을 받을 수 있게 됐느냐?"고 물었을 때, 미군 장성은 세 가지를 답했다. 군이 미국의 독립에 기여했고, 군 장성 중 불미스런 일로 스캔들을 일으킨 이가 없고, 군이 미국을 보호한다는 생각이 일반인들 사이에 강하다는 것이다.

우리 군은 불철주야 휴전선을 지키고 있지만, 독립에 기여한 바는 없고, 5·16, 12·12, 그리고 5·18 등 국민들에게 씻을 수 없는 상처도 많이 줬다. 한국군 전 장성은 말했다. "우리가 감수해야 할 업보"라고. 도올 김용옥이 한때 이야기한 것처럼, "우리 군은 동족을 지키기 위해 이민족과 싸운 역사가 없다."

〈워싱턴 포스트〉 등 미국 주요 언론은 수시로 미군 사망자 증가 수치를 그래프를 통해 보여주거나, 때론 '아프간에서 숨진 미군들'이라는 제목 아래 숨진 장병들의 개인사진을 몇 면에 걸쳐 싣는다. 성조기를 두른 관 앞에 선 전사자의 다섯살배기 아들 사진이 신문 1면을 장식하기도 한다. 이는 재향군인과 그 가족에 대한 관심으로 이어진다. 포트후드 총기난사 사건 이후에는 전쟁 복귀장병들의 정신적 상처에 대한 관심도 깊어지고 있다.

미국은 이미 재향군인에 대해 보상금, 연금, 주택융자 지급보증, 치료 등 다양한 혜택을 주고 있다. 단순비교는 힘들지만, 한국에서 논란이 됐던 군 복무자 가산점 제도도 연방정부 직원 채용 때 실시하고 있다.

미국의 '베테랑'과 우리 '재향군인'은 어감부터 많이 다르다. 손목에 갈고리를 하고 물건을 강매하는 무서운 아저씨에 대한 어린 시절 기억 또는 시청 앞에서 성조기를 흔들며 보수집회를 여는 이른바 '아스팔트 우파'의 그림부터 먼저 떠오른다. 나라 위해 몸 바쳤는데 변변한 보상은 고사하고 치료도 제대로 못 받았던, 가난한 나라에서 태어난 '또 다른 업보'는 그들 몫이었다. 어릴 때 〈람보〉 등 미국의 베트남전 영화를 보면 잘 이해하지 못했던 대목이 하나 있었다. 참전군인들이 전쟁에서 사람을 해친 것에 대해 몇 년이 지난 뒤에도 그 충격에서 헤어나지 못하는 장면이 낯설었다. 그때까지 한 번도 들어본 적이 없었기 때문이다. 한국 사람이 양심에 둔감한 것도 아니고, 우리 베트남전 참전군인 가운데 그런 이들이 왜 없었겠는가? 그때 우리나라에서 정신적 충격 운운은 '사치'였을 것이다.

미국에서도 재향군인들은 대체로 보수적이고, 공화당 지지자가 많다. 그러나 미국 향군단체들은 정치적 목적을 금지하는 강령을 채택해 우리처럼 특정 정당을 지지하거나 반대하는 집회에 나서는 경우는 거의 없다. 그럼에도 미국의 대통령 후보자들은 선거 때마다 향군단체를 찾고, 미국인들은 이들에게 감사를 표한다. 미국 '재향군인의 날'에 한국의 재향군인을 생각해 본다.

(2009.11.17)

미국은 군이 강하고, 군이 신뢰를 받는 나라입니다. 그리고 정부는 의도적으로 군을 미화하는 경우가 많습니다. 미국의 전 세계 패권을 유지하는 근간이 군이라는 것을 정권도, 국민도 잘 알기 때문인 듯합니다.

이 칼럼을 쓰기 직전, 예편 뒤 워싱턴에서 연구원으로 연수중이던 전직 장군을 만나 함께 저녁을 한 적이 있습니다. 이후 이 칼럼을 썼습니다. 그 분은 미국과 한국에서 군에 대한 존중과 애정이 다르다는 것을 얘기하면서, 그 원인도 잘 알고 있다고 이야기 했습니다.

빨간 해병대 모자와 오랜 군복을 입고 시청 앞으로 나오는 '늙은 군인들'을 볼 때, 솔직히 저들이 해병대를 나온 건 맞나 하는 생각이 맴돌곤 합니다. 일당 몇 만원에 군복을 입고 거리로 나온다면, 명예를 목숨처럼 여기는 군과 군복에 대한 모독입니다.

아이티의 눈물

　지금도 그때 내 기억이 맞는지 스스로 의심이 날 때가 많다. 1995년 삼풍백화점 사고가 났을 때, 나는 동대문경찰서 사건기자였다. 처음에는 백화점 가스가 폭발한 것 같다는 소식만 듣고 저녁 무렵 꽉 막힌 잠수교 위에서 '겨우 가스 폭발한 것에 이제 3년차씩이나 된 나를 보내나' 하고 은근히 경찰팀장(캡)을 원망하며 어렵게 삼풍백화점 참사 현장에 닿았다. 두 기둥만 남고 폭삭 무너져버린 참사 현장을 보고 무엇을 어찌해야 될지 방도를 찾지 못했다. 그러나 며칠 뒤에는 콘크리트 더미에 끼여 거꾸로 매달린 채 덜렁거리는 시체 아래서 소방대원들과 함께 태연히 점심을 먹었다.

　15년 뒤, 이젠 워싱턴특파원으로 아이티 참사 현장에 왔다. 삼풍 때도 그러했지만, 이번에도 아무 대책 없이, 그때 캡의 지시를 따랐던 것처럼, 국제부문 편집장의 지시에 무작정 짐을 쌌다. 그리고 우여곡절 끝에 국경을 넘었다. 국경만 넘으면 참혹한 현장이 펼쳐질 것만 같았는데, 차창 옆에는 커다란 호수가 마주 달렸고, 호수 너머 푸른 산, 푸른 하늘은 눈이 시리게 아름답기만 했다. 지나는 시골마을도 가난하지만 평온해 보였다. 그러자 오히려 조급해지는 '기자의 악마성'이 슬그머니 고개를 들었다.

포르토프랭스 시내에서 '그리 원하던' 참혹한 현장을 수도 없이 보게 됐는데, 사람들의 무표정은 잘 적응이 안 됐다. 거리의 시체는 다 치웠다는데도, 무너진 벽돌 더미 옆쪽 잿빛 가운 아래로 흙빛 발바닥 두 개가 있다. 사람들은 무덤덤하게 그 옆을 지나간다. 깊이를 알 수 없는 검은 눈동자 속에 무슨 생각이 서려 있는지 스쳐 지나가는 이방인이 알기란 힘들었다. '왜 사람들이 울지 않지?'라는 생각만 고개를 들 뿐. 상갓집 시어미처럼.

아이티의 1인당 국민소득은 연간 500달러 안팎이다. 가난은 슬픔도 둔하게 만든다. 우리도 가난한 집 초상은 앞으로 남은 이들이 살아갈 걱정이 슬픔을 집어삼킬 때가 많다. 10만명이 숨졌다는 아이티는 상갓집이라기보단 배고픔이 먼저 와 닿았다.

아이 손을 잡고 도미니카 산토도밍고행 버스를 타려는 한 아낙네가 요금이 100달러라는 말에 하염없이 우는 걸 본 게 내가 본 거의 유일한 '아이티의 눈물'이다. 긴급구호를 위해 이곳에 온 한 목사님은 "가난하다고 왜 슬프지 않겠습니까? 워낙 힘드니 슬픔은 가슴에 묻는 것이겠지요."라고 아이티 사람들을 대변했다.

구호물품을 나눠준다는 소문을 듣고 수백명이 모인 공설운동장 문 앞 한 켠에서 20대 젊은 처자가 팬티만 입고 젖가슴을 다 드러낸 채 몸을 씻고 있었다. 그런 여인이 서너명이다. 그러나 그 많은 사람들 중 누구도 별반 이상히 바라보지 않는 듯하다. 가난은 부끄러움도 둔하게 만드는지.

그러나 아침이 되니, 열 두셋쯤 되었을까 텐트촌에서 나온 계집아이가 고슬고슬한 머리를 빗으로 연신 빗고 있다. 예쁜 게 뭔지 알 나이다. 참혹한 현장과 화가 잔뜩 난 듯한 군중의 무리 한쪽에서는 아이들이 어디서 구했는지 공 하나를 갖고 빈터에서 맨발 축구를 하고 있었다. 그리고 내가 임시로 묵고 있는 아이티의 백삼숙 선교사님 댁에 사는 7살짜리 고아 자스민은 기자에게 서툰 한국말로 "사진 찍어 주세요" 하고서, 찍은 자기 사진을 바라보며 천진하게 웃었다.

세상의 모든 아이들처럼. 대낮 거리에는 연인인지 부부인지, 한국의 한여름과 비슷한 아이티의 요즘 날씨에 무너진 건물 앞을 두 손 꼭 잡고 지나가는 남녀가 있었다.

(2010.1.19)

■ 2010년 1월 아이티 대지진 현장은 기간으로는 겨우 1주일 남짓한 취재였지만, 당시의 일들이 지금도 순간순간이 생생하게 떠오르는 등 개인적으로는 전체 기자 생활에서 가장 깊은 인상을 남긴 취재였습니다. 참사의 현장 외에도 '인간이란 무엇인가'라는 근본적 질문이 절로 떠오르곤 했습니다.

칼럼 맨 마지막 문장인 '연인인지 부부인지, (…) 무너진 건물 앞을 두 손 꼭 잡고 지나가는 남녀가 있었다.' 뒤에 '연인이겠지.'라는 한 문장을 덧붙이려다, 참담함을 흩뜨릴까봐 지운 게 기억이 납니다.

아이티 르뽀

피에르 이마뉘엘라(9)는 포르토프랭스 외곽 코뮈노테 종합병원 1층 바닥에 담요 한 장을 깔고 분홍빛 공주 드레스를 입은 채 우두커니 앉아 있다. 지진이 나던 날, 언니(18)와 여동생(3)은 숨졌다. "언니와 여동생을 어디에 묻었느냐"고 하니, "바깥에Outside"라는 말만 반복한다. 부모는 어디에 있는지 찾을 수 없었다.

18일(현지시각) 찾은 이곳은 병실에 환자들을 다 수용 못해 1층 복도와 정원까지 환자들이 죽 누워 있다. 이마에는 거즈에 담당 병과와 숫자가 수인번호처럼 쓰인 채 붙어 있다. 간호사 머시 카데테는 "병원 안에만 300명 넘는 환자가 있다"고 말했다. 병원 밖 잔디 언덕에도 환자들은 끝도 없이 누워 있다. 이 병원에는 미국과 캐나다에서 온 자원봉사자 의사들이 회진을 돈다. 아이티를 돕기 위해 온 3명의 한국인 의사, 3명의 한국인 간호사들도 이날 이곳에서 업무를 시작했다. 홍은석 의료지원팀장은 "예상은 했지만 환자들이 너무 많고 상태도 좋지 않아 당혹스럽다"며 "마취제, 거즈, 항생제, 진통제 등 기본적인 것이 태부족한 상황"이라고 전했다.

병원 출입구 앞에는 백인 경비원이 출입을 통제하고 있다. 백인이나 한국인 등 낯빛이 흰 사람은 누구냐고 묻지도 않은 채 그냥 통과시킨다. 그러나 아이티 흑인들은 줄을 서서 왜 들어가려는지 이유를 꼬치꼬치 캐묻고 줄을 세워 한 명씩 통과시킨다. 검은색 투피스에 모자까지 쓴 귀부인풍 흑인 여인이 '흰 얼굴' 줄로 들어가려 했지만, 그 자리에서 '아탕, 아탕(기다려, 기다려)'이라는 소리를 들으며 제지당한 채 남루한 차림의 흑인 줄로 가서 자기 순서를 기다려야 했다. 현재 아이티의 '차별 아닌 인종차별'은 흔한 일이다. 전날 유엔본부를 드나들 때도 마찬가지였다.

이날 시내에서 구조대의 구조활동 모습을 물끄러미 쳐다보던 파네스 틴티스(63)는 "저 안에 내 딸(38)이 묻혀 있다"고 말했다. 그러나 딸을 잃었다는 아버지로 보기에는 너무 담담했다. 건물 더미에 묻혔다는 딸을 이야기할 때와 건물 옆에 찌그러진 자신의 픽업트럭에 대해 얘기할 때, 둘 사이에 표정의 변화가 없었다. '건물 앞에 잠시 서 달라'는 기자들 요구에 지팡이를 짚고 기념사진 찍듯 자세도 취해준다. 도저히 슬픈 모습의 사진이 아니어서, '건물을 향해 고개를 들고 쳐다봐 달라'고 부탁하려다 그만뒀다. 가족들이 숨졌다는 아이티 사람들을 만날 때마다 이런 당혹스러움을 매번 느끼게 된다.

시테솔레유 빈민가를 지났다. 참상은 지진 이전부터 진행된 것이 틀림없다. 다 큰 여인이 차가 지나는 길거리에서 마주 보고 대변을 보고 있었다. 남자, 여자, 애나 어른이나 다 그러했다. 물보다 쓰레기가 더 많은 개천 늪에는 돼지들이 무언가를 주워 먹고 있고, 주인 잃은 개들은 거리를 배회하며 쓰레기를 뒤졌다.

무너진 건물 언덕 위에는 사람들이 다닥다닥 들러붙이 망치와 곡괭이 등으로 건물 안의 철근을 자르고 있었다. 기다란 철근 세 개를 구한 한 남자는 자전거에 싣고 '징징' 소리를 내며 어딘가로 가고 있었다. 얼굴에 희색이 가득했다. 쓰레기 더미마다 시커먼 연기가 올라와 온 도시에 매캐한 연기가 자욱하다. 쓰레기 더미에서 쓸 만한 물건을 빼내려 주민들이 일부러 불을 지르기 때문이다. '아이티에 인간의 존엄성이란 있는 것인가' 하는 의문이 느껴질 뿐이다.

오후 5시면 해가 지는 이곳은 가로등이 전혀 없어 헤드라이트 불빛만 비친다. 깜깜한 밤거리를 픽업트럭 적재고에 끼어 타고 흔들거리며 숙소인 한국인 목사님 댁으로 돌아오는데, 밤하늘에 별이 많았다.

(2010.1.20)

미국은 청문회에서
정책만 묻는다?

인사청문회를 앞둔 장관 후보자들에 대한 각종 의혹이 끝없이 나온다. 의혹의 종류도 위장전입, 위장취업, 탈세, 부동산투기, 로비, 표절 등 다채롭다. 후보자들에 대한 도덕성 시비가 높아지자, 한나라당은 "위장전입에 대해선 국민적 공감대가 필요하다", 청와대는 "청문회까지 가자"고 한다. 일부 보수층은 "미국에선 청문회가 자질과 정책을 묻는 자리인데, 우린 도덕성 시비에 매몰됐다"고 한다.

지난달 엘리나 케이건 미국 연방대법관 지명자의 청문회를 봐도 총기 소지, 낙태, 동성애자 군입대 등 사회적 이슈가 대부분이었다. 부동산이 얼마냐, 세금 탈루는 없었느냐, 생활비는 얼마냐 따위의 질문은 없었다.

미국 의원들은 워낙 신사적이고, '수준이 높아서' 그런 건가? 워싱턴의 한 외교인사는 "미국의 경우, 후보 임명의 첫째 조건이 청문회 통과 여부다. 탈세나 위법 의혹 등은 이 과정에서 거의 다 걸러져 청문회에 설 정도면 최소한 개인 도덕성 문제는 거의 없다고 보면 된다."고 전했다. 일단 후보가 되면, 해당 부처의 변호사와 후보자의 개인 변호사가 만나 문제가 될 만한 사안을 하나하나 점검해 나간다. 지명자의 대학 시절 주차위반 전력까지 파헤칠 정도로 철저하다.

이 과정에서 자신도 미처 몰랐던 문제가 튀어나오면 행정부가 먼저 임명을 철회하는 게 일반적이다. 이 때문에 (인준 청문회를 거쳐야 하는) 차관 자리로 거론되던 인사가 (인준 청문회를 거치지 않아도 되는) 특보로 옮겨지는 일도 가끔 있다. 커트 캠벨 국무부 동아태 차관보도 과거 자신이 설립한 연구소인 신미국안보센터 후원금 모금 과정에 대한 의혹 때문에 행정부 스스로가 인준 요청을 몇 달이나 늦췄다.

무엇보다 미국에선 학군이나 부동산 투기를 위한 위장전입은 찾아보기 힘들고, 세금 탈루, 표절 등은 치명적인 범죄다. 이런 인사는 장관직은 꿈도 꾸지 않는다. 쪽방 투기는 합법 절차만 거쳤다면 미국에선 문제가 되진 않겠지만, 그 또한 미국에선 공직자가 그런 짓을 한다는 걸 상상하긴 어렵다.

우리는 청문회 대상이 장관급 이상으로 한정된 반면, 미국은 차관보급까지 청문회 대상에 오르는 등 대상이 워낙 많아 1년 내내 인준 청문회 일정이 대기하고 있다. 우리처럼 임명한 지 2주일 안에, 마치 무슨 범죄사실이 더 드러날까 두려워 서둘러 한꺼번에 처리하려는 일은 일어나지 않는다. 케이건은 5월에 버락 오바마 대통령으로부터 지명을 받고, 8월에 청문회를 거쳐 임명됐다.

인사청문회와 직접적 관련은 없지만, 조현오 경찰청장 후보자는 미국 경찰을 향해 "(시위대를) 개 패듯이 팬다"며 한국의 일선

경찰들을 독려(?)했다. 또 미국 경찰들은 "인권의식도 사명감도 없다"고 퍼부었다. 미국 경찰에 대해 왜곡된 시각을 갖고 있는 듯하다. 미국은 총기 사용이 자유롭고, 이민자로 구성돼 경찰의 강한 공권력 보장이 일종의 사회적 약속이다. 그러나 반정부 시위는 웬만하면 불법 딱지를 붙이는 우리와 달리, 대부분 시위는 합법성을 보장받고, 경찰은 폴리스라인뿐 아니라 시위대도 보호한다. 이른바 조 청장이 보았을 '개 패듯이 패는' 장면은 극히 예외적이거나 경찰의 불법행위다. 폴리스라인 넘는 시위대와 불명확한 사실을 공식 석상에서 발언하고, '개 패듯이 패는' 경찰을 부러워하는 듯한 경찰청장 후보, 우리 사회에 누가 더 위험한가?

(2010.8.20)

■ 이명박 정부 당시인 이때, 이재훈 지식경제부 장관 후보자가 청문회 과정에서 상가 건물을 3채 갖고 있으면서, 부인의 쪽방촌 투기 의혹이 불거져 결국 사퇴합니다.

청문회가 열릴 때마다 청문회 제도 개선을 요구하는 주요 핵심 사항은 '정책 청문회 하자', '과거 행위를 현재의 잣대로 재단하지 말자' 등입니다. 일견 동의할 부분이 전혀 없는 건 아닙니다. 압축성장 탓에 도덕성의 기준이 명확하지 않았던 그때의 행위들에 현재의 높아진 기준을 들이댈 경우, 엘리트층에서 이를 무난히 통과할 이들이 그리 많지는 않을 겁니다.

그러면서 미국 이야기를 많이 하는데, 오랫동안 청문회 제도가 정착된 미국은 기준이 우리보다 훨씬 높습니다. 국제에디터를 맡으면서, 트럼프 행정부 취임을 처리하면서, 트럼프 행정부 내각 인사들의 청문회가 진행됨에 따라 '미국은 청문회 어떻게 하는가'를 미 의회를 오랫동안 취재해 온 워싱턴 현지 인사에게 맡겼습니다.

〈한겨레〉 2017년 1월 20일치에 실린 그 기사의 한 대목을 보면, "질의도 주로 정책에 집중된다. 하지만 이는 개인신상 관련 사항은 인선 과정에서 검증을 통해 1차적으로 걸러지고, 청문회에 앞서 의원들의 요구에 세세한 항목까지 모두 다 제시했기에 가능하다.", "대학 졸업 뒤 가졌던 모든 직업, 최근 10년간 기업·정부 관련 모든 자문 활동, 각종 사회, 친목단체 활동 내역, 최근 10년간 500달러 이상 정치적 기부행위, 모든 저술과 기고 활동 내역도 제출됐다. 노스웨스트항공 이사회에서 활동하면서 지난해 합병한 델타항공으로부터 할인 항공권을 제공받았던 사실도 포함됐다.", "장관 후보자 청문회가 끝나면, 1,200여개에 이르는 각 부처 부장관, 차관, 차관보 등에 대한 의회의 인사 청문회가 또 이어진다."

미국에도 5,000원짜리 치킨이 있다

다 끝난 '통큰 치킨' 이야기를 뒤늦게 꺼내려니 좀 쑥스럽다. 값싼 치킨 먹겠다고 늘어선 긴 줄을 보며 착잡했다. 집 부근 미국의 회원제 할인점인 코스트코에서도 조리된 치킨이 5달러다. 크기는 '통큰 치킨'의 1.5배는 됨직하다. 미국에서 치킨을 배달해서 먹으면, 배달료에 팁까지 30달러 가까이 줘야 한다. 하지만 '코스트코 치킨' 때문에 동네 치킨집이 망하진 않는다. 그러니 사회문제도 안 된다. 무엇보다 치킨집이 별로 없다.

미국에서 소비생활을 하면 두 번 놀란다. 먼저는 엄청나게 싼 제품가격에, 그다음엔 엄청나게 비싼 서비스요금에. 얼마 전 팀벌랜드의 겨울재킷을 세일 가격에 샀다. 30달러에. 한국에서라면 그 7~8배는 줘야 하지 않았을까? 라벨을 보니, 얼마 전 노동자 소요가 일어난 방글라데시에서 만든 것이다. 딸아이에게 사준 노스페이스 패딩점퍼도 '메이드 인 방글라데시'였다. 딸아이가 말했다. "역시 미국이 한국보다 잘사나 봐. 한국 아이들도 노스페이스 입고 싶어하지만 이 옷 입은 아이들이 많진 않은데, 미국 아이들은 다 있어."라고. 미국이 한국보다 잘살기도 하지만,

한국보다 값이 훨씬 싸기 때문일 것이다. 한국 수입제품의 마진이 턱없이 큰 탓도 있지만, 미국이라는 세계 최대 시장에 진입하기 위해 전세계가 최저가를 제공한 탓도 큰 것 같다.

그러나 미국의 서비스요금을 볼라치면 딴세상이다. 중고차가 가끔 말썽을 부린다. 수리점 갈 때마다 가슴이 두근거린다. 배터리 바꾸는 데 130달러, 타이밍벨트 1천달러, 에어컨 갈면 3천달러. 중고차는 1만1천달러에 샀는데, 1년 반 동안 든 수리비가 6천달러다. 얼마 전엔 프린터가 고장 났다. 수리를 할까 했더니 '손대면 150달러'라 한다. 못 고쳐도 상관없단다. 의료비는 말할 것도 없다. 한국에선 1만원 안팎인 물리치료가 미국에선 보험 없다면 한 번에 150~200달러다. 미국 사람들이 너나없이 운동에 열심인 것은 부지런해서가 아니라, 돈 없이 아프면 큰일나기 때문이다.

비싼 서비스가 만족스럽지도 않다. 많은 나라에 다녀본 건 아니지만, 한국보다 서비스가 더 좋은 나라를 본 적이 없다. 미국에서 전자회사 애프터서비스를 받으려면 울화통이 터진다. 전화를 걸면 미로찾기 하듯 몇 번이나 번호를 눌러야 '사람'과 대화할 수 있지만, 안내원의 이상한 발음을 알아듣기 힘들다. 나는 그때 미국에서 인도에 있는 서비스센터 직원과 전화하고 있는 것이다. 그리고 1주일을 더 기다려야 서비스 직원 얼굴을 볼 수 있다.

종합하면, 미 경제시스템은 자국민 노동에는 최대한의 가치를, 외국 노동에는 최소한의 가치를 두는 구조다. 그래서 '소비자 천국'과 '서비스 지옥'이 공존한다. 고등학교만 졸업해도 기술만 있다면 먹고사는 데 큰 지장이 없는 것도 이 때문이다. 우리나라

대졸자 실업문제도 마이스터고교 100개 만드는 게 해법이 아니라, 고교 졸업자에게 비싼 비용을 지불하는 고통을 내가 받아야 해결이 가능하다.

'통큰 치킨' 논란이 일 때, 보수는 '소비자 선택권'에, 진보는 '자영업자 생존권'에 더 가치를 두는 듯했다. 진보란 '남'을 한 번 더 생각해 보자는 쪽일 것이다. 치킨이야 5,000원짜리 아니어도, 1만~2만원짜리 사 먹으면 되지만, 방글라데시 노동자를 위해 10배 더 비싸게 옷을 사야 하고, 자동차수리 할 때마다 가슴 졸여야 하는 세상을 받아들여야 한다. 기꺼이? 그래서 '진보'처럼 생각하긴 쉬워도, '진보'답게 살긴 참 힘든 것 같다. 게다가 대개 진보는 가난하지 않은가? 나도 싼 옷이 좋은데….

(2010.12.24)

■ 저뿐 아니라, 미국에서 생활하면 누구나 경험하게 되는 일입니다. 이 칼럼을 보낸 직후, 당시 유승민 한나라당 의원으로부터 이메일을 받았습니다. 워싱턴 오기 전, 정치부에서 한나라당 반장 등으로 있을 때 유 의원과 친분을 쌓은 적 있습니다.

유 의원은 이메일에서 "공감해… 오늘 칼럼은 한겨레답지 않아 ㅎㅎㅎ"라고 말했습니다. 유 의원이 "공감"한다는 부분, 제 칼럼이 "한겨레답지 않다"는 부분이 명확하게 어느 지점인지는 잘 알지 못하겠으나, 그 접점이 바로 보수와 진보가 만날 수 있는 지점이며, 그 곳이 바로 '상식'의 영역이라 판단되어집니다.

세금 올리자는
한국 부자 없나

워런 버핏 버크셔해서웨이 회장이 "나 같은 부자들의 세금을 올려라"고 주장했다. 버핏 회장의 주장은 조지 부시 행정부 이래 미국 감세정책이 몰고온 파탄을 보여준다. 부시 전 대통령은 2000년 대선 당시 '따뜻한 보수Compassionate Conservatives'를 기치로 내걸었다. 조세감면, 규제완화 등으로 기업가들의 투자의욕을 북돋워주는 대신, 기업들도 수익의 일부를 사회에 환원하자는 것이다. 그는 연간 25만달러 이상 고소득자에게 감세 혜택을 줬다. 부자들의 세금을 줄여주면, 부자들이 돈을 쓰고, 그러면 가난한 사람들도 부스러기를 먹고 윤택하게 된다는 논리(트리클다운 효과)다.

그러나 부시 행정부 감세액을 종합하면, 하위 80% 가구는 총 감세액의 28% 혜택을 봤고, 상위 20% 가구가 감세 혜택의 72%를 독차지했다. 일자리는 안 늘고, 2010년 현재 미국의 누적 국가부채는 국내총생산GDP의 58.9%인 8조6,700억달러에 이르렀다. 세금을 감면받은 미국 부자들이 '따뜻함'을 얼마나 발휘했는지 알 수 없지만, 감면받은 액수보단 훨씬 적을 것이다. 세금은 감면받고, 기부는 칭찬받고, 나 스스로 뿌듯하고, 이 얼마나 (부자들에) 좋은 세상인가?

감세를 통해 경기촉진 효과를 거두려면 이론적으론 공급자가 아닌 수요자 쪽 세금을 줄여야 한다. 법인세가 아닌 부가가치세를, 소득세가 아닌 소비세를 줄여야 한다. 경제관료들은 이런 주장에 "수혜층이 너무 넓어 감세 폭을 미미한 수준으로 낮출 수밖에 없어 체감효과 없이 세수감소만 초래한다"고 주장한다. 맞다. 그러나 그토록 세수감소를 걱정하는 소심한 정부가 '수혜층이 너무 좁아 감세 폭을 크게 할 수 있어 감세 체감효과를 듬뿍 누릴 수 있는' 부자감세에는 어찌 그토록 강심장이 되는지 궁금하다.

감세정책의 두 거두인 로널드 레이건과 부시 전 대통령이 주창한 '따뜻한 보수'에 여태껏 혹하는 미국인은 거의 없다. 교육예산을 삭감해 대학들이 등록금을 올려 중산층을 허덕이게 만들고 학생들은 졸업하자마자 빚더미에 올라앉게 하고선, 공립학교 다니는 서민 자녀가 사립학교 전학을 희망하면 국가가 이를 보조해주는 '바우처' 제도를 도입하고, 대통령이 초등학교 가서 아이들에게 친히 책을 읽어주는 게 부시의 '따뜻한 보수'다.

규제완화로 기업이 노동자들을 자유롭게 해고하거나 공장폐쇄를 할 수 있도록 하고선, 실직 노동자들에게 무료로 취업교육 시켜주고, 예의 그 환한 미소와 함께 실업자들에게 피자 사주며 '용기 내라'고 등 두드려주고 에어포스원으로 돌아가는 게 레이건의 '따뜻한 보수'다. 미국에선 구닥다리가 된, 낯간지러운 '따뜻한'을 갖다 붙인 캠페인 어구가 대한민국에선 아직도 목소리가 높은 듯하다.

결론을 말하자면 '따뜻한 기부'보다 '차가운 세금'이 먼저다. 말고 싶으면 말고, 내면 박수 받는 '기부'가 아닌, 내기 싫어도 억지로 내야 하는 '세금'이 사회를 지탱한다. 재단 만들고, 자기 아들—손자 대대손손 이사장 시키는 사회환원 대신, '세금 더 내겠다'고 주장하는 한국 부자들이 나와 이젠 국격을 좀 높여줬으면 한다. 자신의 세금을 올리라고 주장한 버핏은 자신의 재산 99%도 사회에 기부하기로 약속했다.

(2011.8.19)

한 – 미 무상급식 비교

초등학교에 다니는 아이 학교에서 급식 관련 편지가 왔다. 무
상급식을 받을 것인지, 할인급식을 받을 것인지, 제값 다 내고
급식을 받을 것인지 정하라는 것이다. 1~8인 가족 기준별로 무
상급식을 받을 자격이 있는 연소득을 안내했다. 4인 가족 기준
연소득 4만1,348 달러(약 4,440만원) 미만이면 무상급식을 신청할
수 있다. 내가 사는 워싱턴 DC 바로 옆 버지니아주 페어팩스 카
운티의 가구당 평균 연소득은 10만6,785 달러로, 미국에서도 소
득이 매우 높은 곳이어서 무상급식 신청 학생이 그리 많진 않다.

무상급식을 원하면, 그냥 '무상급식을 원한다'고 체크만 하면
그뿐이다. 소득원 증명 등의 요구는 없다. 미국이 행정에서 어떨
때는 매우 깐깐하게 굴지만, 이럴 때는 또 그냥 믿어준다. 기록
은 카운티 교육청 급식 담당국으로 가고, 그곳을 통해 행정이 집
행돼 학교에선 누가 무상급식을 받는지 잘 모른다. 또 무상급식
여부에 학생들이 별반 관심이 없다. 아이들은 누가 무상급식을
받는 학생인지 궁금해 하지도 않고, 무상급식 받는 학생들도 이
게 알려질까 가슴 졸이고 스스로 그늘지는 그런 문화는 없다. 학

부모 모임에서 한 학부모가 대화 도중 "불경기로 남편 소득이 줄어 무상급식을 신청했다"고 스스럼없이 얘기했고, 듣는 학부모들도 '그런가 보다' 하는 식이었다.

한국에서 일이 터질 때마다 미국 예를 찾아 비교해 보곤 하는데, 그때마다 여건과 생각이 너무 달라 비교 자체가 무의미함을 느낄 때가 많다. 이젠 이슈가 멀리 가버렸지만, 한국에서 무상급식이 온 나라를 둘로 쪼갠 걸 미국인들은 좀처럼 이해하기 힘들 것이다.

미국에서도 주민투표를 한다. 큰 선거에 끼워 넣는다. 대통령, 주지사, 시장, 상·하원 의원, 주 검찰총장 등 기다란 후보 용지 밑에 '마리화나 합법화' 찬반을 묻는 용지가 들어 있는 식이다. 그래서 서울시 무상급식 주민투표처럼 182억원의 비용이 들진 않는다. 공화당 주장이 이겼다고 민주당 시장이 사퇴하지도, 투표 전에 "대선 출마 않겠다", "내 주장에 안 따르면 사퇴" 식의 생떼를 쓰는 건 미국인들은 더더욱 이해 못할 것이다.

미국에서도 시급한 사안에 비용을 들여 주민투표를 하기도 한다. 극히 예외적이다. 주민투표 실시 자체가 유권자들이 택한 의회를 통해 행정책임자가 해결하지 못해 "나, 리더십 없소"라고 선전하는 꼴이기 때문이다. 버락 오바마 대통령이 국가부채 상한 증액 문제로 공화당 반대가 아무리 심해도 "오냐, 의회는 비켜라. 국민들에게 직접 물어보자."고 하지 않는다. 예외적으로 주민투표를 실시하더라도 사전에 여론조사, 공청회 등을 통해 압도적 민의를 확인하기 전엔 하지 않는다. 이미 서울시교육감 선거, 시의회 조례 등을 통해 민의를 확인하고도 이를 거부하고,

33% 정도 투표율을 얻을지 말지도 확신하지 못한 채 요행수에 모험을 거는 것, 역시 미국인들은 도무지 이해 못할 것이다.

주민투표에 내 돈 들여야 한다면 자식 둘 대학 보내느라 허리가 휠 지경이었다는 오세훈 시장은 했을까? 서울시장 보궐선거엔 또 얼마만큼의 시 재정이 더 들까? 무상급식이 크게 잘못된 것이고, 자신이 주장하는 '단계적 무상급식'이 옳다는 확신에 차 있더라도, 밀어붙이는 게 행정지도자가 할 일일까? 다음 선거에서 유권자 판단을 따르면 될 터인데, '내 임기 안에' 모든 걸 해치우려는 사람이 왜 자꾸 늘어날까?

큰 상처 입은 사람을, 또 한 번 몰아치는 건 잔인하다. 그러나 '제2의 오 시장'은 미국 아닌 한국에서도 더 이상 이해받지 말아야 할 것 같기에 '때린 데 또 때린다.'

(2011.9.9)

빈라덴 사살,
마냥 기쁠 수 없는 이유

아들이 다니는 초등학교에서 작은 학예회가 종종 열려 가끔 학교에 간다. 아이들의 70% 이상이 백인이지만 히스패닉, 흑인, 동양인 등이 섞여 있다. "이 아이들은 어릴 때부터 '다름'을 자연스럽게 배우겠구나"라는 생각이 들곤 했다. 미국의 힘 가운데 하나인 '다름에 대한 인정'이 우리처럼 이성적·도덕적으로 학습하고 다투지 않아도 되는 게 부러웠다.

기자생활을 하면서 큰 사건이 터질 때마다 '일단 여러 면에 기사를 펼쳐야 한다'는 걸 자연스레 체득했다. 한국 사회는 하나의 이슈가 온 사회를 장악하고, 그래서 어떻게든 '내 입장'을 정해야 하는 일이 매번 일어난다. 서태지든 이지아든 둘 중 누구 편을 들어야 한다. '이슈 감옥'에서 탈출할 수 없는 구조다.

그런데 미국 신문을 보면, 웬만큼 큰 사건에도 하나의 이슈로 신문을 도배하는 일은 드물다. 오사마 빈라덴으로 들썩이지만, 4일치를 보면 빈라덴 소식 말고도 뉴욕 양키스 '캡틴'인 데릭 지터의 타격 부진을 정밀분석 하는 기사가 한 면에 실렸고, 국제기사도 리비아, 이라크, 캐나다, 아이티, 일본, 타이, 영국, 프랑스, 러시아 등 곳곳에 걸쳐 있다. 우리처럼 문패를 달아 며칠 동안 여러 면에 걸쳐 하나의 뉴스를 융단폭격 하는 형태는 미국 신문에선 쉽게 보기 힘들다. 그게 수준이 높아서라기보단, 각자 필요와 관심이 다르기에 언론도 다양성을 제공하고 독자들도 기사를 선택해 읽는 방식이 일반화됐기 때문일 것이다.

그러나 최근 미국에서 '다름'에 대한 존중이 점점 사라지고, '옳으냐 그르냐'식 흑백논리가 점점 무성해지고 있다. 빈라덴 사살은 그 기조를 더 강화시킬 가능성이 높다. 지난 3일 들른 뉴욕의 '그라운드 제로'는 미국에 대한 찬양과 자랑으로 가득 찼다. 누군가 틀어놓은 노래가 무한반복 된다. 담장에 붙여놓은 사진과 그림 중에는 군홧발로 빈라덴의 얼굴을 짓밟아 눈이 튀어나오게 한 삽화, 자유의 여신상이 피가 뚝뚝 떨어지는 빈라덴의 잘린 목을 들고 있는 컴퓨터그래픽 등이 인기를 끌었다. 빈라덴이 비무장 상태에서 사살 당했다는 소식이 알려져 논란을 빚지만, 일반 미국인들 사이에선 "그래서?"라는 분위기다.

무고한 시민 3,000명을 숨지게 한 빈라덴의 행동은 용서할 수 없다. 그러나 미국에서 애국주의가 기승하면, 다른 나라들은 호전적 애국주의인 '징고이즘'을 걱정한다. 미국에서 애국이 강조되기 시작한 건 2001년 9·11 테러 이후다. 각급 학교에선 아침마다 '나라에 대한 충성 맹세'가 메아리쳤다. 빈라덴 사살 소식 직후 그라운드 제로 앞에 모인 상당수가 20대가 된 그들이다. 대학 캠퍼스에는 남아공 월드컵 때 유행했던 부부젤라를 불고, 야구 경기에서 이겼을 때처럼 다리 위에서 연못으로 뛰어내리는 학생들이 많았다. 빈라덴 사살은 그렇게 소비됐다.

1960~70년대 대학생이었던 부모세대는 베트남전 앞에서 반전과 반공 등 복잡한 '양면심리ambivalence'를 겪었다. 이는 상대주의를 통한 다양성 강화와, 다른 한편으론 외국에 대한 무관심과 고립주의라는 두 가지 방향으로 흘러 9·11 이전까지의 미국을 특징지었다. 그러나 지금 빈라덴의 죽음 앞에 선 미국 20대에게 그런 양면심리를 찾긴 힘들다. 한 방향 '축제'만 있을 뿐이다. 이라크전이 허상임이 드러났지만 미국에서 양심의 목소리가 베트남전 때처럼 들리지 않았던 건 9·11의 그림자가 너무 짙었기 때문이다. 미국 20대들은 후세인에 이어 빈라덴이 처형·사살되는 걸 보며 자랐다. 미국에 덤비면 어떻게 된다는 걸 배웠다. 앞으로 미국 사회를 이들이 이끈다.

9·11의 슬픔과 빈라덴 사살의 기쁨이 중첩된 그라운드 제로에서 나는 기쁘지 않았다.

(2011.5.6)

■ '미국을 다시 위대하게'라는 그 일단을 빈라덴 사살 직후, 뉴욕 그라운드 제로 현장에서 먼저 본 듯합니다. 9·11을 기화로 미국에서 다양성과 포용이 사라졌고, 계속되는 경기침체와 백인 노동자층의 몰락은 이를 더욱 부채질 했습니다. 강력한 힘을 지닌 이민자국가 미국이 먼저 온 자의 기득권을 주장할 때, 어떤 일이 일어나는지 트럼프 행정부 출범 이후 우리는 눈으로 보고 있습니다.

'분노'는 마이너리티가
가져야 한다

미국에서 '레이시스트racist, 인종차별주의자'는 가장 큰 욕이다. 미국인들은 대부분 자신이 관대하고 다양성에 열려 있는 사람으로 인식되길 원한다. "영어를 잘 못한다"고 하면, "나도 한국어를 잘 못한다"는 식으로 답하곤 한다. 그러나 짧은 기간 미국인(백인)들을 접하며 느낀 건, 도덕성에 기준을 둔 당위로 인종차별주의적 시각을 스스로 억누르고 있을 뿐 상당수가 인종적 우월론 시각에서 자유롭지 못하다는 것이다.

2004년 미시간에서 연수할 때, 그 도시의 작은 지방언론사에 몇 주 간 인턴처럼 다녔다. 당시 나를 데리고 시내의 취재현장을 함께 다닌 백인 여기자는 입사 5년차였다. 그는 내게 이것저것 얘기를 했다. '취재는 어떻게 하는 것인가?' 등등. 그때 나는 입사 11년차였고, 그 직전에 5~6년차 기자들로부터 보고를 받는 사회부 기동취재팀장을 막 거쳤을 때였다. 그들의 눈에 나는 "한국에서 온, 영어도 잘 못하는, 뭔가 배우려고 온, 한국에선 기자였다고 하는 사람"이었을지도 모른다.

그들을 인종차별주의자라 할 순 없다. 그러나 다원주의자인 양 행세하는 미국인들에게서 실제론 "기준은 미국"이라는 강고함을 느낄 때가 많다. 한국에서 뭘 얼마나 했느냐는 중요하지 않다. 시작은 미국이고, 그런 의미에서 나는 그때 막 입사한 수습기자와 다를 바가 없었을 것이다. 미국인들은 자기네 기준을 강요하는 차원을 넘어, 그 기준에 맞지 않는 걸 잘 이해하지 못한다. 그들은 늘 '울트라 머조리티'였기 때문이다.

중국의 중화주의가 '중국이 세상의 중심'이라는 사고라면, 미국의 '미국중심주의'는 미국 외의 세상에는 아예 관심이 없는 식이다. 미국 시골에 사는 사람들 중에는 영어를 못하는 것을 "사람이 왜 영어를 못하지?"라는 식으로 생각하는 사람도 꽤 있다. 고등학생들 중에 캐나다가 미국 영토인 줄 아는 학생이 부지기수다. 미국이 자국의 프로야구 챔피언 결정전을 '유에스U.S. 시리즈'가 아닌 '월드시리즈'라고 하는 것도 미국이니까 가능한 것이다.

이처럼 미세한 인종차별, 강고한 미국중심주의가 미국인(백인)들의 깊은 곳에 자리 잡고 있지만, 미국인들은 이를 에티켓이라는 외피로 감싸고 있다. 미국인들은 대개 겉과 속이 다르고, 입에 발린 소리를 잘한다. 한국 사회에선 "솔직하지 못하다"고 비판받을 수 있지만, 미국 사회에선 겉과 속이 다른 것을 "교양 있다"는 식으로 이해하는 경우가 많다.

애리조나 투손에서 일어난 총기난사 사건을 보면서 이런 미국인들의 습성이 연상됐다. 범인은 분명 정신적으로 문제가 있는 사람이다. 그러나 그런 범인을 키운 토양이 미국 안에 존재하는 것도 사실이다. 범인은 가정환경이 좋지 않았고, 좋은 대학에 진학하지 못했고, 미군에 지원했지만 떨어졌다. 그런 그가 유대인과 이민자(히스패닉)에 대한 증오를 차곡차곡 쌓아왔다. 개브리엘 기퍼즈 의원은 애리조나주 최초의 여성 유대인 연방 하원의원이다. 유대인과 이민자들에 대한 우월의식과 실존의 열등감이라는 이중적 심사가 기형화됐을 것이다. 지난해 보수주의 풀뿌리 운동단체인 '티파티' 구성원들을 보면 백인 일색이다. 또 상당수가 경기침체의 직격탄을 맞은 서민층이다. 이번 사건과 겹쳐지는 대목이다.

　과거 '분노'란 약자가 강자에 대해 느끼는 감정이자, 저항의 동력이었다. 그런데 최근 들어 '분노'가 강자(또는 다수)가 약자에게 시위를 하는 수단으로 쓰이는 경우를 많이 본다. 진보는 어느 사회에서나 대개 마이너리티다. 진보적 입장의 버락 오바마가 집권하고 있는 미국도 마찬가지다. 보수주의 토대가 강한 남부 애리조나주에서 진보정치인을 타깃으로 삼았다는 건, 그래서 더 비겁하고 위험해 보인다. '분노'는 마이너리티가 갖는 게 합당한 것 같다.

(2011.1.4)

■　2011년 이 무렵, 미국 사회에서 강경 보수 세력인 '티파티'가 위세를 떨치기 시작할 무렵이었습니다. 여기에는 '백인들의 소외감'이 바탕이 되어 있었습니다. 하지만 더 이상 힘을 받지 못할 것 같던 그 이상한 '소외감'이 2016년 결국 '트럼프 바람'이 되어 미국은 물론 전 세계를 향해 불어 닥쳤습니다.

FTA, 멋진 신세계

3주마다 돌아오는 칼럼이 회전칼날 같을 때가 많다. 주제 찾기가 가장 힘들지만, 가급적 FTA는 애써 피하려 했다. 복잡한 FTA 조항을 시시콜콜하게 꿰지 못하며, 또 '에프티에이 세상'이 어떻게 펼쳐질지, 미래의 일을 지금 알지 못하기에 자신이 없어서다. 그러나 최소한 이것만은 알 것 같다. 우리 경제가 더 발전할진 모르겠으나, 경쟁은 더 치열해질 것이며, 강한 자는 더 강하게, 약한 자는 더 약하게 될 것이며, 강한 자에게도 세상은 점점 더 팍팍해질 것이라는 것을.

올해 미국 추수감사절 쇼핑시즌에 한국에서의 인터넷 직접주문이 급증했다. 공산품 가격은 미국이 훨씬 싼 데다, 추수감사절 세일로 배송료를 포함해도 30~50% 싸기 때문이다. 한 국내신문의 가격비교를 보니, 한국에서 23만원 하는 폴로 패딩점퍼의 미 추수감사절 세일가격은 9만5천원이다. 나도 추수감사절 다음날 바지와 오리털점퍼를 샀다. 바지는 25달러, 점퍼는 100달러, 메이커 제품이었다. 한국 할인점에서 3만원 하던 와인이 미국 슈퍼에서 7~8달러에 팔리는 걸 보면서 배신감(?)을 느낀 적도 많다. FTA가 이행되면 우편서비스가 민간에 개방된다. 배송료가 낮아지면, 미국 업체와의 가격경쟁을 이겨낼 국내 유통업체가 얼마나 있을까? 이기려면 미국처럼 해야 한다. 미국 판매 의류 중 '메이드 인 유에스에이'는 거의 없다. 인건비를 줄이려 계산대 외에는 매장 판매원을 거의 두지 않는다.

농축산업? 워싱턴과 맞붙은 버지니아주는 남한보다 더 넓다. 버지니아 북쪽에서 남쪽으로 내리뻗는 81번 고속도로를 타면 7시간 내내 도로 양옆으로 넓은 목장이 끝없이 펼쳐진다. 점점이 박힌 소떼들이 염소 새끼 같다. 버지니아는 목축업이 특화된 곳도 아니다. 남한 면적의 4배가 넘는 캘리포니아주를 종단하면 오렌지 농장 지평선이 계속 이어진다. 한국과 미국이 농업으로 경쟁을 한다는 것 자체가 난센스다. '값싸고 질 좋은 소고기' 싸게 먹으니 멋진 신세계인가? 한-미 FTA가 한국이 100% 손해 보는 장사는 분명 아니다. 미국보다 경쟁력 있는 자동차는 더 많이 팔릴 것이다. 그러나 한국의 자동차산업은 지금도 잘나가고 있고, 한국의 농축산업은 지금도 어렵다.

미국도 '무역'에 대해선 안 좋은 기억이 많다. 미국에서 무역이란 덜 교육받은 노동력을 희생해, 최고의 교육을 받은 노동력에 소득을 더 몰아주는 것으로 인식된다. FTA 미 의회 비준 의결에서 서민을 대변하는 민주당이 여당임에도 무더기 반대표를, 부유층을 대변하는 공화당이 야당임에도 무더기 찬성표를 던진 이유다. FTA가 이행되면, 뉴욕 법률회사 변호사의 휴일근로수당은 늘어나고, 디트로이트 자동차공장 노동자의 의료보험 지원수당은 더 줄어들지 모른다.

그리고 또다시 '새벽종이 울렸네'를 합창해야 하는 시대가 재현될지 모르겠다. 추수감사절 다음날 폭탄세일을 하는 '블랙 프라이데이'의 올해 풍경은 조금 달랐다. 업체들이 경쟁적으로 시간을 앞당겨 월마트는 추수감사절 당일인 밤 10시, 베스트바이는 밤 12시에 문을 열었다. 미 언론들은 "1년에 한 번 온 가족이 모이는 저녁식사를 망쳤다", "칠면조가 식기도 전에 매장 앞에 줄서야 한다"며 비판했다. 그러나 월마트는 추수감사절 매출에서 아마존, 애플에 이은 3위를 기록했고, 베스트바이는 주가도 3.4% 올랐다.

'남과 같아선 이길 수 없는' 세상이 1980년대에 시작됐는데, 이젠 그 무한경쟁이 미국까지 확대됐다. 미국은 한국보다 인구는 6배, 국내총생산GDP은 15배, 면적은 100배다. 그래서 우리 모두 '장인이 되지 않으면 안 되는' 세상이 올 것 같다. '설렁설렁 살아도' 되는 봄날은 갔다.

(2011.12.2)

■ 이 칼럼을 본 워싱턴 주미대사관의 한 외교부 직원이 당시 한덕수 주미대사와 이야기를 하면서, "권 특파원 칼럼, 다른 건 몰라도 '일반사람들이 앞으로 경쟁이 더 치열해지고, 힘들어진다'는 건 맞는 것 같습니다"라고 말한 적 있다고 사석에서 저한테 말을 한 적이 있습니다. 당시 한-미 FTA가 의회에서 비준을 막 거친 상태였고, 이듬해 (2012년) 3월 15일부터 체결되기로 한 상태였습니다.

무역이란 '비교우위' 제품을 각각 생산하는 것이 더 낫다는 것이 교과서에 나오는 이야기이고, FTA란 이를 더욱 극대화하는 것이니, 결국 '비교우위'가 없는 제품과 사람은 도태될 수밖에 없게 되는 것 아닌가 하는 생각이 듭니다.

이를 보완하는 것이 정부의 역할일 것입니다.

추락하는 미국이 부럽다

미국의 신문·방송에서 좋은 뉴스를 본 기억이 가물가물하다. 빈곤율 사상 최고, 대량해고, 복지 분야 재정 삭감 등 서민을 힘들게 하는 소식뿐이다. 미국인들의 삶은 끊임없이 팍팍해지고 있다.

요즘 한국 관광객들은 "미국이 별로 잘사는 것 같지 않다"는 말도 많이 한다. 종종 동의한다. 미국에서 재정사정이 가장 나은 편인데도 워싱턴 인근 고속도로는 정비가 안 돼 지날 때마다 비포장도로를 방불케 할 정도로 울퉁불퉁하다. 집 근처 어린이 야구장 6개와 축구장 1개가 구비된 체육공원에선 올해부터 평일 밤에는 전광판을 켜지 않는다. 아이가 다니는 초등학교는 새 학기 들어 학생 수가 부쩍 늘었는데, 인근 초등학교를 폐쇄하면서 그쪽 학생들이 주변 학교로 흩어진 탓이다. 스쿨버스 운행 대수를 줄여 지난해엔 절반만 찼던 스쿨버스가 이젠 빈자리를 찾기 힘들다. 둘러 오느라 통학시간도 10분 이상 길어졌다. 통행료를 걷는 도로가 늘어나고, 지하철·전기·우표 등 온갖 공공요금이 오른다.

그럼에도 불구하고, 일반인들의 삶을 볼 때 '그래도 부럽다'는 생각이 들 때가 아직은 많다. 지난해 미국 1인당 국민총소득GNI 은 4만7,140달러로, 우리나라(2만759달러)의 2배가 넘는다. 우리보다 외식은 많이 안 하지만, 훨씬 많이 여행 다니고, 캠핑·낚시 등을 즐긴다. 소비성향도 우리보다 훨씬 높다.

생필품 물가, 사교육비, 집값 등은 서울과 비교할 수도 없다. 얼마 전 〈워싱턴포스트〉가 미국에서 부자 기준으로 설정한 '부부합산 연소득 25만달러(2억9,425만원)' 가정(취학 전 자녀 1명, 취학 아동 1명)의 평균 가계부를 보여줬다. 이 가정의 연간 사교육비는 미취학 자녀 보육비(1만5천달러), 취학아동 방과후 활동비(4천달러) 등 모두 1만9천달러였다. 미국도 사교육비가 늘고 있지만, 연간 3억원을 버는 가정이 취학아동에게 쓰는 사교육비가 월 40만원이 안 된다.

집 부근에 이란 출신 이민자 가정이 사는데, 여느 중산층 가정처럼 방 4개에 2층과 지하실, 잔디 깔린 앞뒷마당 딸린 단독주택에 산다. 아내는 전업주부이고 남편은 택시운전사다.

누더기가 되었지만, 지금 상태만으로도 부러운 게 복지제도다. 미국은 형편없는 의료보험 제도를 65살 이상(메디케어)과 저소득층 가정(메디케이드)에 제공하는 공공의료로 보완한다. 메디케어와 메디케이드 혜택은 계속 줄고 있지만, 사라지진 않는다. 또 실직하면 99주 동안 실업수당을 준다. 노인들은 젊을 때 자신이 낸 사회복지세를 근거로 은퇴한 뒤 평생 사회복지연금을 받는다. 평생 실직자로 살아도 65살이 되면 한 달에 650달러 정도의 생활비를 받는다. 물론 앞으로 계속 줄 것이다.

대학 등록금은 외국인 기준으로 보면 우리나라의 3~6배이고 해마다 가파른 속도로 올라 사회문제가 되고 있다. 그러나 가난한 가정 자녀는 각종 할인·장학금·대출이 많아 대학 문이 원천봉쇄 되는 경우는 없다. 내가 아는 한인 이민자 가정의 큰딸은 지난해 듀크대 의대에, 작은딸은 명문 주립대에 진학했다. 자동차 정비업체에서 일하는 이 가정의 연소득은 5만달러 정도다. 이 한인은 첫딸의 학비로 연간 2천달러 정도만 냈다. 두 딸의 대학 진학 전과 후에 가정살림이 별로 달라지지 않았다. 반의 반값 등록금을 냈으니까.

미국은 유럽에 비해 복지제도가 부실한 나라로 손꼽힌다. 선거를 앞두고 우리나라에서 또 복지논쟁이 벌어질 것이다. 다른 사람이 산꼭대기에서 내려온다는 소식을, 매표소 입구에 막 들어온 등산객이 듣고선 "다들 내려가니 우리도 내려가자"고 고함 지르는 일 없기를, "미국이 복지병 때문에 망했다"는 말도 안 되는 이야기는 그만 들었으면 한다. 망하지 않았다.

(2011.9.30)

캐나다의 길, 미국의 길

출장 또는 관광으로 캐나다를 방문할 때마다, 미국에 비해 뭔가 촌스럽다는 게 솔직한 느낌이다. 토론토나 밴쿠버 등 높은 빌딩이 우뚝 솟은 대도시에서도 사람들의 꾸밈새는 수수하기만 하다.

캐나다에서 또 하나 체감하는 것은 비싼 물가다. 미국에서 서브웨이 햄버거와 콜라 세트를 시키면 6달러 남짓이면 되지만, 캐나다에선 9달러를 줘야 한다. 거의 모든 상품이 미국보다 비싸다. 미국에선 5% 정도인 상품세가 캐나다에선 12~15%(통합상품세)나 붙기 때문이다.

캐나다가 미국과 가장 크게 대조되는 건 이런 '촌스러움'과 '비싼 물가'가 아니라 높은 세금과 사회보장제도다. 버락 오바마 대통령이 의료보험 개혁을 주창하면서 가장 많이 든 사례가 '캐나다'였다. 캐나다에선 전국민 대상 의료보험이 시행되고 있으며, 보험료도 4인 가족 기준으로 대략 월 100~150달러 정도만 내면 모든 의료비가 무료다. 민간보험사가 주축인 미국의 경우 보험료는 캐나다의 8~10배, 그 비싼 보험료를 물고도 병원 가면 또 돈을 내야 하니 오바마로선 캐나다가 얼마나 부러웠겠는가? 미국에서 사회문제화 되고 있는 대학 등록금도 캐나다에선 무료다.

그렇다면 캐나다는 '지상낙원'인가? 속내를 들여다보면 캐나다 제도에도 문제가 많다. 지난 연말 칼레 라슨 편집장을 인터뷰하려고 밴쿠버를 찾았을 때, 공항에서 탄 택시에서 기사와 캐나다의 복지 시스템에 대해 얘기하면서 '캐나다가 미국보다 낫지 않으냐?'고 물어봤다. 그 기사는 대체로 수긍하면서도 다소 냉소적이었다. "미국은 비싸고, 캐나다는 끝없이 기다려야 한다"고 말했다. 병원마다 예약환자가 밀려 보통 두 달은 기다려야 의사 얼굴을 볼 수 있고, 그래서 기다리다 낫기도 하고 반대로 죽기도 한다는 것이다. 캐나다 이민자인 내 친구는 아내가 어깨 근육을 다쳐 수술을 해야 했으나, 넉 달을 기다리라는 말을 듣고 한국에 가서 수술을 받고 돌아왔다. 안 기다리려면 보험이 적용되지 않는 민간 고급병원을 가야 하는데, 이는 미국만큼 비싸다.

또 캐나다 의사들 중에는 '돌팔이'가 많다는 이야기가 들린다. 역시 캐나다로 이민 온 한 선배는 배가 아파 병원에 갔더니 "탈장이니 수술을 해야 한다"고 해 수술 날짜를 받고 기다리고 있었는데, 의사인 친구가 보더니 "아닌 것 같다. 엑스레이를 한번 찍어보라."고 권유했다. 그 결과 아무 이상이 없었다. 멀쩡한 배를 가를 뻔했다. 캐나다는 의료비를 낮추기 위해 보험수가를 높이지 않으려 애쓰고, 그 때문에 실력 있는 의사들은 민간 병원으로 빠지거나, 돈 되는 미국에 가서 개업하는 경우가 많다.

또 캐나다는 젊은층 '일자리'가 없기로 유명하다. 실업률은 경기가 좋을 때도 늘 7~8%다. 일본, 한국, 동남아 등의 영어강사

중에 캐나다인이 유달리 많은 것도 이와 무관치 않다. 세금과 규제가 많다 보니 장사를 해도 큰돈 벌기는 쉽지 않다. '세금 해방일'이 지난해의 경우 미국은 4월 12일인데, 캐나다는 6월 5일이니, 번 돈의 절반 가까이를 세금으로 내는 것이나 마찬가지다(한국은 지난해 3월 18일). 캐나다 사람들이 촌스러운 이유다.

자, 그렇다면 남은 건 '선택'이다. 캐나다처럼 복지혜택 누리며 살려면 세금 많이 내고, 좀 불편해야 하고, 좀 촌스러워져야 한다. 대선을 앞두고 한국에서 정당마다 내놓는 장밋빛 복지정책이 눈부시다. 하지만 '돈 안 내는 유토피아 복지국가'는 이 땅엔 없다.

캐나다에서 내가 느끼는 또 다른 것 하나는, 캐나다 사람들에게는 뭔지 모를 '편안함'이 느껴진다는 것이다. 캐나다에서는 보장성 보험이 잘 안 팔린다. 의료비는 공짜이고, 은퇴하면 연금으로 먹고사는 데 지장이 없으니까. 좀 더 잘 입고, 잘 먹지만, 24시간 매장이 늘어나는 미국에선 그 '편안함'이 점점 희미해진다.

(2012.2.3)

■ 나란히 붙어있는 캐나다와 미국은 정반대의 길을 걸어왔다고 봅니다. 한국은 안보, 경제 등에서 미국과 밀접했고, 그래서 사회상도 미국의 영향을 더 많이 받아왔습니다. 그러나 우리나라의 환경 등을 감안하면 미국이 아닌 캐나다의 길을 따라야 하는 것 아닌가 하는 생각이 캐나다를 들릴 때마다 더 많이 들곤 했습니다.

미국이 한국의 모델이 될까?

특파원 3년간 한국에 큰일이 일어날 때마다 '미국에선?' 하고 들춰보곤 했다. 그때마다 '환경과 시스템이 너무 달라 비교가 힘들다'고 손을 놓았던 적이 많다.

한국에 다녀온 한 미국인 친구는 가장 이색적인 것으로 두 가지를 꼽았다. 사람들이 다 똑같이 생겼다는 것, 그리고 음주운전 검사 장면이다. 한국인들에게 '다양성이 부족하다'는데, 어릴 때부터 다양한 인종을 접하며 자연스레 다양성을 체득하는 미국인과 다 커서 의식적으로 다양성을 이식하려는 한국인은 출발선부터 다르다.

그런데 미국에선 다양성이 이상한 방향으로 전개되기도 한다. 한국보다 훨씬 더 심각한 소득불평등 상황을 겪고 있지만, 갈등은 덜하다. 인도식 운명론을 받아들이는 건 아니지만, 소득불균형마저도 '그는 그, 나는 나'라는 사고가 영향을 끼친 듯하다. 그러니 '한국인들도 미국인처럼 여유를 가져라'고 하는 게 옳은 일일까?

미국에 살면서 느낀 또 다른 하나는 미국인들이 매우 '독립적'

이라는 것이다. 황무지에서 '나 스스로' 삶을 개척해야 했던 선조들의 피가 녹아 있다. 캘리포니아에서 광우병 소가 발견됐을 때, 대부분의 미국인들은 알지도 못했지만 "한 마리 아니냐"며 확률을 들어 대수롭지 않게 여겼다. 미국은 '위험 감수risk taking' 사회다. 위험성을 줄여 불편하게 살기보단, 위험을 감수하고 편하게 살기를 원하는 쪽이다.

미국 스키장을 가면 양쪽 귀퉁이에 안전울타리를 설치해 놓은 곳이 많지 않다. 낭떠러지로 떨어질 수 있다. 스키장이 워낙 커 안전울타리를 촘촘히 설치할 수 없다. 대신 워낙 넓어 일부러 귀퉁이로 가지 않으면 떨어질 가능성이 작다. 귀퉁이로 가 떨어지면 '자기 책임'이다. 이를 좁은 한국 스키장에 적용할 순 없다.

음주운전 검사를 이해할 수 없다는 미국인 친구는 "한 명의 음주운전자를 색출하기 위해 수백, 수천 명이 차를 세워야 한다"며 "매우 잘 훈련된disciplinary 사람들 같다"고 했다. 음주운전 사고를 감수하고서라도 그 불편을 겪지 않는 쪽을 미국인들은 택한다. 이런 '독립성'은 정부에 대한 기대도 낮춘다. "국민을 성공시키겠다", "행복한 나라로 만들겠다"는 식의 거창한 구호보다 "세금을 깎아주겠다", "의료보험료를 내리겠다"는 식의 약속이 더 소구력이 큰 이유다.

'메시아 대통령'을 기다리지도, 정부가 '모든 것'을 책임지라고도 않는다. '내가 스스로 사는데 귀찮게 말라'는 게 공화당이요, '내가 스스로 살지만, 힘드니까 조금 도와 달라'는 게 민주당이다. 이를 한국에 적용해 '미국인처럼 스스로 살겠다는 마음을 가져라'고 하는 게 옳은 일일까?

경제부에서 자동차업계를 취재할 때, 산지가 많은 한국은 코너링 좋은 소형차 위주의 유럽형이 더 맞는데, 장거리 운전에 적합한 서스펜션(승차감)과 대형차 위주의 미국형 모델이 먼저 도입된 게 은근히 아쉬웠다. 한국의 사회모델도 거대한 영토, 풍부한 자원, 이민자로 구성된 미국이 아닌, 유럽이 더 맞지 않을까 하는 생각을 엉뚱하게 미국에서 해본다.

사족. 워싱턴에서 버지니아주로 향하는 66번 고속도로는 오후 4시부터 6시30분까지 '나홀로 차량'은 진입금지다. 이때가 퇴근 시간이기 때문이다. 미국을 떠나면서, 그래도 가장 닮고 싶은 모델 하나가 이 '저녁이 있는 삶'이다.

(2012.7.20)

■ 특파원 생활을 마치고, 마지막으로 쓴 칼럼이었습니다. 2012년 당시 한국에서 손학규 전 민주당 대표가 '저녁이 있는 삶'을 들고 나왔습니다. 그리고 손 전 대표는 정치권에서 그 위상이 사라졌지만, '저녁이 있는 삶'이라는 표어는 몇 년이 지난 지금도 여전히 생명력을 발휘하고 있습니다. 이는 그 표어에 대한 한국인들의 갈망이 들어있는 탓이라 여겨집니다. 저를 포함해 '저녁이 있는 삶'을 누리고 싶되, 누리지 못하는 많은 이들을 위해 조금씩 조금씩 진화해 가는 사회를 그려봅니다.

5부

취재하며
훔쳐 본 세상

독일과 프랑스

　제가 가장 처음 가본 외국이 독일과 프랑스였습니다. 사회부에
있던 지난 95년 해외입양아들의 모임을 취재하기 위해 독일 뒤셀
도르프에 갔을 때의 기억은 지금도 선명합니다. 먼지 하나 찾아
보기 힘들 정도의 깨끗한 도시, 반듯반듯한 도로, 도심 도로는 모
두 지하터널화 하고, 전철을 사이사이 이어 공해를 찾기 힘든 도
시. 사람들도 단정하고, 아침 6시만 되면 모두 일어나 하루를 시
작하고, 저녁이면 곧바로 집에 돌아와 가족과 보내는 사람들.

　우리처럼 밤거리 술 취한 사람을 볼 수 없는 건 물론이고, 저
녁 6시 이후에는 문을 연 가게가 거의 없는 곳. 정말 '바른 생활'
하는 사람들만 모인 곳이었습니다. 그때 저의 느낌이란, '아, 선
진국이라는 게 이런 거구나'라는 거였습니다. 그리고 '독일의 힘
이 이런 곳에서 나오는구나'라는 생각을 했더랬습니다.

　공식취재 일정 뒤, 저는 며칠 동안 혼자서 배낭여행 하듯 이곳
저곳을 쏘다녔습니다. 기차를 타고 쾰른, 룩셈부르크를 거쳐 파
리에 갔었죠. 파리는 샹젤리제 거리, 에펠탑 등 우리들에게 너무
나 잘 알려져 있어 누구나 한 번쯤 동경하는 곳 아닙니까?

그런데 파리 북역에 처음 내렸을 때의 느낌이란. 역에 내리자 서울역 주변에서 나는 듯한 퀴퀴한 냄새에 어수선하고 좁은 거리, 지하철엔 거지가 득실대고, (저와 마주친 거지들은 대개 먹던 포도주를 권하더군요) 길거리엔 쓰레기가 발에 채이고, 경찰이 보는 앞에서도 아랑곳 않고 담배꽁초를 버리는 사람들, 사람도, 자동차도 무시하는 신호등. '내가 생각했던 파리는 이런 게 아니었는데'라는 거였죠. 독일과 파리의 경제력 차이의 원인을 확연하게 다른 국민들의 삶의 양태에서 찾으려고도 했습니다.

그런데 말입니다. 파리에서 한 3일을 머물렀는데, 떠날 때쯤 되니까 그런 '무질서한' 파리가 이전에 감격했던 독일과는 비교도 안 되게 편안하게 느껴졌습니다. 그 이후 파리에는 몇 번 더 갔었는데, 갈 때마다 이런 느낌은 더욱 강해졌습니다.

남이 무엇을 하든 다른 사람에게 피해만 주지 않는다면 다 인정해주는 곳. 체면도 남 눈치도 의식하지 않아도 되는 곳. '파리의 택시운전사' 홍세화씨가 널리 알린 똘레랑스(관용)가 사회 곳곳에 스며들어 있는 나라. 아마도 이는 '자유'를 위해 그토록 목숨 바쳐 투쟁한 프랑스의 역사와 연관이 깊은 듯합니다.

파리에서 만난 한 한국인 유학생이 그러더군요. "미국 교포 중에는 된장국 먹다 아파트에서 쫓겨났다는 사람 이야기를 가끔 듣는데, 프랑스에서는 그런 이야기를 들은 적이 없습니다. 내가 처음 이사 와서 며칠은 꾹 참다가 도저히 못 참아 된장국을 끓여 먹고 집을 나서면서 이웃집 사람이랑 마주쳤습니다. 그래서 '냄새가 심하게 나죠. 죄송합니다.'라고 그랬더니, 그 프랑스 사람은 이렇게 말하더군요. '상관없다. 우리가 먹는 음식의 냄새도 당신에게는 싫을 수 있지 않느냐.'라구요."

우리나라는 프랑스의 국민성을 갖고서 독일의 사회상을 따르려다 보니, 이도저도 아닌, 이중적인 성향을 갖게 된 게 아닌가 하는 생각이 듭니다.

(2000.10.25 뉴스메일)

■ 17년 전 이야기입니다. 그러나 최근 유럽의 반이민 정서 물결 속에 프랑스마저도 휩쓸리고 있음을 보고 있습니다.

"10억을 받았습니다"

최근 한 보험회사 광고가 논란을 빚었다. "10억을 받았습니다"
라는 광고다. 남편의 생명보험금 10억원을 받아 자신과 딸아이
가 편안히 살게 됐다는 내용이다. 보험회사 직원과 상담하며 미
소를 머금은 부인, 그리고 교외의 전원주택에서 딸과 함께 장난
치며 세차를 하는 행복한 장면이 오버랩 된다.

이 광고는 지난 2000년 강원도 동해시의 한 의사가 1회 보험
료만 납입한 채 심근경색으로 갑자기 숨진 실제 사례를 모델로
했다. 부인과 딸의 행복한 모습은 떠난 남편이 진정 바랐던 것이
겠지만, 이를 지켜보는 제3자, 특히 남성들은 꽤나 불편했었나보
다. 인터넷에는 광고중단 서명운동이 벌어지기도 했고, 대한은
퇴자협회는 이 광고를 지난해 최악의 광고로 선정했다.

이 논란을 보면서 몇 년 전, 극장에서 본영화를 상영하기 전에
보여준 단편 애니메이션이 문득 떠올랐다. 한 어린아이가 병아
리와 함께 뛰어놀며 환히 웃고 있는데, 갑자기 나타난 자동차가
그만 병아리를 치고 말았다. 화면 가득 핏빛이 튀었다. 너무 놀
라 멍한 아이의 눈에 눈물이 그렁그렁했다. 그때 차에서 내린 아

저씨가 만원짜리 한 장을 아이 손에 쥐어줬다. 아이의 눈이 휘둥 그레지더니, 표정이 바뀌어 깔깔거리면서 막 달려갔다.

놀랐다. 무심히 본 단편 만화영화였지만, '이런 게 돈의 힘인 가'라는 생각에 본영화를 보는 내내 돈 만원을 거머쥔 아이의 웃음소리가 떠나지 않았다.

남편과 병아리를, 그리고 10억원과 1만원을 등치시키는 건 적절치 않아 보인다. 그러나 그 '10억원'이 '남편'의 자리를 대체 또는 보완할 수 있다는 점을 은연 중 내비치는 통에 여전히 마음은 편치 않았다. 10억원을 받으려면, '월 156만원씩 15년간 납입' 또는 '월 300만원씩 10년간 납입' 정도의 계약을 해야 한다. 숨진 의사는 월 203만원의 보험계약을 했다.

굳이 그 광고가 아니어도 모든 게 돈으로 환치되는 세상인 것만은 분명한 것 같다. '부자아빠', '여러분 부자 되세요', '당신이 사는 곳이 당신이 누구인지를 말해줍니다(아파트 광고)' 등의 말이 뻔뻔할 정도로 당당히 들리는 세상이다. 사람의 가치가 인격이 아닌, 연봉으로 재단되기 시작한 건 이 땅에 프로야구가 들어온 이후부터로만 잡아도 벌써 꽤 됐다.

올해는 600년만에 맞는 황금돼지해다. 재물운을 뜻하는 '돼지'에 '황금'까지 덧붙였으니, 사람들 사이의 황금만능주의는 올해는 또 얼마나 더 심해질까?

(2006.12.26)

또 10년이 지났습니다. '돈'의 힘은 점점 커져만 가고 있습니다.

지존파의 추억 –
'가난'의 '꿈'마저 빼앗는 사회

 # 풍경. 지난 15일. 과천 정부청사 브리핑룸

한 신문사 기자가 거듭 물었다. "2천만원 넘는 사람이 이것밖에 안 돼요?" 재정경제부가 낸 자료에 근로자(월급쟁이)의 50.7%는 세금을 안 낸다고 돼 있다. 연봉이 2천만원도 안 되는 사람들이기 때문이다. 김용민 세제실장이 웃으며 답했다. "우리 주변 사람들은 다 고액 연봉자다. 좋은 대학 나오고, 서울 살고, 괜찮은 직장 다니면서 비슷한 사람들만 만나다 보니, 다 월급 많이 받는 걸로 생각하지만, 그런 사람 그렇게 많지 않다."

 # 회상. 1994년 추석

수습을 막 뗀 햇병아리 기자였다. 지존파 사건이 터졌다. 사건 현장인 전남 영광에 갔다. 지하감옥, 주검을 태운 화덕, 주검 발굴현장까지 쫓아다녔다. 두목 김기환(당시 26살)의 어머니 집을 찾았다. 비어 있었다. 야트막한 담장을 넘어 방안까지 들어갔다. 다락에 놓인 보퉁이가 하나가 눈에 띄었다. 풀어봤다. '후두둑'

하고 앞섶에 떨어진 건 상장, 반장 임명장. 줄곧 1등만 했건만,
돈 때문에 중학교도 못 마친 아들의 상장을 홀어머니는 그토록
아프게 지녀왔다. 부산 신발공장에 다니며 검정고시 공부를 하
고, '어머니, 걱정하지 마세요'라고 편지 쓰고, 십몇만원 월급 쪼
개 어머니께 부쳤다. 어느 날, 회사 그만두고 고향에 내려왔다.
술 먹고, 잠만 잤다. 이유는 모른다. 그러다 일이 터졌다.

최근 신문을 보다 멍해진 적이 많았다. 엄마 아빠 이혼한 뒤
비닐하우스에서 혼자 지내다 개에게 물려죽은 9살, 엄마 공장
야근간 사이 집에 불이 나 죽은 4살·2살, 보험금 때문에 엄마가
건넨 독극물 요구르트 먹고 죽은 9살.

가난은 참 태연하기도 하다. 다 같이 못살던 50~60년대, '꿈'이
있던 70~80년대, 가난은 〈육남매〉나 〈옥이이모〉 부류의 '그래도
그때가 좋았다'는 흑백 추억이 되기도 했는데. 그러나 '내일이 오
늘보다 나으리라'는 꿈이 떠나면 가난은 사람을 안으로부터 허
물어뜨린다. 그 '꿈'은 버린 것인가, 빼앗긴 것인가? 꿈을 잃어버
린 가난은 무섭다.

통계청 데이터베이스로 2003년과 2005년의 가계소득 증가율
을 보면, 소득이 가장 낮은 하위 20%인 1분위는 7.9%, 상위 20%
인 5분위는 10.9%였다. 빈익빈 부익부가 더 심해지고 있는 것이
다. 더욱이 1분위는 근로소득은 같은 기간 물가상승률(6.2%)에도
못 미치는 4.7%만 늘었고, 이전소득이 30.5% 대폭 늘었다. 정부
복지 혜택 또는 이웃 친지들로부터 받는 도움이 없다면 쓰러지
기 직전인 상황이다.

정부는 투자·소비를 통해 양극화를 해결하려 한다. 보자. 삼성전자가 투자를 늘린다, 고용이 는다, 임금이 오른다, 소비가 는다, 수요창출로 투자가 또 늘어난다. 선순환 구조다. 그러나 이때 늘어나는 고용·임금·소비는 주로 대기업 직원의 것이다. 그들의 수요도 삼성 같은 대기업 제품에 집중된다. 선순환은 '윗물'에서만 이뤄진다. 그러니 '잘사는 사람이 써줘야, 못사는 사람도 먹고 산다(트리클다운)'는 말도 점점 공허해진다. '윗물'과 '아랫물'을 터주는 작업이 병행하지 않으면 1분위 상황은 달라질 게 없다. 1분위 월평균 가구소득은 82만원이다. 연봉기준 1천만원도 안 된다. 우리네 이웃 5명 중 1명이 이렇게 산다. '꿈'이 더 떠나기 전에 붙잡아야 한다. 세금 한푼 더 낼까봐 득달같이 달려들면, '작은 꿈'이 둥지 틀 곳은 없다.

(2005.11.18)

그래도 이때만 해도, 소득 상위계층이 소득 하위계층보다 소득증가율이 더 높아 빈익빈 부익부 현상이 우려된다는 수준이었습니다. 2013~2015년 기간을 보면, 소득이 가장 낮은 하위 20%는 근로소득, 사업소득, 재산소득이 모두 감소했습니다. 그리고 그 바로 위 2분위 계층의 근로소득 증가율도 1.9%에 불과합니다.

그리고 2016년에는 1분위 가구의 근로소득이 관련 통계가 집계된 2003년 이후 가장 큰 폭으로 떨어졌습니다. 1~9월 근로소득 감소율이 −13.4%입니다. 2016년 3분기 가구당 소득으로 보면, 소득

이 가장 낮은 1분위의 월소득은 141만6,900원으로 전년동기 대비
−5.9%, 그 바로 위 2분위의 월소득은 290만4,000원으로 역시 전년
동기 대비 −0.9%, 3분위는 402만5,500원(0.3%), 4분위는 533만900원
(0.8%), 5분위는 854만5,300원(2.4%) 등입니다. 소득기준 하위 40%는
점점 가난해지고 있습니다. 그리고 기계처럼 각 분위별로 소득이 높
으면 높을수록 소득증가율은 더 늘어나고 있습니다. 이 상태로 12년
뒤에는 또 어떻게 될까요?

　우리나라 뿐 아니라, 전 세계적으로 최근 들어 '기본소득' 논의가
나오고 있는 것은 이런 소득격차 확대가 그 배경이 된 듯합니다.

삼순이는 예쁘다?

얼마 전 온 나라가 '삼순이' 증후군에 푹 빠져 있을 때, 도무지 이해할 수 없는 게 하나 있었다. "평범한 여자들에게 용기를 심어줬다", "뚱뚱하고, 못생기고, 바로 내 이야기다." 비록 김선아가 서른 줄이고, 일부러 살을 찌웠다고 하나, 자기랑 비슷하다니…. 제 정신인가? 나는 아내를 포함해 '삼순이'보다 더 예쁜 여자를 본 적이 없다. 내 주변만 유독 그런지는 모르겠지만. 거대한 집단최면이요, 어마어마하게 올라간 눈높이다. '삼순이' 정도 되지 않으면 '평범' 축에도 못 끼는 이상한 세상이다.

요즘 논란 중인 부동산 대책을 보면서도 이와 비슷한 느낌을 갖는다. 현재 부동산 대책에서 중요한 쟁점의 하나는 종합부동산세 적용 대상을 지금처럼 9억원 이상으로 하느냐, 6억원 이상으로 낮추느냐다. 한국조세연구원 자료를 보면, 현 종부세 대상은 서울 전체 가구의 3.26%인데, 6억원 이상으로 낮추면 8.50%로 늘어난다. 전국적으로는 아마 2%대 이하일 것이다. 국회의원들이 2%들을 위하느라 무척 애쓴다. '종부세 적용대상 확대' 반대를 주장하는 보수 언론들이 무기고에서 꺼내드는 칼은 손수

벼린 '조세저항'이다. '저항'이란 단어가 이처럼 부적절하게 쓰인 곳이 있을까? 마치 '양심적 납세거부자' 이미지다. 그렇다면 '양심적 병역거부자'들과 똑같이 대우해주면 될 것을 무슨 민란이라도 날 것처럼 떠든다.

종부세는 도대체 얼마를 내기에 이토록 논란이 되나? 지난해 11월 19일 국정브리핑 자료를 보면, 기준시가(실제 거래가격이 아니다) 9억2천만원의 집을 가진 사람이 올해 내야 하는 종합부동산세는? 5만원이다.

보유세율을 보자. 우리나라의 주택 보유세율은 평균 0.15%로 세계 최저수준이다. 미국은 우리의 10배다. 애초 정부 방안은 2017년까지 1%로 올린다는 것이다. 강산이 한 번, 정권이 두 번 바뀌어야 그날이 온다.

부동산 관련 세금을 올리고, 전매제한 등 규제 강화 방안에 대해 보수 언론·경제학자들은 한목소리로 외친다. '반시장적'이라고. 대안은 '시장원리'다. 경제학원론 '수요·공급 곡선'을 그리며, '공급만' 늘리면 된다고 가르친다. 사례도 든다. 노태우 정부의 주택 200만호 공급을. 협박도 한다. 집값 폭락하면 일본식 장기불황 온다고.

200만호 건설 당시, 집값이 잡힌 건 사실이다. 그러나 수요·공급 법칙에 따라 매물이 사라진 다음(분양이 끝난 뒤), 집값은 다시 오르고, 수도권은 터져나갔다. 우리나라의 주택 보급률은 2002년 100%를 넘었다. 그런데 주택 자가 점유율은 1970년 71.6%에서 2000년 54.1%로 오그라들었다. 한국은행 집계를 보면, 현재 시중 부동浮動 자금은 421조원이다. 공급으로 집값을 잡으려면, 분양값 2억원짜리 아파트를 210만채 지어야 한다. 4인 가족 기준으로 820만 명이 수도권으로 추가 유입된다. 그들이 너무도 쉬운 이 논리를 모를 리 없다는 의구심을 떨칠 수 없다. 부동산에 대해 의견을 피력하려면 '주민증 까고(주소 확인 차원에서)' 해야 한다는 것이 개인적 지론이다.

9억원이냐, 6억원이냐를 논의하는 이 시간, 전체 가구의 8%인 112만 가구가 단칸방에 살고 있다(한국개발연구원 조사). 더는 '부자에 의한, 부자를 위한, 부자의 정책'이 나오지 않도록, 프랑스 혁명 초기 때처럼 삼부회라도 소집해야 하는 건가? 삼순이가 아닌, 사순이, 오순이들도 봐 달라. 한덕수 부총리는 최근 클린턴 정부의 극빈층 대책을 눈여겨본다고 했다. 앞으로 어떤 정책이 나올지 두고 보자.

(2005.8.12)

공포가 움직이는
신자유주의

"지금부터 반장을 바꾼다. 이○○, 네가 반장이다." 중학교 1학년 가을이었다. 우리 반은 사고뭉치 반이었다. 늘 시끄럽고, 반성적도 가장 낮았다. 어느 날, 화가 난 선생님은 말 한마디로 반장을 갈아치웠다. 새 반장은 공부는 못했지만, 힘이 가장 센 아이였다. 13살짜리에게 그날은 큰 충격이었다. 그때 나는 부반장이었다. 나는 부반장직을 유지했지만, 그날의 '거세' 공포는 성장기 내내 나를 짓눌렀다.

1982년 시즌이 끝날 무렵, 김재박이 MBC청룡 유격수로 입단했다. 그때까지 유격수를 맡았던 정영기는 이듬해 롯데로 트레이드됐다. 그때까지 롯데 유격수였던 권두조는 삼미슈퍼스타즈로 트레이드됐다. 그때까지 '도깨비 타선'의 한 축이던 삼미 유격수 허운은 86년 퇴출됐다.

넉달 남짓 재정경제부를 출입하면서 개인적으로 느낀 소회는 우리나라 경제관료들 대부분이 신자유주의자들이라는 점이다. "사회 전체의 생산력을 극대화하는 최선은 '경쟁'이며, '개방'과 '탈규제'는 그 방법이다. 우리가 다 잘살기 위해선 세계화는 필연."이라는 것이다. 최근 경제흐름을 보면, 신자유주의 이데올로기는 진보진영의 대응논리마저 궁색하게 만들 정도로 강력하고, 국경을 유유히 뛰어넘을 정도로 유연하다. 진정한 '자본'주의 시대가 꽃을 피우는 것인가? 스크린쿼터, 쌀협상 비준, 교육·의료 시장 개방 등 민감한 문제도 "그럼, 대안이 뭔가?", "안타깝지만 어쩔 수 없는 것 아닌가?", "소비자들에게 어느 게 더 유리한가?" 등 상황논리와 효율성 반박에 직면하면 할 말이 없어진다. 사실상 '정글의 논리'인 신자유주의는 야만적이지만, 과학적 합리성으로 튼튼하게 무장하고 있기 때문에 이른바 지식인들에게 더욱 강한 힘을 발휘하곤 한다.

평생 시골구석을 벗어나본 적 없는 늙은 농부가 어느 날 '미국 농산물과 싸워 이길 국제경쟁력'을 요구받는다. 달동네 가장 부자였던 구멍가게 아저씨가 부러웠던 아이가 자라 아파트로 변한 그 동네에 슈퍼 하나 차렸는데, 길 건너편 예쁜 단장을 한 24시간 편의점이 예의 '경쟁력'을 뽐낸다.

사자는 배가 부르면 눈앞에 토끼가 뛰어다녀도 그냥 내버려둔다. 그러나 표범은 배가 불러도 사냥감이 있으면 쉬지 않고 사냥하고, 낑낑대며 나무 위에 숨겨둔다. 먹이사슬의 가장 윗부분에 있지만, 늘 '여유'가 없다. 그런데 때로 우리 사회는 '사자'들도 '표범'처럼 움직인다. 그러다보니 가뜩이나 힘든 노루, 토끼들이 숨을 곳이 없다.

최근 여당이 종부세안을 일방타결 했다고 한나라당의 불만이 극에 달했다. 그런데 법안 통과로 내년에 서울 서초동 롯데캐슬 59평 아파트 소유자가 내야 할 보유세(재산세+보유세)는 286만원이다. 한나라당안이 통과됐더라면, 종부세를 안 내도 돼 231만원만 내면 됐다. 이 아파트 주인이 내년에 더 내야 되는 세금은 55만원이다. 한 달 평균 5만원이 안 된다. 그러니 좀 그만 해도 되지 않는가? 한나라당 의원들에게 말 좀 해 달라. '우리, 한 달에 5만원 더 낼 테니 그걸로 다투지 말아 달라'고.

왜 이렇게 그악스러울까? 압축성장을 거치면서 우리 사회가 '허운'뿐 아니라 '김재박'마저도 카프카의 〈변신〉처럼 하루아침에 거대한 '벌레'로 변해 버릴지도 모른다는 거세공포에서 벗어나지 못했기 때문은 아닌지? 신자유주의 원리인 '경쟁' 그 뒤켠에는 승자마저도 자유롭지 못한 '공포'의 원리가 빅브러더처럼 꿈틀대고 있다.

(2005.12.12)

■ 칼럼에서 사례로 든 서초동 롯데캐슬 주피터 59평형은 2003년 분양가가 약 7억5천만원이었는데, 부침을 거쳐 현재 10억~11억원에 거래되고 있다. 공시지가는 한때 9억6천만원까지 올랐다가 지금은 7억6천만원으로 떨어졌다. 시가로 10억원이 넘는 서초동의 이 아파트는 공시지가가 9억원이 안 돼 종합부동산세 대상이 아니다. 그리고 국토교통부의 재산세 자동계산기를 통해 공시가격을 넣어보니, 연간 내야 되는 보유세가 모두 172만원이다. 참여정부는 애초 공시지가의 55%였던 재산세 과표적용률을 매년 5%포인트씩 올려 2017년에는 100%까지 올리도록 했으나, 이명박 정부 들어 이를 55%로 동결시

키면서, 현재 과표적용률은 60%에 머물러 시가 10억원의 집값에 대한 보유세가 월 14만원 정도다. 13년간 약 3억5천만원 가량 집값이 올랐으나(강남에서 이 정도면 많이 오른 편이 아니다), 그동안 내는 보유세는 상승분에 비하면 2~3%도 될까 말까다.

주택을 아무리 지어도 집 없는 사람들은 늘어나고, 집이 있든 없든 집값이 삶을 짓누른다. 참여정부 때, 종부세를 내는 사람은 전체 가구의 2% 밖에 안 된다고 했지만, 당시 종부세를 걱정하고 비판하는 사람이 절반가량 됐다. 우리 선택의 결과다.

나도 종부세 내고 싶다

"〈한겨레〉 부동산 기사에서 '가진 자'들에 대한 적개심이 선연하게 읽혀진다." 지난 주말, 〈한겨레〉를 떠난 한 선배에게서 스치듯 들은 말이다. 재정경제부를 출입하며 부동산 대책 기사를 쏟아냈던 터라 그 한 마디는 자신을 돌아보게 만들었다.

그렇다. 나는 부동산 기사가 봇물처럼 터지던 8월 한 달 동안 '가진 자'들, 그리고 '그들을 대변하는 일부 언론'에 이글거리는 분노를 느낀 적이 한두 번이 아니다. 기자는 냉정해야 하는데. '세금폭탄' 운운하며 타워팰리스 102평 보유세 폭등을 우려하거나, 중산층 사례로 시세 10억원짜리 아파트가 등장하는 것을 보고 왈칵 욕이 튀어나온 적도 적지 않다. 무엇보다 수루에 홀로 앉은 '불멸의 이순신'인 양, '자나 깨나 중산층'만 걱정하느라 밤잠 못 이룬다'는 투의 기사와 칼럼을 대할 땐 더욱 그러했다.

〈한겨레〉 기사와 칼럼들은 반대로 '가진 자'들을 불편하게 만들었을지도 모른다. 선배의 말은 집으로 돌아오는 내내 나를 곱씹게 만들었다. 때로 나는 '가진 자'들을 꾸짖었고, 때론 가르치려 했던 것 같다. (이 글도 그러한 건지) 나는 그들에게 '승복'을 요구했던 것 같다.

2대8, 1대9 사회가 고착화되면서 소득계층 간 갈등은 이제 일상이 되었다. 그리고 결과적으로 정부는 이를 절묘하게 이용했다. 중산층 피해를 최소화 한다는 명목으로 종합부동산세 대상을 '1.6%'로 극소화 했다. 6억원 이하 주택 재산세는 손도 안 댔다. 정부는 "여론조사를 해보니, 70~80% 이상이 찬성했다"고 자랑스레 말했다. 당연한 것 아닌가? 자기 돈 안 내고, 있는 사람돈 거두겠다는 데 반대할 사람이 누가 있나? 보수언론 표현을 빌리자면, 우리는 '1.6%'에 왕따를 가한 것이다. (지금까지 그들이 부당하게 낮은 세금을 냈다는 사실은 차치하고) 종부세 대상자들 중 일부는 "차라리 강제수용하라"는 거친 말을 내뱉기도 한다. 일부 언론은 '부유세', '징벌적 과세'라 부르기도 했다. (이름도 참 잘 짓는다.)

그러나 '1.6%'들이 발표 다음날 아침, 발 빠른 보수언론의 안내에 따라 증여, 명의이전 등 '1.6%'답지 않은 추접스러운 짓을 하거나 이민사이트를 뒤적이지 말았으면 한다. 태어날 때부터 1%였든, 눈부신 재테크와 노력으로 그 자리에 앉았든, 어쨌든 당신들은 이 땅에서 가장 많은 혜택을 받은, 성공한 이들 아닌가?

공론화 과정에서 스스로를 '서민'이라 말하는 사람은 무대 위에 나서도, '부자'라는 사람은 찾을 수 없었다. 지금 '서민'인 그들도 할 수만 있었다면, '투기'를 했을 것이고, '가진 자'들에 대한 원망에는 '내게 없는 것을 가진 이'들에 대한 질시도 물론 섞여 있을 것이다. '서민'이란 단어는 어느새 무기가 되었고, '부자'는 '죄인'과 동의어가 되어가고 있다. 이 비정상적 상황을 타개하는 길은 '서민의 의식변화'가 아닌 '1.6%의 행동변화'에 있지 않겠는가?

굳이 '사방 100리 안에 굶는 이가 없게 하라'는 경주 최부잣집 이야기를 들먹이지 않더라도, 부디, 자랑스럽고 당당하게, 내어 달라. 당신들이 낸 돈은 내 아이 학교 운동장 한쪽에 나무 그늘 하나 더 만들어 줄 것이고, 내 아내가 빗물 울컥 토해내는 보도 블록에 치마 버리는 일도 없게 할 것이다. 그래서 나는 진정으로 종부세를 낼 '가진 자'들에게 감사드린다. 그리고 종부세, 나도 미치도록 내고 싶다.

(2005.9.2)

■　참여정부의 8·31 대책 직후 쓴 칼럼입니다. 당시 저는 8·31 대책을 주관하는 재정경제부를 출입하고 있었습니다. 종부세, 1가구2주택 양도세 중과세 등을 핵심으로 하는 8·31 대책이 발표되면서 대대적인 저항이 엄청났습니다. 그러나 반대론자들의 반대 이유는 '내 집값 폭락'을 얘기하는 이는 아무도 없었고, 모두 '집값 폭락' → '금융권 위기' → '한국경제 침체'로 이어지는 '나라 걱정' 뿐이었습니다.

그러나 참여정부의 야심찬 8·31 대책 발표 이후에도 집값은 별반 떨어지지 않았습니다. 당시 건설사 관계자들은 물론, 재경부 공무원들도 8·31 대책을 그리 반기지 않았고, 사석에선 "집값을 떨어뜨리려면 공급을 확대해야 한다. 노태우 정부의 '200만호 대책'이 실제로 집값을 떨어뜨리지 않았느냐."고 목소리를 높였습니다. 그리고 이명박 정부 들어 종부세는 거의 유명무실화 됐습니다.

실제로 집값은 크게 떨어지지 않았습니다. 그리고 집값은 이명박 정부 들어 금융위기가 닥친 2008~2009년에 용인, 일산, 김포, 목동 등 강남을 제외한 상당한 거품이 끼었던 지역이 떨어졌습니다. 지방은 말할 것도 없습니다. 강남이 떨어진 건 시간이 좀 더 지나 금융위기 여파가 계속되던 2009~2010년 무렵이었습니다. 이들 지역은 아직까지 온전히 전고점 대비 집값을 온전히 회복하진 못했습니다. 그러나 강남 3구, 목동 지역의 집값은 전고점에 거의 닿은데 비해, 용인, 일산, 김포 등은 여전히 격차가 있고, 파주 등 더 외곽은 요원합니다.

중산층에게는 강남 집값 떨어지는 것보다, 강북 집값 떨어지는 게 오히려 더 반길 일일런지는 모르겠습니다. 하지만 10년이 지난 지금 다시 돌이켜 보면, 그때 종부세는 물론이고 세제를 좀 더 제대로 정비했어야 되는 게 아닌가 하는 우리 사회의 회한이 더 커집니다.

아이들의 장래희망이 '임대인'이고, 조물주 위에 '건물주'가 있다는 게 지금입니다. 일하는 자(근로소득)의 세금은 낮추고, 재산 소유한 자(자산소득)의 세금은 올리는 게 사회정의가 아닐런지요. 이 상태가 지속되면, 이 사회에 희망은 사라집니다.

재경부스러운 일

"반장 나와!" 중학교 3학년 때였다. 체육시간에 아이들 몇이 줄을 제대로 못 서자, 선생님은 나를 불러냈다. '엎드려뻗쳐'를 시키더니, 몽둥이로 엉덩이를 몇 대 때렸다. 억울하지 않았다. 그 시절엔 흔한 일이기도 했거니와 내 잘못이라 생각했기 때문이다.

기자가 됐다. 가끔 기자가 뭇매를 맞는 일을 본다. 촌지수수, 신분을 이용한 횡포, 이권개입 등. 그때마다 인터넷에는 기자들을 싸잡은 비난과 폭언이 쏟아졌다. 억울했다. 도매금으로 넘어가는 게. 그러나 곰곰 생각했다. 한국사회에서 기자는 또 하나의 권력이다. 그 권력이 제대로 쓰이지 않을 때, 사회는 이지러진다.

줄곧 기업 쪽만 출입하다 처음 재정경제부에 나가 과장을 찾아갔을 때다. 미로 같은 사무실 한쪽 구석 책상 하나가 과장 자리다. 에어컨 대신 선풍기가 돈다. 이런 생각이 들었다. "이 사람, 여기 왜 있나?" 하는.

재경부 직원이면 학교 때 전교 일등은 도맡아 했던 이들이다. 과장이면 40대 중후반, 대기업 친구들에 견주면 월급은 절반도 안 된다. 공무원 좋다는 게 '정시 출퇴근'인데, 날밤 새는 일이 허

다하다. 한 1급 공무원은 이렇게 말했다. "사람마다 지향하는 바가 다르지 않으냐? 내 손으로 만들고 집행한 정책이 공공의 이익으로 나타날 때, 그 보람은 무엇과도 바꿀 수 없다." 광고카피 같은, 지극히 교과서적인 답변이지만, 틀린 말은 아닐 것이다. 그러나 그가 '보람'이라 생각하는 일이 다른 이에겐 '권력'으로 비칠 수도 있다. 또 하나, 궁금증이 안 풀리는 건 왜 재경부는 유독 상하위 군기가 셀까, 다들 똑똑한 사람인데 왜 사안을 보는 시각은 늘 똑같을까 하는 점이다. 엘리트 동질성 때문이기도 하겠지만, 혹 권력과 관련된 건 아닌가 하는 의구심이 인다.

요즘 재경부 분위기는 말이 아니다. 모피아라는 음습한 이름을 재경부 대신으로 일컫는 일이 잦다. 대한민국 최고 엘리트인 재경부 직원들이 돈 몇 푼에 영혼을 팔았으리라곤 믿지 않는다. 외환은행 매각에 대한 감사원 발표 다음날, 곧바로 반박자료를 낸 건 그만큼 떳떳하고, 그만큼 억울하다는 표현일 수 있다. 그러나 국민들의 눈길은 곱지 않다. 재경부가 막강한 '힘'을 지녔고, 그 힘이 국민 아닌 다른 쪽에 많이 쓰이고 있다는 생각을 하기 때문이다.

결국 신뢰를 회복할 길은 그 힘을 어떻게 할 것이냐 하는 데서 찾아야 할 것이다. 그런데 최근 웬만한 일은 먼저 나서지 않고, 책임질 일은 하지 않으려 한다는 소리가 왕왕 들린다. 재경부답지 않다. 재경부가 언제부터 '삼미슈퍼스타즈의 마지막 팬클럽'이 됐단 말인가? 그러려면 차라리 재경부를 떠나는 게 낫다.

200년 전 선배 공무원은 〈목민심서〉에서 후배들에게 이렇게 말했다. "한밤중 주고받은 뇌물도 아침이면 드러난다. 세상에서 지극히 천하고 하소연할 곳 없는 자는 백성이지만, 세상에서 무겁기가 높은 산과 같은 자도 또한 백성이다. 백성을 잘 받들면 세상에 무서울 것도 못할 것도 없다."고.

젊은 날 율곡이 도산서원에 이틀 머문 뒤 떠날 때, 퇴계는 글 한 편을 써줬다. "사람의 마음가짐에서 귀한 것은 / 속이지 않는데 있고 / 벼슬하여 조정에 나아가게 되면 / 공을 세우려고 일 만들기를 좋아해선 안 된다." 이이가 세상을 떠났을 때, 집에 수의를 만들 천조차 없어 친구들이 도와줬다. 영구가 한양을 떠나던 밤, 통곡하는 시민들의 횃불이 수십 리에 이어졌다. (이 글이 묵묵히 일하는 공무원들에게 또다른 상처가 되지 않길 바란다.)

(2006.6.23)

| 2006년 6월 당시 변양호 전 재정경제부 금융정책국장이 2003년 외환은행을 론스타에 헐값에 매각했다는 혐의(특정경제범죄가중처벌법상 배임)로 기소됐습니다. 여론이 극도로 들끓었고, 재경부는 완전히 폭탄 맞은 듯 뒤숭숭했습니다.

당시 재경부를 출입하던 저는 이와 관련해 여러 가지 형태의 비판 기사를 쏟아냈습니다. 그러나 칼럼을 통해서는 재경부 직원들을 한 번 독려하고 싶은 마음이 있어 이 글을 썼습니다. 행정고시를 선택할 때, 분명 출세나 공명심 등이 원인일 수 있지만, 최소한 공공public에 대한 관심과 애정이 기반이 됐으리라 생각합니다. 이것이 세월의 더께가 쌓이면서 다소 흐려지거나, 잊히기도 하겠지만, 그

원천은 살아있으리라 생각했습니다.

칼럼을 쓴 뒤, 재경부 고위공무원들 몇 명이 '고맙다. 잘 봤다. 요즘 가족들 앞에서도 고개 들기 힘들었는데, 위로와 다짐이 됐다.' 등의 글을 받기도 했습니다. 변양호 전 국장은 2010년 10월 무죄판결을 받았습니다. 그런데 2016년 11월 24일 재경부의 후신인 기획재정부가 10년 만에 또다시 압수수색을 당했습니다. 이번에는 면세점 특허 추가 지정 관련 로비 의혹입니다.

'김영란법' 성공의 조건

칼럼 쓰기 전날, 한 후배에게 의견을 물었다. 후배는 "쓰지 마라"고 했다. "어떻게든 욕 먹는다"고. '부정청탁 및 금품 등 수수의 금지에 관한 법률(김영란법)' 이야기다.

워싱턴특파원으로 있을 때, 성 김 국무부 북핵특사가 주한미대사로 임명된 다음날, 한국특파원단 기자회견이 열렸다. 국무부의 좁은 방에 옹기종기 모여 물 한 잔 없이 진행됐다. 미국 미시간의 지방언론사에서 몇 주 간 지낸 적이 있는데, 그때 기자들은 도시락을 혼자 먹거나, 나가서 자기 햄버거만 달랑 사오곤 했다. '너희는 취재원 약속이 없냐'고 묻자, "조찬 모임과 만찬 파티 등이 종종 있다"고 했다. 내 말뜻을 알아듣지 못했다.

'부정청탁 금지법'과 관련해 외국 사례를 많이 든다. 하지만 외국은 오랫동안 축적된 문화와 사회구조가 제도로 형성된 데 반해, 우리는 제도로써 문화와 사회구조를 일거에 바꾸려는 형태로 진행되고 있다. '압축성장'을 가져오기도 하지만 매끄러울 순 없다.

제너럴모터스GM는 해마다 디트로이트 모터쇼에 GM이 진출한 나라의 언론사 기자들을 선별초청 한다. 백악관 브리핑룸은 한정된 자리에 맨 앞줄은 통신·지상파 방송, 그 다음은 〈뉴욕타임스〉 등 전국적 종합지, 그 다음 CNN 등 케이블방송 식으로 언론사 위상에 따른 49석이 고정석으로 운영된다. 성 김 대사는 한국 부임 뒤 관저에 친분이 있는 옛 워싱턴특파원 몇 사람을 불러 저녁을 함께 했다. 최근 참석한 미국 덴버에서 열린 국제온라인뉴스협회 콘퍼런스에선 구글이 가상현실VR 프로그램 육성을 위해 내년에 언론사에 50만달러를 투자하겠다고 밝히는 등 기업들의 펀딩 뉴스가 쏟아졌다. 한국 기준으로 모두 '부정청탁 금지법' 위반이다.

'부정청탁 금지법' 시행을 놓고 공연 취재, 해외 취재 등의 어려움을 호소한다. 기자가 아니라 언론사가 고민할 문제다. "더치페이 좋지 않나요?" '공직자 등'의 경우, 공적 업무비용을 소속 조직이 지불하지 않는다면 '사적 더치페이'를 계속 감당할 능력도 이유도 명확하지 않다. 그동안 한국 언론들은 취재에 너무 돈을 들이지 않았다. 그리고 그동안 공짜로 뉴스를 봤던 이들은 합당한 돈을 지불해야 한다. 이 과정에서 '공직자 등'과 '관계자'들이 공생한 사적 편취 거품은 꺼져야 할 것이고, 상당기간 국지적 경기위축은 감수해야 한다. 장관들 '더치페이 골프'로 떠받칠 순 없는 법이다.

'부정청탁 금지법' 정착 해법이 '더치페이'나 '값싼 식당'은 아닌 것 같다. '공직자 등'이 관계자와 계속 만나면 '사적 관계'가 쌓이고, 이는 '공적 결정'에 영향을 미칠 수 있다. '관계'는 무얼 받아서가 아니라, 오랫동안 '시간'을 함께하면 쌓인다. 그래서 '공직자 등'은 공적 관계자와의 '사적 만남'을 최소화해야 한다. 이 경우 '관계' 비용은 훨씬 비싸지고, 더욱 '이너서클화' 할 것이다. 어차피 무균질 사회란 없다. '큰 물고기'는 빠져나가고 '잔챙이'만 걸린다 하더라도, 총량적 사회정의에는 도움이 될 것이다.

개인적으론 마뜩치 않다. 하루 만에 싱가포르 국민 또는 까까머리 중학생이 된 듯하다. 칠판에 '떠든 사람'이란 글씨가 협박처럼 박혀 있는. 또 '김영란법'에 찬성할 수 있고, 반대할 수 있다. 이를 두고 '사회생활 안 해봤지?', '얻어먹겠다는 거냐?'는 식으로 주장과 인격을 뒤섞어 버리면 더 이상 논리적인 토론이 불가능해진다. 원죄를 따지자면 '공직자 등'의 잘못이 크고 크다. 하지만 미국 '공직자 등'은 태어날 때부터 고매한 인격과 청렴한 성품을 지녔고, 한국의 '공직자 등'은 천성적으로 부패한 인간은 아닐 것이다. '개인'을 비난하고 다그치는 데 그치지 말고 '구조'를 바꿔나가야 한다.

(2016.10.5)

■ '김영란법'에 대해 기자를 포함한 당사자들은 어떤 식으로든 할 말이 없습니다. 다만, 언론 등이 '김영란법 이후'를 다룰 때, 사실관계에 입각하는 건 기본이 되어야 할 것 같습니다. 개별 언론사나 개인이 '김영란법'에 찬성할 수도 있고, 반대할 수도 있지만, 다만 그 논거를 펼 때, 찬성하는 쪽은 "경기에 전혀 지장이 없다"고 하고, 반대하는 쪽은 "경기 끝장났고, 저임금 노동자들 고용 줄었다"고 합니다. 사실

관계가 이렇게 차이가 나는 건, 각자가 서로가 원하는 것만 보거나, 하나의 입장을 정해놓고 여기에 맞는 팩트만 끌어다 쓴 결과라고 밖에 보이지 않습니다.

또 김영란법 찬반의 근거를 '경기'에만 둔다는 것은 마뜩지 않습니다. 다른 이유가 있어야 될 것 같습니다. 예를 들어, "경기에 영향이 있긴 하다. 하지만 그럼에도 불구하고, 이런 아픔을 지금 감수해 나가자. 그리고 앞으로도 이 때문에 우리가 경제 분야에서 어려움을 겪고 서민들이 힘겨워지는 일이 있다 하더라도, 멈춤 없이 이를 밀고 나가자. 지금이 깨끗한 사회를 만드는 기로다."라고 주장하거나, 아니면, 반대쪽에선 "경기에 큰 영향이 없다. 일부 직종에서 고용이 줄긴 했지만, 이를 김영란법 영향이라고 보긴 힘들다. 왜냐하면, 이러이러한 이유 때문이다. 하지만 지금 당장의 경기 내용과 상관없이 김영란법은 개인활동에 대한 국가의 과도한 개입이며, 전 국민을 감시자와 피감시자로 여기게끔 만들 수 있는 것 등이므로 폐지해야 한다."거나.

어떤 경우에든, 사례로 드는 팩트는 발췌가 아니라, 합리적 논거를 갖춘, 사실에 부합하는 종합적 형태였으면 합니다.

나는 삼성 라이온즈 팬이다

대구가 고향인 나는 어린 시절, 삼성 라이온즈의 팬이었다. 이만수·장효조는 우상이었고, 돈 많은 '삼성'이 더없이 미더웠다. 비록 한국 시리즈에선 자해공갈단 수준의 '생쑈'로 가을마다 가슴을 시퍼렇게 멍들였지만, 그래도 삼성이 좋았다. 우리 편이었으니까. 그런데 서울 쪽으로 진학하면서 혼돈스러웠다. 친구들은 모두 '삼성 라이온즈'를 싫어했다. '왜 삼성을 싫어하느냐'고 묻자, 머뭇거리다 "잘난 척 하는 게 싫다"고 했다.

이름도 낯선 금산법(금융산업 구조개선에 관한 법률)이 삼성을 들볶는다. 인터넷 글을 봐도 삼성에 대한 정서는 심하다 싶을 정도다. 종업원 수 20만명, 수출 22%, 국내총생산GDP 17%, 세수 8%, 사회봉사 연간 3,217억원(2002년). 삼성의 우리 사회 기여도다. 그런데도 삼성이 싫다니! 금산법은 금융 계열사가 비금융 계열사 주식을 5% 이상 갖지 말라는 거다. 그런데 삼성생명은 법이 만들어지기 전에 삼성전자 지분(7.25%)을 취득했고, 삼성카드는 제재조항이 없던 1998년 에버랜드 지분을 추가로 인수했다(25.6%). '초과지분 매각론'과 '소급적용 위헌론'이 부딪친다.

소급 논쟁이 아니라, 삼성 지배구조에 대한 문제 제기임은 서로 잘 안다. 95년 이재용 씨는 아버지 이건희 회장으로부터 60억 8천만원을 받았다. 16억원은 증여세로 냈다. 남은 돈으로 에버랜드 주식을 샀다. 비상장사인 에버랜드 주식 가치는 8만5천~23만원이라 했다. 그러나 이사회는 주당 7,700원에 팔았다. 62.5%를. 이어 에버랜드는 삼성생명 주식을 사들여 그때까지 그룹 지주사인 삼성생명의 최대주주가 되어, 지주회사 자리를 승계했다. 후계구도가 깔끔히(?) 정리됐다.

그러나 이때만 해도 다들 애써 눈감았다. 외환위기를 겪으며 '남은 건 삼성밖에 없다'는 위기감에 '아무래도 좋으니 돈 많이 벌어 우리나라 잘살게 해주시오'라는 정서가 엷게 깔려 있었다. 그런데 지난 6월 삼성이 '법대로 하자'며, 공정거래위원회를 상대로 헌법소원을 내면서부터 분위기가 바뀌었다. 사람들은 직감했다. 독재권력이 거꾸러진 자리에 절대권력이 등장하고 있다는 것을. 그리고 엑스파일. 사람들은 '삼성의 힘'을 확인했다. 협박에 가까운 대국민 사과문. 사람들은 등을 돌렸다.

이 회장이 직접 쓴 〈이건희 에세이〉를 읽으며 그가 역사·경제·예술·스포츠, 심지어 동물의 세계에 이르기까지 박학다식하고, 나라와 사회에 대해 강한 책임과 애정을 갖고 있다는 것을 절로 느꼈다. 계몽군주다. 아쉽게도 지배구조와 관련된 언급은 끝내 없었다.

박정희 대통령이 국민의 뇌리에 심어놓은 게 나라와 정부의 동일시다. 지금 삼성은 기업과 총수의 동일시를 세뇌하고 있다. 기업이 잘돼야 총수도 잘되겠지만, 역은 때론 성립하지 않는다.

에버랜드가 이재용 씨에게 주식을 싸게 판 것이, 삼성생명이 주당 70만원이라는 주식을 9천원에 에버랜드에 판 것이, 이씨가 7,700원에 산 에버랜드 주식을 삼성카드가 10만원에 산 것이, 에버랜드에, 삼성생명에, 삼성카드에 어떤 도움이 됐나? 우린 더 스릴 넘치는 롤러코스터를 즐겼을지도, 더 많은 보험금을 탔을지도, 더 적은 현금서비스 이자를 물었을지도 모르는데 말이다.

삼성은 외국계 펀드의 기업 인수·합병을 말한다. 다 안다. 외국인에 대한 경영권 방어가 목적인지, 총수일가의 지배권 강화가 목적인지. 기업이 기업 아닌, 총수의 이해에 충실하면 외면받는다. 기업 이미지는 누가 만들어 주는 게 아니다. 이 가을 나는 또 '삼성'을 응원한다. 내가 응원하는 삼성이 더 많은 사람들한테 사랑받았으면 좋겠다.

(2005.10.3)

■ 이 칼럼을 썼을 때는 이재용 씨의 에버랜드 지분 인수가 큰 논란거리가 됐습니다. 그런데 삼성생명, 삼성카드와 에버랜드 주식의 거래는 삼성 내부의 문제이고, 또 손실이 난다 하더라도 1차적으로는 관련 주주들의 이해관계입니다.

그런데 이때로부터 10년이 지난 2015년 7월 삼성물산-제일모직 인수합병 과정에서 삼성물산의 대주주인 국민연금이 일방적으로 삼성 편을 들었습니다. 그런데 이 과정에서 삼성전자가 미르재단, K스포츠재단 등에 300억원 가까이를 입금했습니다.

　이 합병으로 국민연금은 지난해 3,700억원(11월 30일 기준. 국민연금 자체 분석)의 평가손실을 입었지만, 삼성그룹 전체로는 6조원의 평가차익을 거뒀습니다. 더욱이 삼성그룹이 삼성물산 합병을 통한 사업재편과 지배구조 개선을 이뤄냈습니다.

　10년 전에는 삼성 내부의 거래였다면, 지금은 '국민의 돈(국민연금)'을 삼성의 이득에 사용하도록 한 혐의를 받고 있습니다. 10년 전의 물렁한 대처가 10년 뒤의 더 큰 피해로 다가왔습니다.

대원국제중,
경제적 배려 학생에 '50%', '70%' 별명

오늘 아침 〈경향신문〉 1면을 보다 아팠다. 기사 요지는 '대원 국제중이 경제적 배려 학부모에도 돈(촌지)을 받았다'는 것이었지만, 부잣집 아이들 틈바구니 속에서 받았을 가난한 집(?) 아이의 상처가 더 맘을 벴다.

어제 뒷부분만 본 '무릎팍도사'에서 스타강사 김미경(47) 씨는 대학 시절 미팅에 나갔다가, 자기 아버지는 시골에서 돼지 키우고, 어머니는 양장점 하는데, 미팅 나온 남학생 아버지는 서울대 교수, 어머니는 이화여대 교수라는 말에 기가 죽기보단 "이게 무슨 세상이지?"라는 생각에 한국의 근현대사를 공부했고, 집안 좋은 사람 만나면, "네 아버지 떼고 (나랑) 붙어"라고 맞짱 떴다 했지만, 그건 김미경이니까 가능했고, 80년대니까 가능했고, 연세대생이니까 가능했다.

나 어릴 때만 해도, '공부 잘하는 게' 최고였다. 공부 잘하는 아이한테는 누구도 함부로 못했고, 가난하고 공부 잘 하는 아이가, 집 잘 살고 공부 못하는 아이한테 기죽는 일은 없었다. 그것도 문제가 아닌 건 아니지만, 최소한 그때는 세상은 '공부 잘하는 아이'를 중심으로 돌아갔다. 그런데 언제부턴가 공부 잘하는 것보다 집 잘 사는 것이, 여자애들은 얼굴 예쁜 것이 더 가치 있는 일이 되어갔고, 세상은 '집 잘 사는 아이'와 '얼굴 예쁜 아이' 중심으로 돌아가고 있다.

문득 궁금해졌다. 가계소득이 높지 않아 '경제적 배려' 대상자로 대원국제중에 자식을 보낸 그 부모는 무얼 기대했던 걸까? 국제중의 경우, 2010년 기준으로 연간 수업료가 대략 600만원이다. 이 학부모는 50% 감액을 받아도 매년 300만원 수업료를 내야 하고, 게다가 담임교사 요구로 매달 50만원씩을 또 줬다 한다. 아마 이 아이는 공부를 잘 했을 것이다. 그래서 부모는 다소 어려움을 무릅쓰고도 아이를 국제중에 보냈을 것이고. 그리고 아이는 '50%'라고 놀림 받고….

동일한 잣대를 들이대긴 힘들지만, 미국의 경우 공공부문에서 '경제적 배려'가 훨씬 더 폭넓게 운용되고 있다. 하지만 우리처럼 이 같은 정서적인 문제가 개입되는 경우는 없다. 특파원 시절 썼던 칼럼을 자기인용하면,

미국에서 아이를 초등학교에 보내고 나니, 매 학기마다 급식비 안내서가 온다. 무상급식을 받을 것인지, 할인급식을 받을 것인지, 제값 다 내고 급식을 받을 것인지 정하라고 한다. 누가 무상급식을 받는지 잘 모른다. 게다가 무상급식 여부에 학생들이 별반 관심이 없다. 아이들은 누가 무상급식을 받는 학생인지 궁금해 하지도 않고, 무상급식 받는 학생들도 이게 알려질까 가슴 졸이고 그런 일도 없다. 학부모 모임에서 한 학부모는 대화 도중 '불

경기로 남편 소득이 줄어 무상급식을 신청했다'고 스스럼없이 얘기하고, 듣는 학부모들도 '그런가 보다' 하는 식이었다.

미국은 우리보다 자본주의가 훨씬 발달한 곳이지만, 이럴 땐 자본에 참 쿨cool하다. 한국 어른들이 사회를 그렇게 만들어 놓지 않고, 우리 아이들에게 이런 '쿨'을 기대하는 건 잘못이다.

추가하자면, 국제중고, 특목고, 자율고에 배정된 '사회적 배려 대상자' 선발은 이제 거둬야 하지 않을까? 애초 설립 과정에서 반대가 있자, '이렇게 마이너리티를 배려하겠다'는 제안이었는데, 수업료를 절반 정도 깎아줘도 상당한 비용이 들어가고, 다들 잘 사는 아이들 틈바구니 속에서 생활하는 것도 쉽지 않고, 게다가 요즘은 못사는 집 아이가 국제중·특목고에서 좋은 성적을 받을 만큼 공부 잘하는 경우도 잘 없다. 그래서 '사회적 배려 대상자' T/O도 어차피 다 못 채운다. 그러니 '다자녀 배려'는 아이 셋을 둔 전여옥 전 의원 아들이 자율형 사립고 가는데, '편부·편모 배려'는 이혼한 삼성전자 이재용 부회장 아들이 영훈국제중 가는데 도움을 주는 형태로 작동한다.

미국에서 유치원부터 3년을 보낸 아들이 초등학교 3학년이다. 아내는 아이가 나중에 집 근처 고양국제고에 갔으면 좋겠다고 한다. 난 그냥 웃고 말았지만, 아마 아이가 거길 간다고 하면 좋아할 것 같다. 그러니 누가 누굴 탓한다 말인가? 다 똑같은 사람들끼리….

(2013.3 페이스북)

'동안' 권하는 사회

조조가 적장 한수에게 말을 건넨다.

"장군은 금년에 춘추가 어찌 되시오?"
"올해 마흔 되었소."
"우리가 지난날 함께 지낼 때만 해도 젊었는데, 어느덧 중늙은
이가 되고 말았구려."

'쿵!' 〈삼국지〉를 통틀어 가장 충격적인 이 대화를 중학교, 대학
교 때는 왜 발견하지 못했을까? 얼짱, 몸짱에 이어 이젠 '동안'이
란다. 설날에는 이름도 요상한 〈동안 선발대회〉가 방영돼 비정상
에 가까운 '피터팬'들을 보여줬다. 그것이 도화선이 된 걸까? 신
문은 연일 '동안 신드롬', '동안 되는 법'(왜 이다지 '되'라는 게 많나?)
등의 기사를 쏟아낸다. 인터넷 '동안 카페'에는 회원 수가 폭발한
다. 말만한 처녀가 미키마우스 아동복 티셔츠를 입고, 2대8 유시
민 머리가 어울릴 아저씨가 엉덩이 착 달라붙는 청바지란다.

"동안이세요"라는 말은 이 시대 최고의 찬사다. 지식인들마저

자신의 글을 기고할 때 싣는 사진을 짧게는 5년, 길게는 10년, 심지어 20년 전 것을 싣는다. 동안 신드롬은 진보와 보수의 경계를 넘는다. 롤리타 콤플렉스의 파생상품인가, 얼짱·몸짱 못 되는 이들의 틈새 마케팅인가?

동안은 '젊음'을 찬미하고, '늙음'을 차별한다. 저출산·고령화 시대, '아이'는 귀해지고, '노인'은 늘어나니, 노인은 얼마나 더 뒷방으로 물러나야 하려나? 광속의 시대에 주름살은 인생의 훈장이 아니다. 경험과 지혜의 원천도 아니다. 스팀 청소기 사용법을 며느리에게 물어야 하는 시어미에게, 엑셀 사용법을 후배에게 배우는 선배에게 '늙음의 권위'는 없다. 연륜이 낡음으로 치부되는 곳, 오로지 새것과 젊음만이 추앙받는 사회에서 동안 신드롬은 살아남기 위한 처절한 생존전략이기도 하다. 외환위기 이후 구조조정 칼날 아래 나이 들어 보이는 건 결함이 될 수 있다. 이제 누구나 5살 정도는 어려 보인다. 그러니 예전처럼 얼굴이 제 나이를 그대로 보여주는 '정상인'이 비정상으로 뒤처진다.

동안은 경제력과도 비례한다. 신자유주의와 양극화가 동안 신드롬에까지 끼어들었다. 그 다음은 상업주의다. 잔주름과 칙칙함이라곤 현미경으로 봐도 찾기 힘든 이영애가 화장품 광고에서 "30대 여성 65%가 잔주름과 칙칙한 피부를 동시에 고민한다"고 약 올리듯 말한다. 안 살 수가 없다.

중년의 동안 신드롬이 개미무덤에 빠지지 않으려는 처절한 발버둥이라면, 젊은층의 동안 신드롬은 그 거친 곳에 아예 발 디뎌 놓지 않으려는 공포의 산물이다. 동안이 상징하는 '순수'의 뒷면은 '무책임', '의존'이다. 동안 신드롬은 얼굴뿐 아니라, 마음마저

자라지 않으려는 '동심 신드롬'으로 번져간다. 1990년 채시라는 "프로는 아름답다(베스띠벨리 광고)"며 당당한 자존감을 내비쳤다. 2000년 아이 얼굴을 한 송혜교는 "(거울 보며) 오빠 오는데 이렇게 안 예뻐서 어떡하니?(드라마 〈가을동화〉)"라고 읊조렸다.

현진건의 〈술 권하는 사회〉에서 매일 밤 술에 취해 들어오는 남편은 아내에게 "술이 창자를 휘돌아, 이것저것을 잊게 만드는 것에 나는 취할 뿐이오"라고 답한다. 시간이 흐르면 싫어도 어른이 되어야 하는 것이 '자연'인데, 중력의 법칙을 거부하듯 동안에 취해 불로초 씹는 '아이'가 되려 하고, 되라 한다. 안 그래도 피곤한 세상인데.

그나저나, 5년 전 솜씨 좋은 사진사가 선물한, 이 허망한, 동안 스런 사진도 석고대죄하며 갈아 끼워야 할 텐데….

(2006.2.22)

■ 1952년생인 박근혜 대통령이 온갖 주사와 피부시술 등으로 시간을 거꾸로 거스르는 듯한 얼굴 사진이 화제가 되기도 했습니다. 박 대통령도 '동안'을 갈구했던 것 같습니다.

위 칼럼 뒤, 칼럼 사진을 바꿨습니다. 페이스북에는 42살 때 사진을 걸었습니다. 페이스북 사진도 바꿔야 할 텐데 말입니다.

반성문 –
명동성당도, 조계사도 문이 닫혔다

시내에서 약속이 있을 때, 종종 조계사를 관통한다. 경내로 들어서면, 도시의 소음 대신 은은한 풍경 소리, 교교한 달빛, 코끝향 내음, 발아래 흙의 촉감 등 산사에 온 듯한 고즈넉한 분위기가 참 좋다. 24시간 경내를 개방한 조계사에 감사한 마음이다. 개인적으로 1994년 개혁종단 사태 때 수습 말년 두어 달을 먹고 잔 곳이어서 지날 때마다 그때의 기억들도 떠오른다.

한상균 민주노총 위원장이 조계사에서 25일을 버티다(?) 11일 경찰에 자진출석했다. 조계종이 경찰의 경내 진입과 강제연행 등 파국을 피하도록 했다. 총무원장인 자승 스님은 경찰이 강제진입을 예고하자 직접 나서 본인이 책임을 떠안는 등 요즘 보기 드문 리더십의 모범을 보였다. 화쟁위원장인 도법 스님은 한상균 위원장에게 합법집회를 요청했다. 5일 2차 민중총궐기 대회가 평화집회로 이어진 데는 조계종의 역할이 컸다.

조계종으로선, 할 만큼 했다. 그러나 조계종은 처음부터 끝까지 경찰의 경내 진입 저지가 최우선·유일 목표처럼 보였다. 불교신자인 한 위원장은 조계사로 들어오며 "나는 폭동을 일으킨 사람이 아니고 해고된 노동자"라며 "고통 받는 중생을 보듬어 달라"고 했다. 그러면서 △평화로운 집회 보장 △노동자 대표와 정부의 대화 △정부의 노동법 개정 중단 등 3가지를 중재해 줄 것을 요청했다. 조계종은 평화집회 외 나머지 두 사안에는 전혀 이룬 바가 없다. 도법 스님은 이에 대해 "정부에 대화를 요청했으나, 정부나 민주노총 양쪽 다 벽처럼 느껴졌다"고 했다. 조계종에 무리한 요구일 수도 있다.

지난 2010년 설립된 조계종 화쟁위원회는 4대강 문제, 철도노조 파업 등 우리 사회의 갈등 해결에 종종 나섰다. 그러나 조계종에는 2012년 설립된 노동위원회두 있다. 그런데 왜 이번에 노동위원회는 나서지 않고, 화쟁위원회만 나섰는가? 이에 대해 조계종 쪽은 '노동위원회가 아직 이를 감당하기 힘들다'고 말한다. 그러나 외부에서 보기에는 조계종이 이번 사안에 대해선 '골칫거리' 한 위원장이 어서 빨리 조계사를 떠나주기만을 간절히 바라는 것으로 비춰졌다. 원효의 화쟁 사상은 '부처님의 법계에 맞고 틀린 것이 없으며, 다 옳다'는 종교적 깊음으로, 다양한 사상 간의 대립을, 소통으로 화해시켜 더 높은 차원의 통합을 이뤄내자는 뜻이다. 비정규직 양산을 막자는 노동자 생존권투쟁에 '정부와 민주노총이 서로 화해하라(화쟁)'니, 약자에게 너무 가혹하지 않은가?

도법 스님은 94년 개혁종단 사태 때에도 오랜 단식에 나서는 등 늘 자신의 몸을 돌보지 않는 분이다. 하지만 도법 스님은 인터뷰에서 한 위원장에 대해 "어느 날 갑자기 조계사 경내로 떨어진 불덩어리"라고 했다. 그리고 "거기에 타서도 안 되고, 그걸 식히고 가라앉혔서 불을 꺼내기도 해야 했다"고 했다. 조계종은 타지 않았고, 그 '불'을 꺼내 내보냈다. 그런데 '불'은 여전히 식지 않았다. 총무원장 자승 스님은 마지막 인사를 하러 온 한 위원장에게 "몸도 챙기며 정진하라"며 자신의 염주를 벗어 건네는 측은지심을 보여줬다. 더는 없었다.

한 위원장은 애초 명동성당 피신도 고려했던 것으로 전해진다. 명동성당은 지난 2000년 한국통신 노조원 농성 이후 사전허락을 받지 않은 성당 내 농성은 불허한다. 1987년 명동성당은 상계동 판자촌 주민들에게 8개월간 공간을 내줬고, 6월 항쟁 때는 경찰들이 성당으로 피신한 학생들을 잡겠다며 진입하려 하자, 김수환 추기경이 "경찰이 들어오면 맨 앞에 내가 있을 것이고, 그 뒤에 신부들, 그 뒤에 수녀들이 있을 것이오. 그리고 그 뒤에 학생들이 있을 것이오."라고 말했다. 경찰은 들어가지 못했다.

오늘날 종교가 사회로부터 점점 외면 받는 것은 '그들만의 신앙'으로 스스로 유리되기 때문이다. 성경의 오병이어 기적도 교회에선 '잘 믿으면 잘 먹고 잘 산다'고 할 때가 많다. 예수는 먼저 이렇게 말했다. "내가 무리들을 불쌍히 여기노라. 저희가 나와 함께 있은 지 이미 사흘이매 먹을 것이 없도다. 만일 내가 저희를 굶겨 집으로 보내면 길에서 기진하리라. 그중에는 멀리서 온 사람도 있느니라, 너희에게 떡 몇 개나 있느냐?"

(2015.12.14)

이 칼럼은 한편으로 제가 많이 부끄럽고 반성하게 된 것 중 하나입니다. '편집국에서'는 주로 부장들이 쓰는 칼럼입니다. 신문사에서 부장은 일이 집중적으로 몰리는 자리입니다. 부장이 된 뒤로는 칼럼 날짜가 다가와도 촘촘한 취재를 하기보단, 과거의 경험, 신문기사를 통해 얻은 정보와 이에 대한 단상 등으로 허겁지겁 쓰는 경우가 많았습니다.

이 칼럼에는 처음에는 천주교 부분을 시작하면서, '한 위원장은 애초 명동성당에 피신하려 했으나, 명동성당이 거절해 조계사로 향했다'는 구절을 넣었습니다. 그런데 이는 사실이 아니었습니다. 나중에 자초지종을 알고 보니, 한 위원장이 조계사 피신 뒤, 조계사 쪽 관계자가 이런 말을 기자들에게 했고, 이게 일부 언론이 기사화한 것이고, 저는 그 기사를 토대로 한 것이지요.

이 칼럼이 나간 직후, 천주교 서울대교구 쪽에서 강하게 어필이 왔습니다. "이 칼럼 때문에 명동성당 입장이 많이 난처해졌다"며, 비공식적으로 제게 전화를 걸어온 젊은 신부님은 "나도 명동성당의 분위기가 이전과 달라진 것에 대해선 불만이 있다. 그리고 무엇을 말하려는지 잘 알겠다. 하지만 한 위원장이 서울대교구에 피신을 요청한 바가 없다. 만일 요청했을 경우, 명동성당이 어떤 결정을 내렸을지는 나도 확신이 없다. 그러나 어쨌든 요청받은 바가 없다."고 했습니다.

저는 이후 민주노총 쪽에 사실관계를 확인했습니다. 민주노총에선 "네. 명동에 요청한 적 없습니다."라고 전해줬습니다.

이런 민감한 사안에 대해 재차 확인하지 않은 것은 제가 무엇으로도 변명할 수 없는 잘못입니다. 죄송하기도 하고, 스스로 '아직도 기본이 안 돼 있다'고 자책하면서 일종의 '고침'을 내보냈습니다. 칼럼에 '고침'을 내는 경우는 매우 이례적인 일입니다.

천주교 쪽 외에 불교 쪽으로부터도 어필을 받았습니다. 1994년 조계종 개혁종단 사건 당시, 조계사에 있었다는 한 스님이 장문의 항의 이메일을 보내오기도 했습니다.

한상균 위원장은 2016년 7월 4일 1심에서 집회 및 시위에 관한 법률 위반 등의 혐의로 징역 5년을 선고받고, 현재 복역 중입니다.

스웨덴 하루 6시간 노동실험

〈뉴욕타임스〉에서 "스웨덴에서 하루 6시간만 일하는 시스템을 시범 실시중이다"라는 기사를 처음 보면서 여러 생각이 스쳐 갔습니다.

1. 자신이 숨지는 날까지 자신의 일인 시골역에 나아가 기차를 맞던 일본영화 〈철도원〉이 감명 깊게 가슴에 닿고, 〈마리텔〉에서 계속된 리듬체조 연습에 헉헉대면서 좀 쉬자는 차오루에게 미안한 표정으로 "저는 연습할 땐 안 쉬는데…"라고 말하는 손연재, 〈케이팝스타〉에서 고쳐지기 힘든 몸에 붙은 나쁜 습관을 '어떻게 고칠 수 있었느냐, 그게 짧은 시간에 고쳐지기 힘든 것인데'라는 박진영의 질문에 "저는 포기를 안 해요"라고 말하는 샤넌. 이런 이들에 대한 칭송과 감탄, 그게 멋있어 보이고, 그게 맘속에 귀감과 반성을 던지는데, 이런 근면 가치관과 6시간 노동이 어떻게 양립할 수 있을까?

2. 노동시간 감축의 문제는 결국 '비용을 누가 부담할 것이냐'

인데, 노동자, 사용자, 재정, 이 비율을 어떻게 할 것인가?

3. 같은 비용으로 장시간 노동으로 인한 생산량의 확대를 이뤄내는 쪽과 개별 경쟁에서 시간당 생산량 증대로 겨뤄볼 만한 지점은 어디까지일까? 개인이든, 기업이든, 국가든….

4. 이 실험을 한 곳은 육체적 노동이 상당부분을 차지하는 서비스분야였다. 연구직이나 지적 생산물을 요구 또는 추구하는 집단에서 이 모델이 얼마만큼 현실가능 할까? 더욱이 공익성을 띤 분야라면 노동시간의 감축과 행복도의 탄력도는 그런 분야에선 상대적으로 낮거나, 한계효용체감 곡선이 금세 평행선을 긋진 않을까?

5. 한국사회는 장시간노동이 일반화되면서 노동자들은 일의 밀도를 줄이는 일종의 생존전략을 스스로 택했고, 이는 문화가 되었다. 미국이나 유럽의 노동문화는 짧은 시간 몰입해서 집중적으로 일하는 방식인데, 우리는 오랜 시간 느슨하게 일하는 방식을 취하고 있다. 노동시간 감축을 먼저 해야 할까? 먼저 몰입을 해서 노동시간을 줄여야 할까? 한국의 노동자, 특히 사무직 노동자들은 몰입을 하면 노동시간은 줄지 않고 노동량만 비례해서 더 늘어난다는 것을 이미 알지 않을까?

6. 그러나 6시간 노동이라면 개인 삶 뿐 아니라 사회의 물리적 변화는 물론 사회의 성숙도도 더 높아지지 않을까 하는 생각을

조심스럽게 해본다.

(2017.1.9 페이스북)

6부
봄날은 간다

부모 마음

늘 차분한 진행으로 정평이 난 황수경 아나운서가 얼마 전, 그답지 않게 방송 도중 눈물을 참지 못해 방송이 중단되는 일이 벌어졌다. 문학작품을 낭송하는 프로그램인 〈낭독의 발견〉에서 황 아나운서는 다산 정약용이 병으로 잃은 자식을 그리며 묘비에 새긴 한시를 듣다가 흐느끼기 시작해 3분여간 울음을 못 그쳤다. 7살 아들을 두고 있는 황 아나운서는 "자식을 둔 부모의 마음 때문"이라며 "시청자들께 죄송하다"고 했다. 자식을 둔 이라면 누구나 그 마음을 알 것이다. 어떤 엄마는 "아이를 생각만 해도 눈물이 핑 돈다"고 했다.

26살 때, 첫 아이를 낳았다. 그리고 38살 때, 둘째 아이를 낳았다. 부모가 되는데도 나이가 필요한 건지, 첫 아이 땐 잘 몰랐다. "내가 애아빠가 됐나"라는 생각에 어리벙벙할 뿐이었다. 그런데 뒤늦은 둘째 아이에겐 좀 달랐나보다. 아내는 "(둘째를) 바라보는 내 눈에 사랑이 그득하다"며 "첫째 때는 그러지 않았다"고 핀잔을 준다. 그래서일까, 둘째 낳은 뒤론 어린 아이가 사고나 유괴 등으로 숨졌다는 참담한 뉴스를 접할 때마다 가슴이 더 쓰려온다.

옛일을 들어도 그렇다. 역사책을 읽다 마르크스의 가난을 표현하기 위해 빚 때문에 아이들 장난감에까지 차압 딱지가 붙었다는 대목에서도, '마르크스의 가난'보다 지금은 이미 숨졌을 그 옛날 7~8살짜리 아이들 눈에 그렁그렁했을 눈물이 더 아팠다. 지난 4월호 〈좋은 생각〉에 소설가 김이정 씨가 어린 시절 떠나 보낸, 엄마 생일날 '미원'을 선물하던 정 많았던 10살짜리 막내동생을 그리는 '은숙이'란 글을 볼 때도 그러했다. 아무 상관없는 이가 이럴진대, 부모 마음은 오죽할까. 이럴 때 쓰는 표현인, '(가슴) 저미다'는 '칼로 얇게 썰다'는 뜻이고, '(자식을) 가슴에 묻다'는 말도 '숨쉴 때마다 기억나고 아파한다'는 뜻이라고도 한다.

다음은 황수경 아나운서가 울음을 터뜨리고 만 정약용의 시다.

네 모습은 타서 숯처럼 검으니 / 다시는 옛날의 귀여운 얼굴 없네 / 반짝 보이던 귀여운 얼굴 기억하기 어려우니 / 우물 바닥에서 본 별빛 같아라 / 네 혼은 눈처럼 깨끗해 / 나르고 날아 구름 가운데로 들어가네 / 구름 사이는 천리만리 / 부모는 눈물이 줄줄 흐르는구나

(2007.3.22)

■ 이로부터 7년이 지나, 빗길 교통사고로 8살 딸아이를 잃은 후배의 문상을 가게 되었습니다. 6살 둘째 아이는 중상이고, 엄마도 다쳤습니다. 참담한 소식을 문자로 처음 접한 순간, '앞으로 그 긴 세월을 어

이 살아갈까?'라는 생각에, 몇 년째 얼굴 한 번 대한 적 없는 후배 부부에 대한 아픔이 앞섰습니다. 신앙의 힘으로 다시 만날 날에 대한 소망이 남은 삶을 지탱해 주긴 하겠지만, 후배 부부가 감당할 아픔이 어느 정도인지, 아득하기만 해 전혀 알 수가 없습니다. 다만, '만일 내게 그런 일이 일어난다면'이란 생각이 떠오르니, 금세 소름이 돋을 뿐….

부모는 집 부근 앞산에 묻고, 자식은 먼 곳 뒷산에 묻으라는 말이 있습니다. 〈순풍 산부인과〉의 '미달이 아버지' 탤런트 박영규는 언젠가 〈무릎팍 도사〉에 나와 교통사고로 유학중이던 아들이 숨지고 나자, "살아가는데 아무 것도 기쁜 게 없어, 어떤 일이 일어나도 기뻐지지가 않아"라고 눈물을 흘리며 말했습니다.

그런 맘 때문에, 아이 문상은 처음이라, 늦은 밤 신촌 세브란스 장례식장으로 향하는 발걸음이 무거웠고, 후배 얼굴을 어찌 볼까 싶었습니다. 장례식 방을 알려주는 전광판에 내걸린, 활짝 웃고 있는 8살 아이 사진이 할아버지·할머니 사진들과 나란히 있는 것도 생경했습니다. 아마 둘째 아이를 돌보고 있었을 아이 엄마는 못 봤지만, 아빠는 의연하게 문상객들을 맞는 등 잘 버티고 있어줬습니다. '괜한 걱정을 했나. (후배가) 강한 사람이구나'라는 생각에 시름을 조금 덜며, 7년 전 황수경 아나운서가 낭독했던 다산의 그 시가 다시 떠올랐습니다.

팽목에서 부친 편지,
"엄마랑 이젠 집에 가자"

팽목항 가는 길에 비가 왔다. 5일 목포역에서 자동차를 타고 팽목항으로 갔다. 목포대교를 건너 고하도, 허사도, 금호도, 그리고 섬 사이사이 다시 연결되는 뭍을 이은 몇 개의 다리를 건너 진도대교를 넘었다. 진도에서도 남서쪽 아래 팽목항까지는 또 한참을 가야 한다. 길옆으로 비 맞은 매화가 늘어섰다. 3년 전, 바짝바짝 타들어가는 속을 하고서 엄마들이 달렸을 그 길이다. 그 마음 천분의 일, 만분의 일이라도 짐작해 보려 했으나, 감히 닿지 못했다. 라디오를 듣는 것마저 죄스럽게 느껴지는 길이다.

팽목항에 왔다. 빨간 등대가 있는 방파제에 설치된 세월호 리본 상징물 단상은 제수상이 되었다. 초코파이, 땅콩샌드, 바나나 우유 등 아이들이 좋아했을 군것질거리들이 그득하니 쌓여 비를 맞고 있다.

세월호 가족들이 거처하는 컨테이너 문 앞에서 한참을 망설이다 문을 두드렸다. 이웃 주민 이원식 씨 혼자 자리를 지키고 있었다. 미수습자 가족들은 세월호가 목포항에 도착하자, 아이들 찾으러 그곳으로 떠났다. 대파 농사를 한다는 30대 후반의 원식 씨는 "형님들(유족들) 돕는 사람"이라며 "대파 필요하다면 갖다 주고, 외지 분들이라 뭐 하나 구하려도 어디 가야 되는지 모르니 가르쳐 드리고"라고 했다. 직장 그만두고 이곳에 내려왔던 유족들은 가끔 원식 씨 소개로, 농사일이나 인근 '잡부'로 일당을 받고 일도 했다고 한다. 지난해 여름 아버지 두 명은 자식 떠난 바다 보이는 팽목에 아예 정착해 집 짓고 산다고 한다.

팽목항에 오면, 다들 죄인이 된다. 사회적 영향력과 죄스러움은 비례할 것이다. 사회와 호흡하는 기자에게, 팽목항은 저널리즘의 기본을 다시 일깨운다. "공중은 지금도 뉴스는 독립적이고, 믿을 수 있어야 하며, 공공의 이익을 위해 일하는 사람들이 생산해야 한다는 기대를 버리지 않고 있다(빌 코바치·톰 로젠스틸의 〈저널리즘의 기본 원칙〉)."

3년 전 104살로 돌아가신 할머니는, 돌아가시기 직전까지도 6살 때 병으로 숨진 내 삼촌 이야기를 종종 어제 일처럼 읊조리듯 하곤 했다. 열이 펄펄 끓는 막내아들 둘러업

고 새벽 의원 문 두드리던 60년 전 이야기를.

'쓰는 자' 기자로서, 팽목항 방파제에 붙어 있는, 가족들이 그림과 함께 새겨 넣은 타일 속 글 일부를 전한다.

"홍승아! 엄마 아들로 태어나줘서 엄마는 너무 행복했어", "엄마 딸 서우, 꿈에라도 한번 와줬으면 좋겠어", "내 형아가 되어주어서 고마워!! 형아 사랑해!", "천국에서 그림 많이 그리고, 엄마 만나면 보여줘", "민지야! 엄마가 한번 안아주고 싶다", "똥강아지

정다혜 사랑해", "쏴랑하는 우리 아들 농구하러 가자~ 빨랑 와", "이상아! 엄마 걱정하지 말고 씩씩하게 잘 지내", "늘 웃어서 째보, 늘 사랑한다 말해서, 껌딱지 아들"

미수습자 가족들의 글이다.

"엄마랑 이젠 집에 가자."
"보고 싶고 만지고 싶습니다."
"세월호 속에서 엄마를 얼마나 찾았을까요."
"따뜻한 밥 해서 같이 먹고 싶다."
"4대 독자 우리 아이, 살려달라 하지 않아요. 아이만 찾을 수 있다면, 양지바른 곳에 묻어주고, 평생 봉사하고 살 거예요. 가난해도, 부모 노릇 못해도, 불평 없이 살아온 아이, 형체 알아볼 수 없어도, 꼭 찾아 한 번만이라도, 부둥켜안아 보고 싶어요."
"다윤이 보고 싶다. 내 딸 냄새라도 맡고 싶어."
"축구를 좋아했던 영인이는 축구화를 사달라고 했습니다. 어머니는 못 사줬던 축구화를 사서 팽목항에 두고 영인이가 돌아오기를 기다리고 있습니다."

(2016.4.7)

남편 구혼광고를 낸 아내

초등학교 때 〈엄마 없는 하늘 아래〉란 영화를 봤습니다. 엄마(정영숙)는 돌아가시고, 아버지(박근형)는 월남전 참전 후유증으로 정신병원에 입원했고, 이제 초등학교 6학년인 3형제의 맏이는 이웃 학부모의 제안에 동생들을 부잣집에 보내려 합니다. 마지막으로 이를 알리려 아버지께 가니 아버지는 "너희들 헤어지면 안된데이" 하면서 만류합니다. 영화의 결말은 소년가장이 씩씩하게 동생들 데리고 살아간다는 것으로 끝맺습니다.

얼마 뒤, 이번엔 미국 영화를 봤는데, 역시 부모님이 차례대로 돌아가시고 남은 어린 5형제(?)의 맏이가 동생들을 한 명씩 다른 집에 입양합니다. 눈이 수북하게 쌓인 언덕을 어린 동생을 썰매에 태워 끌고 가 입양하는 집에 동생을 떨어뜨리고 맏이는 또 길을 나섭니다. 엄마가 죽기 전 맏이에게 이렇게 말했습니다. "동생들을 다른 집에 보내라"고. 둘 다 실화를 바탕으로 한 영화라고 했습니다. 어렸을 때였지만 혼란스러웠습니다. 같은 상황에서 정반대의 해결책을 내놓았으니까요.

오전에 회의를 하면서 미국의 한 여성 말기암 환자가 남편의 새 아내를 찾는다는 구혼광고를 신문(《뉴욕타임스》)에 냈다는 걸 기사로 쓰자 했습니다. 국제이슈는 아니니 신문에는 말고, 디지털에만 쓰자고 했습니다. 그래도 다들 썩 내켜하진 않는 눈치였습니다. 저 역시 고집할 만한 기사가 아니기에 "신파지? 그래도 뭐…."라는 수준이었으니. 탄핵결정이 초읽기에 들어갔고, 국제뉴스도 사드, 말레이시아, 행정명령 2탄, 중동의 모술 등 어지러이 돌아가는 정세 속에 '이런 한가한(?) 기사라니' 라는 생각이 절로 들었으니….

하지만 사람에게 가장 중요한 건 생명이 아닐지, 한 우주가 소멸하는 시점의 한 광경이니, 라며 누가 묻지도 않는 합리화를 혼자서 하곤 했습니다. 이런 기사에 자꾸 맘이 쓰이는 걸 보니, 나이 듦은 어쩔 수 없는 듯….

20대 막내 여기자가 썼습니다만, 글쎄요, 저도 잘 짐작이 안되는 그 마음을 알긴 힘들지 않았을까요? 먼 길 떠나면서도 혼자 남을 남편이 맘에 걸렸나 봅니다. 그러면서 문득 어릴 적 본두 영화가 생각났습니다. 그런데 남편은 아내가 저런 광고 낸다는 걸 알았을까요?

(2017.3.8 페이스북)

반갑다 친구야!

"뭐, ○○이가 합격했다고!" 2005년 겨울, 덩치 큰 사내 하나, 어울리지 않게 눈물을 보인다.

1986년 겨울, 대학교 1학년생 하나, 도서관으로 타박타박 걸어간다. 어제 고향에서 올라와 오늘부터 사법시험 준비에 들어가려 한다. 2학년 형을 길에서 만난다. 싸우러 가잔다. "전두환 독재정권의 마지막 발악이다. 삼민투 위원장이 구속됐다. 가열찬 투쟁을 전개할 때다!" 선배 목소리가 커지자 겁도 커진다. 그러나 가야 한다는 의무감에 따라나선다.

경찰에 붙잡혀 구속됐다. 그때 그는 '운동'의 길에 들어섰다. 밝힐 수 없는 아픔이 함께했다. 대학 졸업 뒤 덩그러니 남아 뒤늦게 사법시험에 다시 나섰고, 이제 마흔이 다 됐다.

그때 최루탄 연기 뿌옇던 학교 뒤 철망 앞에서, "학우 여러분, 싸웁시다!"라고 외치던 2학년도 붙잡혔다. 구속됐고, 집행유예 뒤 군에 끌려갔다. 지금 보험회사 직원이다.

지난 연말, 십수년 만에 이들이 만났다. 2학년이 1학년의 합격 소식을 들은 며칠 뒤였다. 83~87학번들. 대학 교직원, 보험회사 직원, 시인, 유기농 공동체 직원, 공무원, 기자, 인터넷회사 사장.

형은 거기서도 자꾸 눈물을 질금거린다. "10여년 간 네가 늘 떠나지 않았다. 다른 놈들은 어떻게든 자리 잡고 사는데…." 늦가을엔 늘 합격자 명단에서 연락 끊긴 그 이름을 더듬었단다.

그날 밤, 〈광야에서〉를 만주벌판 아닌, 노래방 구석에서 목 놓아 불렀다. 단추 잘못 눌러 멜로디는 그대로인데, 웬 랩 리듬에 구닥다리 386들은 어리둥절도 했다. 그래도 '연봉'이나 '주식'이 끼어들 틈은 없었다. 서로 "야~, 하나도 안 변했다"며 '놀고 자빠졌는데', 2학년이 말한다. "아니, 많이 변했다. 나도, 우리도!" 고해성사라도 하는 건가?

80년대를 산 이들은 '나'보단 '우리'에 익숙했다. 중뿔나게 착했던 게 아니라, 시대가 그러했다. '포트폴리오'도 몰라, 미련스레 '올인'만 했다. 그런데 '머물러 있는 청춘인 줄 알았는데', 돌아보니 어깨 걸던 '우리'는 다 어디 가고, '나'들만 빽빽하다. 뒤늦게 '나'로 사는 법을 벅벅대며 배워 왔다.

그러나 마음엔 늘 구질구질한 자책이 커피잔 속 설탕찌꺼기처럼 끈적거리나 보다. '우리'는 '민중'이고, '노동자'이기도 했다. 이제 잃어버린 그 말들은 '반갑다 친구야'가 되고 있다.

나이 마흔이 되자, 공자는 '미혹되지 않는다(불혹)' 했고, 맹자는 '망설이거나 두려워하지 않게 됐다'고 했다. 그런데 그날의 마흔 즈음들은 여전히 혼란스러워하고, 망설이고, 두려워했다.

세상을 뒤덮은 광고는 '인생을 바꾸라(체인지 더 라이프)'고 하고, 그러면 '인생은 원더풀하다(라이프 이즈 원더풀)'고 한다.

어떻게 바꿔야 얼마나 원더풀해질까? '당신을 앞서게 하는 힘',

'대한민국 1%' 등 또다른 광고문구가 답을 알려준다. '남'보다 앞서도록 '나'(지위, 수입 등)를 바꾸고, '1%'가 되어야 원더풀해지나 보다.

'우리'가 '남'으로 바뀐 지 오래됐다. 이 강퍅한 '나'의 바다를 묽힐 길은 그래도 영혼이 맑던 그날의 '우리'일 텐데…. 비록 간장 종지만큼 오므라들었더라도.

친구들에게 시 한편 띄우고 싶은데, "그대 아직 늙지도 않았거늘/어쩌다 불우함을 한하는고" 하는 두보의 시가 좋을지, "그대 모르는가, 황하의 물/하늘로부터 와서 바다로 들어가면/다시 돌아오지 못하는 것을" 하는 이태백의 시가 좋을지 망설여진다.

(2006.1.4)

■ 386들의 짧은 '후일담' 에피소드입니다. '밝힐 수 없는 아픔'이란 운동을 하며 징집 거부를 하던 친구의 어머니가 그 와중에 돌아가셨던 일을 말합니다. 많이 아파했습니다.

'반갑다 친구야'는 당시 오락 프로그램(연예인 등의 과거 동창생 찾기)에서 따왔습니다.

386세대는 '아재'가 되고, 때론 젊은층으로부터 비판 받기도 합니다. '이젠 때가 묻었다', '한때 운동한 것을 평생 우려먹는다', '위선적이다', '독선적이다', '교조적이다', 비판의 내용도 다양합니다. 하지만 가장 아픈 건 '기득권층'이라는 지적입니다. 그 시절 386들이 뜨거웠던 것은 '나' 아닌 '남'이었고, 때론 기꺼이 '희생'도 서슴치 않았으니,

지금의 위치는 혼란스럽습니다. 그때 마흔 무렵 혼란스러워했던 것들이 채 해결도 되기 전에 이제 쉰이 되니 또 다른 혼란이 덧씌워지네요.

사법시험을 준비하려다 '운동'으로 돌아섰던 칼럼 속 친구는 오랜 시간을 거쳐 서른을 한참 넘겨 사법시험에 합격해 지금 서초동에서 변호사로 활동하고 있습니다.

할아버지가 읽던
한시를 읽으며

할아버지가 돌아가신 지 2년이 지났다. 아버지 집에 갔다가 할아버지 책꽂이에 꽂힌 책 가운데, 〈한시의 이해〉(한국편·중국편), 〈당시唐詩〉 등 3권의 책에 눈길이 갔다. 1975년판이었다. 누렇게 절은 헌책 냄새 속에 할아버지 내음도 실려 왔다. 꼼꼼하셨던 할아버지가 30여년 전에 쓴 깨알 같은 각주, 빨간색 밑줄·동그라미들이 빼곡했다. 밑줄 그어놓은 한시 구절을 보며 드문드문 책을 읽는 한 달 가량, 나는 생사를 건너뛰어, 30여년 전의 할아버지와 조우했다. 우암 송시열의 예송논쟁을 어젯일처럼 이야기하면서도 스포츠 경기 관람을 즐길 줄 알았던 할아버지였다.

1914년생인 할아버지가 60대 초반에 느꼈을 인생무상, 외로움, 그리움들이 그 한시들을 통해 전해졌다.

어려서 집을 떠나 늙어서 돌아오니 / 고향은 변한 게 없는데 수염만 희어졌네 / 애들도 서로 바라보나 알지 못하고 / 웃으며 어디서 왔냐고 묻네

꽃구경 하느라고 뱃길이 저물었네 / 달구경 하느라고 여울을 건
너다 늦었네 / 술에 취하여 낚싯줄을 드리우니 / 배는 떠나가는
데 꿈은 그 자리에 맴도네

유년의 내가 기억하는 할아버지는 커다랗고 믿음직한 등이 먼
저 떠오른다. 키가 180㎝였던 할아버지는 거의 매일 아침, 잠에
서 못 깨어나는 손자 녀석을 들쳐 업고 잠 깨라고 정원을 한 바
퀴 도셨다. 할아버지의 하얀 런닝셔츠에 바짝 붙인 얼굴 틈 사
이로 파고드는 싸한 아침공기와 할아버지 등 내음의 기억은 지
금도 또렷하다. 할아버지께서 석간신문을 방바닥에 펴놓고 읽을
때면, 살금살금 뒤로 다가가 "이랴" 하며 말을 타는 개구쟁이 짓
도 했다. 할아버지는 "어허, 이러면 안 돼"라고 하시면서도, 당신
께 다가오는 손자 녀석의 재롱이 싫지 않은지 나를 등에 태운 채
계속 신문을 읽어 내려가곤 했다. 어느 할아버지와 손자 사이에
서나 있을 법한 일이다.
사춘기 이후 '마음'이 할아버지를 떠났고, 결혼을 하고 분가를
한 뒤로는 '몸'도 떠났다. 어쩌다 할아버지를 뵈어도 그저 고향
마을 어귀를 지키는, 언제나 그 자리에 서 있는 '큰 나무'로만 인
식했던 건 아닌지. 할아버지로부터 한시를 배운 적도 없지만, 나
이 40이 넘으면서 한시에 자꾸 끌리는 것도 혹 할아버지 때문은
아닌지. 지난 한 달 간 할아버지를 더듬으며, 내 마음의 고향으
로 거슬러 올라간 듯한 느낌이다.
할아버지가 밑줄 친 이태백의 시 한 자락을 소개한다.

그대 모르는가, 황하의 물 / 하늘로부터 와서 바다로 들어가면 /
다시 돌아오지 못하는 것을 / 고당의 거울 속 백발을 보지 아니
하였는가 / 아침에 검은 머리, 해 저물자 눈처럼 희어졌네

60 넘은 할아버지가 읊던 시를, 30년 뒤 40 넘은 손자가 읊는다.
할아버지 권만선(1914~2006).

(2008.6.20)

태어나서 처음 본 권투경기가 아마 알리와 포먼의 대결이었던 것
같습니다. 저녁에 텔레비전으로 방송되기 앞서 할아버지가 어린 내
게 '내기 해볼까, 누가 이기나'라고 하셨습니다. 전 〈소년중앙〉에서
당시 세계챔피언 포먼의 무시무시함을 읽었기에 당연히 '포먼(그때
는 포맨이라고 했습니다)'이라고 했지요. 그때 저는 알리가 누구인지
도 몰랐습니다.

할아버지께선 '나는 알리가 이길 것 같다'고 하셨습니다. 속으로
전 '포먼이 얼마나 쎈데…'라고 했지요.

방에서 할아버지랑 나란히 앉아 텔레비전을 보는데 점점 알리가
우세하더니 KO로 포먼이 무너지고 말았습니다. 그때 놀라움과 동시
에 예지력을 지닌 할아버지에 대한 존경심이 절로 생겨났습니다.

알리가 세상을 떠난 지금 다시 궁금해집니다. 그때 할아버지는
60년대의 알리를 알고 있기에 그런 예측을 하셨는지, 아니면 손자가
'포먼'이라고 하자 내기를 재미지게 하기 위해 일부러 '알리'라 하셨

는지, 아니면 혹 그 중계가 생방송 아닌 녹화는 아니었는지….

쉬는 날 알리의 사망 소식을 듣고 '내가 보내드려야지' 하며, 알리를 회고하는 기사를 보내면서 문득 그때가 생각났습니다. 10년 전 돌아가신 할아버지, 생전에 여쭤볼 걸 그랬습니다.

아내의 샌드위치

며칠 전 아침에 일어나니 와이프가 샌드위치를 내놓았다. 계란을 과일, 야채와 함께 으깨 속을 채웠다. 아이 소풍 도시락으로 준비했다 한다. '아침에 일어나 애썼겠구나' 생각했다. 아내가 물었다.

"어때?"
"낮에 상하지 않나?"
"자기는 사람 기분 상하게 만드는데 일가견이 있어. 요즘 날씨에 그게 왜 상해? 할 말이 그것 밖에 없어?"

기자 생활을 오래 한 탓인지 가장 안 좋고, 털끝만큼 부족하고, 눈에 안 보일만큼의 작은 흠을 찾는 게 자동세딩이 된 듯하다. 일종의 직업병이겠다.

오늘 마감 뒤 한 후배의 기사에 대해 마플로 작은 코멘트를 했다. '남들은 어떻게 볼지 모르지만 난 의미 있는 기사라 본다' 했다. 후배가 답했다. '선배한테 몇년만에 들어보는 칭찬인지 모르겠다' 했다.

찔렸다. 그러고 보니 그런 것 같다. 후배들이 잘 한 일, 잘 쓴 기사, 본인도 알 법한 일에 대해선 별다른 언급을 않았던 것 같다. 그저 속으로 '음, 잘했네' 생각하고 말았다. 코멘트를 할 땐, 잘했는데 본인은 잘 모를 것 같을 때만 얘기했던 것 같다. 그것도 아주 가끔…. 잘못, 티끌 지적이야 수정을 해야 하니 한 번도 빼먹은 적이 없을 테고….

내 여동생이 내게 말한 적 있다. "음식 해놓으면, 오빠가 '괜찮네'라고 하면 그건 극찬"이라고…. 쪼아대는 게 일인 기자들은 자기들끼린 더 쪼아댄다. 위, 아래, 옆으로…. 기자들 중에 잘난 척하는 사람들이 많은 건 주변 누구도 칭찬해 주지 않으니, 자기라도 자기를 칭찬해 정신안정을 찾으려는 생존본능은 아닌지….

하지만 난 내 주변 사람들이 다들 훌륭하고 괜찮은 사람들이라 생각한다. 정치인 비판이 생업이지만. 정치인들을 볼 때도 늘 '대단한 사람'이라 생각한다. 실제로 많은 정치인들이 언론에 비춰진 것과 달리 매력 있고 훌륭한 부분이 많다. 새누리당 사람도 마찬가지다. 한 정치인이 내게 말했다. '귀하가 부장이면 한겨레가 좀 부드러워질 줄 알았는데 어째 더 하냐'고. 할 말은 많지만….

'꼬집고 비판하지 않을 땐 다 칭찬'이라 하면 후배에게 위로가 될까? 안 될 것 같다. 몇 년 만에 후배한테 칭찬인 듯 칭찬 아닌 칭찬 같은 걸 하다 보니, 미안한 맘에 넋두리….

(2014.11.12 페이스북)

〈반칙왕〉을 보고 낄낄대다가

지난 토요일, 비디오로 〈반칙왕〉을 봤습니다. 비디오 한 편 보는 것도 시간적으로 부담이 되는 요즘이지만, 억지로라도 relax 해야겠다는 생각에 일을 쌓아놓은 상태에서 그냥 비디오로 2시간을 보냈습니다. 깔깔거리며 봤습니다. 하루하루의 삶 속에서 무기력했던 은행원 송강호가 레슬러로 변신하면서 그가 얼마나 활기를 느끼는지를 보며, 저도 레슬링이라도 한 번 해봤으면 하는 생각이 들기도 했습니다.

한국의 직장인들은 너무 여유 없이 살아가는 것 같습니다. 저의 소박한 요즘 소망은 '평일 하루 3시간만 내 시간을 가졌으면 좋겠다'는 것입니다. 한 시간은 운동, 한 시간은 책 읽고, 한 시간은 영어. 송강호가 〈반칙왕〉에서 낮에는 은행원, 밤에는 레슬러로 살아가듯 삶을 이원화 시켰으면 하는 바람인데 쉽지 않네요. 주위를 둘러봐도 다 저와 비슷하더라구요.

개발도상국에 태어난 죄로, 우린 '근면'을 최고의 미덕으로 알고 자라났습니다. '게으름'은 곧 죄였습니다. 회사에 처음 입사하거나, 부서를 옮기게 될 경우, 으레껏 내뱉는 "열심히 하겠습니다"라는 그 말 한마디가 얼마나 '비인간적'인가 하는 생각이 많이 듭니다. 개미와 베짱이 중 어느 것 하나의 삶을 선택할 수 있는 그런 세상이 됐으면 합니다.

가수 임재범이 "전쟁 같은 사랑"이라고 노래했는데, 한국전쟁이 끝난 지도 오래됐는데 우린 아직도 삶을 '전쟁'처럼 살고 있지 않나 해서요.

(2000.10.4 뉴스메일)

■ 17년 전인 2000년에 쓴 글이 왜 아직도 한 점 틀리지 않고 유효하게 느껴지는지요? 그때보다 상황은 더 악화됐겠지요.

무서울 정도의 분투를 해야만 길이 열리는 사회는 우리가 가야 할 방향은 아닌 듯합니다. 막 살진 않더라도 대충 살아도 대충은 살 수 있는 사회가 우리의 길이 되어야 하는 건 아닌가 생각해 봅니다.

당시 저는 경제부 산업팀에서 일하고 있었습니다. 이후의 삶은 더 바빠지면 바빠졌지, 더 헐거워졌던 적은 없었던 것 같고, 30대 초반이었던 그때 꿈꿨던 '하루 3시간 내 시간'은 이후 지금껏 단 한 번도 지속적으로 가져본 적이 없었던 것 같습니다. 그런 소망도 잊은 지가 오래된 것 같습니다. 정치부장을 막 맡았을 때는, '있는 동안, 몸 좀 축내자'는 생각에 운동할 생각도 안 했는데, 정치부장을 벗어난 지금까지도 그대로 이어지고 있습니다. 이 책을 펴내고 나면, 운동 좀 하려 합니다.

재충전 없는 휴가 가기

"이 별은 이제 1분마다 바뀌고, 이제 나는 잠시도 쉴 시간이 없어. 매분마다 나는 가로등을 켰다가 꺼야 해!" 친구를 찾아 나선 '어린왕자'는 다섯째 별에서 가로등과 점등수를 만난다. 점등수는 아침에 가로등을 끄고, 저녁에 켰다. 낮엔 쉬고, 밤엔 잤다. 그런데 이 별의 하루가 점점 짧아졌다. 이젠 1분마다 하루가 돌아온다. 점등수는 1분마다 가로등을 켰다 끈다.

주위를 둘러봐도, 확실히 요즘은 다들 바쁘다. 예전보다 더. 무척이나 애를 쓰고, 그게 가치 있는 삶이 된다. 21세기가 되었지만, 아직도 "새벽종이 울렸네" 시대의 가치는 더욱 가속화되고 있다.

〈한겨레〉 사람들도 마찬가지다. 흠(?) 좀 보자. 지난달 갑작스레 생면부지 정치팀으로 발령이 나자, 한 선배는 이렇게 말했다. "휴가 못 가겠네!" 또 다른 선배는 몇 해 전 이렇게 꾸짖었다. "왜 예전처럼 몸을 던지지 않느냐?"고. 또또 다른 선배는 '취미가 뭐냐는 물음에 "일이 곧 취미"라 답했다. 또또또 다른 선배는 〈서경〉에서 따온 말을 전하며, "사람은 무일無逸, 편안함이 없음해야 한다'는 말이 가슴에 와 닿았다"고 말했다. 또또또또 다른 선배는 특파원 시절, 저녁을 먹으면서도 한 쪽 귀에는 이어폰을 꽂고 뉴스를 들었다고 한다. 또또또또또 다른 선배는 "우리의 하루하루는 전쟁"이라고 말했다. 또또또또또또 다른 선배 같은 후배는 "목숨 걸고 일해 봤냐?"고 눈을 부라렸다. 무섭다. 이들은 매번 나를 '부지런하지 않음'에 대한 죄책감에 빠뜨리게 만든다.

〈삼미슈퍼스타즈의 마지막 팬클럽〉을 보면, "무진장 노력하고, 눈코 뜰 새 없이 노력하는 결코 평범하지 않은 사람들이 '평범하게 살고 있습니다', '더 열심히 해야죠'라고 말하는 이상한 세상이 온 것"이라고 했는데. 정말인 것 같다. 자본이 없는 사람이 자본주의 사회에서 '가치'를 얻고자 치를 수 있는 건 노동력이고, 이는 결국 '시간', 내 목숨이다. 후배 말이 아니더라도, 우린 누구나 의도와 상관없이 '목숨 바쳐' 일하는 셈이다.

몇 해 전부터 지친 직장인들 사이에선 '재충전'이란 말이 많이 쓰인다. 그런데 재충전이란 게 결국은 더 잘 '일하기' 위한 것 아닌가? 얼마 전 남중수 KT 사장은 직원들에게 보낸 전자우편에서 휴가를 권하며 "놀기 위해 일하는 것"이라고 말했다. 감명 받았다. 일하기 위해 노는, '재충전'에 견주면 얼마나 멋진 말인가? 그러나 남 사장은 그 전자우편에서 "잘 노는 사람이 일도 잘 한다"고 말해, 감명에 한계를 그어버리긴 했다.

신영복 선생은 〈강의〉에서 "불편함이야말로 정신을 깨어 있게 하는 것이고, 살아간다는 것이 불편한 것, 상처받는 것"이라면서도 "자기보다 조금 모자라는 자리에 앉아야 한다. 30 정도의 여유와 여백이 있어야 한다. 그게 창조적 공간이 되고 예술적 공간이 된다."고 말했다. '항룡유회亢龍有悔, 하늘 끝까지 날아오른 용은 후회한다' 라는 〈주역〉의 문장도 인용하며 여유 공간 갖기를 권했다.

슬럼프에 빠진 박지은은 "골프가 안 될 땐 골프채를 잡지 말 라"는 코치 말에 따라 두 달 넘게 쉬고 있다. '한 달 벌어, 한 달 사는' 이 땅의 샐러리맨들이 박지은이 될 순 없을 터이나, 그저 1 주일 남짓 휴가라도 마음 편히 지내길 빌어본다. 우리네 휴가란 것이 대전역에서 잠시 내려 허겁지겁 밀어 넣는 가락국수 한 접 시 같긴 하지만.

어떤 글에 보니, 인디언은 말 타고 달리다가 문득 멈춰서곤 한 다고 한다. 자신의 영혼이 제대로 따라오는지를 보기 위해.

(2006.8.9)

■ 오랫동안 있던 경제부를 떠나 정치부로 옮긴 뒤, 처음으로 쓴 칼럼 입니다. 이 글을 썼을 때가 2006년, 지금으로부터 11년 전입니다. 이 후 '느리게 사는 삶'이라는 말이 잠시 유행이 되기도 했지만, 결국 '쉬 지 않고 애쓰는 삶'의 표정은 더욱 가속화된 듯합니다. '느리게 사는 삶'도 '포기'에 가까운 모습으로 떠오르곤 합니다.

위에 언급한 '또또또또또'에 해당하는 선배와 후배들은 여전히 그 때의 모습 그대로 살아갑니다. 저 또한 혹 후배들에게는 그렇게 비 춰지는 건 아닌지 감히 추정해 보기도 합니다. 구세대인 저는 여전 히 열심히 일하는 모습이 멋져 보이고, '(몸이든 마음이든) 편안하지 않 은 삶'이 가치 있는 삶이라는 생각이 잘 떠나지 않습니다. 몸에 부하를 넣고 스스로 못 살게 굴어야 근육이 생기는 것처럼 말입니다….
새 세대가 와야 할 것 같습니다.

그때 칼럼에 썼던 기자 중 2명은 지금 논설위원실에서 함께 일하고 있습니다. 지금도 똑같습니다.

몽골의 은하수

어저께 우연히 어느 신문을 뒤적이다 '여름밤 별자리 보기'라는 기사를 보게 됐습니다. '남쪽 하늘 한복판에 유난히 반짝이는 별이 직녀성이고, 그 직녀성에서 얼마 떨어지지 않은 곳에 견우 별이 있고, 또 그 옆에 큰곰, 작은곰자리, 거문고자리 등이 있고', 뭐 이런 내용이었는데, 기사를 보면서 은근히 부아가 치밀었습니다. '서울 밤하늘에 별이라곤 기껏해야 2~3개 밖에 안 보이는데, 무슨 별자리를 찾으란 말인가?' 도시인들이 별 볼일이 없게 된 지는 꽤나 오래된 듯합니다.

고등학교 때까지 대구에서 자란 저는 그때만 해도 늘 밤마다 앞산 바로 아래 위치한 저희 집 창문 밖으로 북두칠성을 올려다보며 잠을 잘 수 있었습니다. 국자 모양의 7개 별들 옆으로 7마디쯤 더 가면 하얗게 빛을 발하는 북극성도 있었고, 그 옆으로는 W자형의 카시오페이아자리, 마름모꼴의 페가수스자리도 있었습니다.

고등학교 3학년 여름방학 때, 친구들과 공부한답시고 고시촌에 들어간 적이 있는데, 고시촌을 떠나기 전날 밤 고시촌 형들이 저희들(5명)을 위해 조촐한 환송파티를 마련해 줬습니다. 그때 처음 술에 취해봤고, 형들을 통해 처음으로 당시에는 금지곡이었던 〈아침이슬〉 노래를 들었습니다. 무슨 뜻인지도 몰랐지만, 술기운에서였던지 노래를 들으며 괜시리 마음이 저려왔습니다.

친구들과 찬바람 쐬느라 마을 뒤 언덕에 나란히 누웠는데, 그때 처음으로 '은하수'를 봤습니다. 하얀 별무리가 마치 구름처럼, 또는 성긴 솜사탕처럼 캄캄한 하늘 한복판에 희끄무레하게 뭉쳐 있는. 그리고 노오란 별이 하늘 한끝에서 '휘익' 하고 긴 꼬리를 끌며 땅으로 떨어지는 별똥별이 밤새 여러 차례 내 눈앞을 어지럽혔습니다. 친구들과 〈아침이슬〉을 부르며 밤새 별보기를 했습니다.

그러나 그 이후 지금까지 단 한 번도 은하수도, 별똥별도 못 봤습니다. 북두칠성을 제대로 본 지도 족히 10년이 넘은 것 같습니다. 자라나는 아이들에게 '푸른 하늘 은하수' 노래를 가르쳐줄 때, 은하수를 어떻게 설명해야 할까요? 얼마 전 초등학교에 다니는 제 딸아이가 종이에 야광점을 찍어놓은 '별자리 종이판'을 구해와 제 방에다 붙여놓았습니다. 밤에 불을 끄면 종이에 붙어있는 별이 서럽게 반짝입니다. 별자리를 손바닥만한 종이판으로 배우는 제 딸아이를 바라보면 가슴이 메입니다.

별이 안 보이는 건, 첫 번째가 짙은 공해 때문이겠지만, 두 번째는 땅의 불빛이 너무 강해 약한 별빛이 가려진다는 것도 큰 이유입니다. 북악스카이웨이를 타고 집으로 향할 때, 아래쪽으로 내려다보이는 서울야경은 휘황찬란합니다. 사람들이 이처럼 하늘의 별을 다 따서 땅에다 내려놓는 바람에 정작 하늘은 텅 비어버린 듯합니다. 별을 빼앗긴 밤하늘, 아파트 숲 한쪽 귀퉁이로 옹색하게 비치는 밤하늘은 쳐다보기도 민망합니다. 서울하늘에 다시 북두칠성을, 은하수를, 별똥별을 가져다 뿌려놓는 건 제 살아 생전에는 불가능하겠지요.

다만 작은 꿈이 있습니다. 몽골 초원에 가면 그렇게 별이 많다고 하더군요. 광활한 몽골 초원 한 켠에 있는 천막집, '파오'에 자리를 잡고 별들로 빽빽한, 눈에 별을 가득 담고서 밤하늘을 밤새 올려다보는 '별자리 휴가'를 한 번 떠나고 싶습니다. 제게는 스테파네트보다 더 귀한 제 가족들과 함께.

(2002.8.2 뉴스메일)

2017년 4월 현재까지 저는 몽골을 가지 못했습니다.

주연보다
더 아련하게 다가왔던 에포닌

지난 주말 저희 사회부 기동팀원들은 그동안 모은 팀비를 과감히 털어 세종문화회관에서 공연 중인 뮤지컬 〈레 미제라블〉을 봤습니다. 살인, 강도사건 등을 쫓아다니는 사건팀 기자에게 뮤지컬이라, 개발에 편자 격이긴 하죠.

많은 인물이 나오는 그 뮤지컬에서 저는 '에포닌'이라는 인물에 유달리 눈이 갔습니다. 자그마한 몸집에 너무 맑은 목소리도 인상적이었지만, 사랑하는 남자가 다른 여자(주인공 코제트)를 사랑하는 것을 바로 옆에서 지켜봐야 하고, 또 그 남자가 그 여자에게 건네는 연애편지를 대신 전달해줘야 하는 상황이 참 처연하게 비쳐졌기 때문입니다.

이런 일들은 우리 주변에서 한두 번쯤은 겪게 되는 일이기도 합니다. 망원경으로 에포닌의 얼굴을 자세히 볼 수 있었습니다. 왠지 키가 작다 했더니, 얼굴이 까무잡잡한 동남아계통 동양인이었습니다. 신문에서 얼핏 읽었던 그와 관련된 기사가 생각났습니다. 그 배우는 베트남 전쟁 당시 부모를 따라 캐나다 밴쿠버로 이민 와 캐나다에서 자라나 뮤지컬 배우가 됩니다. 밴쿠버는 동양인들이 많이 살아 인종차별이 심한 곳은 아니지만, 어쨌든 그는 미국사회 주류인 WASP는 아니었고, 서구 관점에서 보면 패망한 나라의 동양계 유민流民에 불과했습니다.

그의 인생도 캐나다에선 주연보단 조연 쪽에 가까운 편이었을 거라 생각합니다. 그러나 〈레 미제라블〉에서의 에포닌은 그 역도, 그 배우도 수많은 등장인물들 중 그 누구보다 아름다웠습니다. 에포닌은 커튼콜에서도 관객들로부터 다른 누구보다 많은 박수를 받았습니다. 에포닌은 2막이 시작되면서 가슴 아픈 '짝사랑 세레나데'를 부른 뒤, 얼마 뒤 정부군의 총에 맞아 사랑하는 남자의 품에서 숨집니다.

에포닌을 한 번도 사랑하지 않았던 그 남자는 주인공 코제트와 결혼하지요. 우리네 인생에서도 우린 늘 주인공이 되지 못해 안달복달하는 경우가 참 많습니다만, 조연도 저렇게 아름다울 수 있다면, 굳이 주연이 아닌들 어떠랴 하는 생각이 들기도 합니다.

(2002.7 뉴스메일)

스즈키 이치로와 오기 아키라의 길

뒷북. 스즈키 이치로가 미·일 통산 4,000안타의 위업을 달성
했다. 일본에서의 기록을 합산한 것이기 하지만, 피트 로즈와 타
이 콥만이 올랐던 4000안타 고지에 동양인이 올랐다.

그러나 이치로도 1992~93년 오릭스 버팔로스에서의 루키 시
절에는 2군을 벗어나질 못했다. 이상한 타격 폼을 꺼려했던 1군
감독은 이치로를 발탁하지 않았다. 그런데 1994년 오릭스 버팔
로스에 새로 부임한 오기 아키라 감독이 이치로를 눈여겨보면서
그를 1군으로 불러올렸다. 그해 1번타자 이치로는 눈부신 활약
을 펼쳐 타격왕(타율 0.385)을 차지하면서 MVP에 올랐다. 그리고
그때부터 미국 메이저리그에 가기 전까지인 2001년까지 7년 연
속 내리 타격왕을 차지했다.

감독 오기 아키라가 없었어도 이치로는 튀어나왔을 것이다.
그러나 아마도 그 시기는 더 늦춰졌을 수 있고, 지금과는 다른
모습이었을 수도 있고, 어쩌면 채 피기도 전에 졌을지도 모른다.
선수로선 평범 이하(통산타율 0.229, 시즌 최고타율 0.267)였던 오기는
그러나 감독으로서는 명장의 반열에 올랐다. 이치로 뿐 아니라,

메이저리그에서 123승을 거둔 노모 히데오의 스승으로도 유명하다. 선수들의 잠재력을 끌어내는데 탁월하고, 덕장으로 이름을 떨쳤다. 소속 팀이 주로 약체였기에 요미우리 자이언츠, 세이부 라이온즈 등 리그의 최강자들에게 시리즈 최종전에서 늘 아깝게 밀려 패전 감독이 되기 일쑤였지만, 변변찮았던 팀 전력을 극대화하는 감독이었다.

오기는 70살이던 2005년 폐암 투병 중에도 오릭스 감독을 맡았다. 시즌 막바지엔 야구장 계단을 오르기도 힘들어 하면서도 시즌을 마쳤다. 그리고 시즌이 끝난 두 달 뒤인 그해 12월 15일 세상을 떠났다. 의사에게 "12월 20일 이치로와 점심 식사를 함께 하기로 했다. 그때까지만 살게 해 달라."고 간청했건만.

나이가 들면 그때까지 되지 못했던 '이치로'의 꿈은 접고 서서히 '오기'의 길을 준비해야 한다. 내가 타석에 서기보단, 타석에 설 누군가를 발탁하고 밀어주는 게 역할이 될 것이다. 나도 이제 '오기'처럼 살아야 하는데, 아직도 덕아웃에 앉아있기보다는 배터박스에 서있고 싶은 마음이 가시지 않는다. 아직 철이 덜 들었나보다.

(2013.8 페이스북)

〈칼의 노래〉에서 배우는
개인과 조직

2003년 5월 무렵, 힘든 일로 한없이 가라앉았을 때, 〈칼의 노래〉를 읽으며 저 자신을 위무할 수 있었습니다. 그러면서 김훈 선배처럼 저도 이순신 장군에 빠져들었습니다. 한없이 강하면서도 한없이 부드러운 이순신 장군의 그 맑은 결기와 부하 사랑하는 마음 등을 보며 많이 자책했고, 많이 부끄러웠습니다. 이순신 장군을 더 알고 싶어 〈난중일기〉를 읽었고, 여름휴가도 남해로 가 장군이 스러진 노량 앞바다에서 그 빈 바다를 바라보며 장군을 그렸습니다.

저는 조직의 중간관리자로서 이순신 장군을 보며 느낀 많은 것 가운데, 2002~2003년 캡(경찰팀장) 생활을 하며 저도 모르게 접한 3가지만 나누고자 합니다.

1) 작은 실수는 혹독하게, 큰 실수는 관대하게

사소한 실수는 본인의 생각보다 더 가혹하게 지적해야 한다고 생각합니다. 이는 그렇게 하지 않으면 그 '작은' 실수가 개선되지 않은 채 점점 더 커지는 경향을 보이기 때문입니다. 그리고 알게 모르게 '뭐, 이 정도는 괜찮나보다'라는 대충대충 하려는 마음을 키워줍니다. 본인을 위해서도 조직을 위해서도 바람직하지 않은 일이죠.

그러나 큰 실수를 저질렀을 때는 오히려 감싸줘야 한다고 생각합니다. 큰 실수는 이미 본인이 더 자신의 잘못을 절실하게 느끼고 있기에 이때 이를 자꾸 지적하면 사람이 상할 수 있기 때문입니다. 그리고 큰 실수는 이미 개인 차원의 문제를 떠난 경우가 많아 함께 힘을 합쳐 공동대처하지 않으면 안 되는 터라 잘잘못에 대한 지적은 사후처리가 다 끝난 다음에 차분하게 감정의 지방기를 완전히 빼고서 순전히 재발방지 차원에서 복기를 해도 늦지 않은 까닭입니다.

이순신의 경우, 본인은 물론 부하들에 대해서도 단 한 치의 어긋남도 허용하지 않는 사람이었습니다. 잘못을 저지를 경우, 가차 없이 목을 벤 적도 한두 번이 아니었습니다. 그러나 〈난중일기〉에 보면, 그는 비가 오면 자신에게 보고를 하기 위해 진채에 왔다 간 부하가 배에서 앉을 자리가 없어 고생할 것을 염려하는 자상한 아비의 모습을 보여줬습니다.

저도 캡을 하면서 보스Boss나 경영자CEO가 아닌 '아비'가 되려 했으나, 저의 모자란 인격이 '아비'의 사랑보다는 '보스'의 권한과 '경영자'의 효율성에 더 끌렸음을 고백합니다.

2) 권한과 책임의 일치

우리 사회에서 가장 잘 안 되는 것 중의 하나라고 생각합니다. 이순신 장군은 전시체제하의 삼도수군통제사로서 휘하 장졸은 물론 주민들에 대한 생사여탈권까지 엄청난 권한을 갖고 있었지만 조선의 바다를 지켜야하는 것은 물론 백성들의 살림살이까지 껴안아야 하는 엄청난 책임에서 벗어나지 못했습니다.

〈칼의 노래〉에도 부하장수와 이순신과의 대화에서 이런 대목이 나옵니다.

"나으리의 몸이 수군의 몸입니다."
"그렇지 않다. 수군의 몸이 나의 몸이다."

권한없는 책임이란 질 필요가 없고, 책임없는 권한은 인정할 필요가 없다고 생각합니다.

캡으로서 제가 정리한 권한과 책임은 '기사로 인해 칭찬을 듣게 되면 모두 기사를 쓴 기자 탓, 만일 그 기사로 인해 문제가 생기면 모두 그 기사를 넘긴 캡 탓'입니다.

어릴 때, 제가 초등학교 저학년 때였습니다. 당시 대학생이었던 저의 고모는 책상 위에 저를 올려놓고 뛰어내리면 제 몸을 받아주곤 했습니다. 저는 허공중에 붕 날아올랐을 때의 그 기분이 너무 좋아 몇 번이고 책상 위로 올라가며 "한 번만 더, 한 번만 더" 하고 고모를 졸라댔습니다. 공중으로 뛰어오를 때 저는 고모가 저의 겨드랑이를 받치면서 저를 안전하게 붙잡아주리라는 것을 철석같이 믿었기 때문입니다.

중간관리자는 저의 고모처럼 그러해야 한다고 생각합니다. 우선 조카를 충분히 떠받쳐줄 만한 능력이 있어야 하고, 조카의 머리털 끝 하나 다치지 않도록 하겠다는 애정과 책임이 함께 있어야 하는.

그러나 다 끝난 지금 돌아보면 저는 여러차례 나를 믿고 허공 중에 뛰어오른 팀원들을 제대로 부여잡지 못하고 비틀거리면서 같이 나뒹군 적이 한두 번이 아닌 것 같습니다. 게다가 차마 실행에 옮기지는 못했지만, 팀원들에게 돌아가야 할 '영광'을 가로채려 하거나, 내가 안아야 할 '질책'을 슬그머니 팀원들에게 돌리고 싶은 마음이 문득문득 솟아났던 적이 적지 않았음을 이 자리를 빌어 참회합니다.

3) 개인은 조직을, 조직은 개인을

〈칼의 노래〉, 그리고 〈난중일기〉에서 이순신은 나라에 충성을 아끼지 않습니다. 그러나 그 '나라'는 여러 차례 이순신을 배반합니다. 그럼에도 불구하고 이순신은 '나라'를 위해 목숨까지 바칩니다. 이순신은 자신이 그토록 헌신하는 '나라'가 자신을 결코 지켜주지 않고 자신이 '나라'를 위하는 만큼 '나라'가 자신을 위해주지 않는다는 것을 너무나도 잘 알고 있었습니다.

저는 거기에서 개인과 조직과의 엄중한 논리를 실천한 장군의 그 결기에 가슴이 먹먹해집니다. 우리 주변에서 너무도 흔히 볼 수 있는 것은 '개인'과 '조직'이 서로 갈등하며 길항하는 장면들입니다. 서로에 대한 책임은 전혀 지지않고 서로 권리만을 주장하는. 저는 조직에 속한 '개인'은 '조직'을 위해 최선을 다해야 한다고 생각합니다. 비록 그 '조직'이 '개인'을 위하지 않는다 하더라도 최소한 '조직'을 떠나기 전까지는 말입니다. 물론 조직에 대해 자신의 요구는 당당히 밝혀야 한다고 생각합니다. 저는 이게 '조직'에 몸담은 '조직원'의 도리라고 생각합니다.

반대로 '조직'은 그 조직 속에 속한 '개인'을 한없이 위해야 한다고 생각합니다. 그 '개인'이 마음에 들지 않더라도.

이처럼 '개인'과 '조직'이 서로를 조건없이 위할 때 그 '조직'과 '개인'은 함께 발전할 수 있을 것 같습니다. '개인'이 '개인'만을 생각하고, '조직'이 '조직'만을 생각할 때 그 '조직'은 서서히 망해간다고 할 수 있겠습니다.

(2003.10 뉴스메일)

2002~2003년 사회부 경찰팀장을 마친 뒤, 그리고 그해 10월 '김훈이 한겨레를 떠난 이유'라는 뉴스메일 뒤에 '추신'으로 덧붙인 글입니다.

그로부터 14년의 시간이 흘렀습니다. 그 14년 동안 조직원의 일원으로 산 제가, 14년 전 이 글을 쓸 때의 마음과 자세로 지나온 14년을 그렇게 살아왔는지. 14년 더 늙은 제가, 14년 더 젊은 제게 충고를 듣는 듯합니다.

자기주장

"자기주장이 강해 독단적이라는 내부 평가도 있다." 후배가 보내온 박근혜 정부의 청와대 수석 내정자 중 한 명의 프로필 기사를 보다가 작은 웃음이 새어나왔다. '자기 목소리 없는 사람들만 뽑았다고 비판하고, 자기주장 강하다고 또 비판하니, 박 당선인도 참 인사하기 힘들겠다'는 생각이 얼핏 들었다. 그리고 후배가 보낸 이 프로필의 수석 내정자는 그 '자기주장'이 위를 향했을까, 아래를 향했을까 문득 궁금해졌다. 조직에는 아마 4가지 유형의 사람들이 있겠지….

1) 위로도 아래도 자기주장이 강한 사람

- 조직에 활력을 불어넣는 사람이다. 예전에는 이런 사람들이 많았다.
- 소규모 조직, 민주화된 조직에서 빛을 발하고 리더로 성장한다.
- 그러나 관료화된 조직, 대규모 조직에서는 좌충우돌형으로 곤궁에 처하는 경우도 많다.

- 그런데 이 카테고리 안에도 분류가 나눠지는데, '일 잘하면서 자기주장 강한 사람'과 '일 못하면서 자기주장 강한 사람'이다. 후자의 경우는 조직에서 도태되거나 외곽으로 빠지는 경우가 많다. 이런 유형의 사람들은 자기객관화 능력이 부족해 자신이 조직에서 불이익을 받거나, 자기 성격 때문에 손해를 받는다고 생각하는데, 실제 원인은 '일을 못해서'인 경우일 때가 더 많다.

2) 위로는 자기주장 약하고, 아래로만 자기주장 강한 사람

- 조직 내에서 가장 흔한 유형이다. 군사문화가 지배했던 이전에는 거의 모든 조직이 이런 유형의 사람들로 가득 찼고, 지금도 크게 다르진 않다.
- 이런 사람들로 채워져 있을 때, 조직은 컨베이어벨트 시스템처럼 잘 돌아가는 것처럼 보인다. 리더가 똑똑할 때, 이런 조직은 효율성도 매우 높아 고속성장도 가능하다. 그러나 적절하게 숨통을 틔워주지 않으면, 조직 내부에 상처가 곪아 언젠가 터질 수 있고, 장기적으로는 조직의 효율성이 더 떨어지고, 도식적이 될 수 있다.
- 문제는 정도인 것 같다. 조직이 2번 유형을 지향하거나 지양할 게 아니라, 어느 정도 수준에서 적절하게 통제하느냐가 조직의 건강성과 수명을 좌우하는 것 같다.
- 혹 박근혜 당선인이 원하는 게 이런 조직이라면, 매우 정교하고 섬세한 디테일이 따라야 할 것 같다.

3) 위로는 자기주장 강하고, 아래로는 자기주장 강하지 않은 사람

- 드라마나 영화에서 직장인이 주인공으로 나올 때, 대개 이런 인물 유형이다.
- 상관에게 치받고 부하 직원에게는 한없이 자애롭거나, 부하 직원을 보호하기 위해 상관과 싸우는….
- 그러나 현실의 보통의 조직에서 영화나 드라마 같은 상황은 그리 흔치 않은 것 같다.
- 요즘은 많은 사람들이 이런 유형을 따르려 의식적으로도 노력하는 것 같다.
- 이 경우에도 유형이 또 둘로 나눠지는데, '공세형'과 '수비형'이다. 공세형은 위를 향해 '이렇게 하자'고 적극적으로 나서는 경우, 수비형은 위를 향해 '왜 이런 일을 시키느냐? 일이 너무 많다.' 식으로 나서는 경우다. 수비형 중간리더 밑에 있을 때, 당장은 편해 보여도 별로 배울 게 없고, 자칫하면 그 중간리더와 함께 그 소조직 자체가 도매금으로 도태될 수 있다.

4) 위로도, 아래로도 자기주장 약한 사람

- 1번 유형의 야성 인물들이 줄어들면서, 요즘 늘어나고 있는 유형이다. 앞으론 더 많아질 것이다. 조직이 민주화되는 것으로 볼 수 있어 굳이 나쁘게만 볼 순 없다. 그러나 부정적으로 흐르면, 무사안일, 개인주의적 성향으로 조직문화 전체가 흐를 수 있을 것 같다.
- 이 역시 정도의 문제다. 이런 경향이 심해지면, 조직은 잘하

면 현상유지, 잘못되면 고사되기 쉽다.

"내 위치가 되면, 일 잘하는 놈보다 말 잘 듣는 놈을 더 좋아하게 돼." 설 연휴 때 〈베를린〉을 봤다.

영화 중간에 국정원 중간간부(추정컨대 주독일한국대사관 정무2공사)가 자기보다 선배이면서 자기 부하직원으로 있는 한석규에게 하는 말이다. 영화 주제와 상관없이, 짧은 reminding을 하게 만드는 말이다.

그러나 조직에는 '일 잘하는 놈', '말 잘 듣는 놈' 외에 '일 잘하고 말 잘 듣는 놈', 그리고 '일도 못하고, 말도 안 듣는 놈' 등 분류가 좀 더 잘게 나뉘는 것 같다…. 그리고 '일'과 '말'이 제로섬 게임은 아닌 것 같다. (예스맨 아닌, 노맨의 가치는 '성과'를 낼 때, 그게 안 되면 '대안'을 낼 때, 그것도 안 되면 최소한 '조직의 잘못을 합리적으로 지적'할 때?)

(2013.2.19)

■　　결국은 '정도의 문제matter of degrees' 아닐까요? 해답은 없습니다. 다만, 자신에게 맞는 옷을 입어야 할 것 같습니다. 제가 너무 단정적으로 이야기한 건 아닌지요….

'조직'보다 '개인'을 앞세우는 선택에
관대할 수는 없을까?

어제 점심 자리에서, 동계 올림픽과 안현수 선수 이야기를 화제로 삼다 한 후배가 문득 이렇게 말했다. "안현수를 보니, 개인적으로 억울한 점은 많겠지만, 개인적 성향이 강한 사람인 것 같다"고…. 안현수 선수의 러시아 귀화 이유로 여러 가지 이야기가 나오고 있지만, 아마 "스케이트를 계속 하고 싶었다"는 안현수 본인의 이야기가 정답에 가장 가까운 것 같다. 그는 개인의 행복 추구권에 충실했던 것이다. 그리고 대부분 사람들이 안현수의 선택을 존중한다. 다만 그런 선택을 하게 만든 빙상연맹에 화를 퍼부을 뿐이다.

그런데, 만일 10년 전이었다면, 20년 전이었더라도, 우리 사회가 안현수에게 이처럼 호의적일 수 있었을까? 아마도 '조직'으로부터 어떤 배신을 당하더라도 '개인'은 러시아로 귀화하는 '배신'을 해선 안 된다는 생각이 지배했을 것 같다. 안현수를 보면서 '조직'과 '개인'의 문제를 다시 한 번 생각해 보게 된다.

지금으로부터 11~12년 전, 2002~2003년 사회부에서 시경캡으로 있을 때, 이런 글을 쓴 적이 있다. "'조직'은 '개인'을 생각하고, '개인'은 '조직'을 생각해야 한다. 그런데 이게 거꾸로 갈 때가 종종 있다.'고…. 그 때, 나는 '조직'이 '개인'을 생각하지 않는 잘못이, '개인'이 '조직'을 생각하지 않는 잘못보다 훨씬 큰 잘못이라 생각했다. 왜냐하면, '조직'은 '개인'보다 더 강력해 쉽게 폭력성을 띨 수 있기 때문이며, '개인'은 자신이 포함된 '조직'에 항거하는 게 힘든 약자이기 때문이다.

하지만 그 때, 나는 '개인'이 '조직'을 생각하지 않고, '개인'을 우선 생각하는 것도 역시 잘못이라는 생각이 머릿속에 깔려 있었다. 안현수를 보면서, 그때의 내 생각이, 그리고 지금도 그때와 크게 달라지지 않은 내 생각이 잘못된 게 아닌지, 지금의 시대와 맞지 않는 건 아닌지 하는 생각을 하게 된다.

70~80년대에 학창시절을 보낸 사람은, '국가와 민족을 위해', '민주화를 위해', '조직을 위해' 등등 이른바 '대'를 위해 '소'를 희생하는, 공리주의 비슷한 사상을 은연중 주입받았다. 이는 보수나 진보 양쪽 모두 다를 바 없었다. 국어 시험에 자주 나오는 단어가 '초개같이'였다.

'조직'이란 '개인'을 위해 '개인'들이 만든 것인데, 어느 순간 '조직'은 그 스스로 우상이 되고, '개인'은 '조직'을 위해 봉사하고 희생하는 존재로 주체와 객체가 바뀌는 상황을 많이 보게 되고, 또 이를 당연시하게 됐다. 어느새 우리 사회가 거대한 조직폭력배 집단이 된 것처럼….

'개인'이 '조직'보다 '개인'을 앞세울 때, 우린 그를 이기주의자로 여긴다. 그렇다면, '조직'은 '조직'보다 '개인'을 먼저 위해야 하고, '개인'도 '조직'보다 자신을 포함한 '개인'을 먼저 위해야 하는

것이 맞는 것인데, 여전히 '개인'이 그런 행동을 하는 것에 대해
선 자신도 주춤하게 되고, 남이 그런 행동을 하는 것을 보면 마
음이 편치 않는 사람들이 많다. 나 역시 그러하다.

　70~80년대를 지낸 사람들이 처음에는 남이 만들어줬고, 나중
에는 스스로 만든 감옥 속에서 빠져나오지 못하기 때문이다. 희
미한 탈출구를 생각하자면, '개인'보다 '조직'을 앞세우는 것에 여
전히 맘이 편하다면 본인의 선택은 그렇게 하고, 남에 대해서는
'조직'보다 '개인'을 앞세우는 선택에 좀 더 관대해지고, 그렇게
하도록 용납하고 배려해 주는 것이 답이 될 것 같다.

(2014.2.25 페이스북)

반성한다

오늘로 워싱턴에서 돌아온 지 딱 7개월이다. 의도했던 건 아니지만, 7개월 동안 신문을 만드는 닐은 명절이든, 휴일이든 하루도 쉰 적이 없다. 특파원에서 데스크 업무(정치부 정치팀장)를 맡아 처음엔 예의상, 그 다음엔 내가 쉬면 부장이 힘드니까, 대선이니까, 인수위니까, 나중엔 습관처럼. 아무 생각 없이.

오전 9시 10분에 회사에 도착해, 별 일 없으면 밤 10시께 회사를 떠난다. 그래서 저녁 약속은 잡지 않는다. 대선 때는 밤 11시 30분에 퇴근하면서도 계속 자리에 남은 부장을 보며, 미안해했다. 자고나도 2월 2일 아침 6시가 반복되던 영화 〈사랑의 블랙홀〉 속에 있는 듯했다. 어쨌든 생활이 규칙적이다 보니 밤낮이 불규칙하던 특파원 때와는 달리 육체적으론 리듬감이 잡혔다. 정신적으로 좀 불편할 때는 '그동안 기자 생활하면서 지은 많은 잘못들을 속죄하는 기간'이라고, 혼자 농담처럼 생각하기도 했다.

7개월이 지난 오늘, 반성한다. '생각'이 부족했음을. 하루 13시간, 주 6일, 주 78시간 근무를 7개월째 하다 보니, 나도 모르게 서서히 방어기제가 작동되기 시작했던 것 같다. 에너지를 최소화하게 된다. 부장과 달리, 결정권도 책임감도 제한적이니, 가속화된다.

첫째, 감정노동을 피하게 된다. 냉정해지고, 맘에 동요가 줄어든다. 업무나 관계로 마음이 흔들리면 에너지가 더 소모되니까. 감정노동이 필요한 일은 가급적 피하게 된다. 어느 순간, 근무시간에는 얼굴에 표정이 사라졌다. 돌이켜보니 그랬다. 둘째, '생각'을 줄인다. 당면한 과제 외에는 깊은 '생각'을 피하게 된다. 당면한 일을 당면하는 게 일간지 기자의 삶이라 여겼는데, 돌아보니 '당면'과 '생각'은 같이 가야 한다. 반성한다. 언론사의 정치부, 사회부 데스크가 다들 나처럼 살거나, 나보다 더할 것이다. 그럼에도 불구하고, 나와 달리 끊임없이 정력적으로 사는 이들이 있다. 존경한다.

업무에서 오랜 근무시간은 '필요' 조건은 될 수 있으되, '충분' 조건은 되지 못하고, '생각'이 필요충분조건인 것 같다. 나는 에너지와 경험을 소비하는 형태로 일했는데, 에너지와 경험을 축적하는 형태로 바꾸려면 '생각'이 뒷받침 되어야 한다. 다섯 수레의 책을 읽더라도 돌아서 사색하지 않는 독서는 큰 의미가 없는 것과 마찬가지다.

2007년 김훈의 소설 〈남한산성〉을 읽었다. 피난 온 남한산성 안에서 조정은 척화파(김상헌)와 주화파(최명길)로 나뉘어 다투는데, 바깥에서 보초병들을 다그치며 산성경비를 서는 경비대장격인 수어사 이시백에게 김상헌이 묻는다. "당신은 어느 편(척화파와 주화파 중)이오?"라고. 이시백은 말한다. "나는 아무 쪽도 아니오. 나는 다만 다가오는 적을 잡는 초병이오." 수어사는, 군인은 그래야 한다 생각했다.

내 친구는 고등학교 때 〈터미네이터〉 끝 장면을 보면서 눈물을 흘렸다 했다. 미래에서 온 '리스'와 여주인공 '사라'를 사이보그 터미네이터가 뒤쫓는데, 리스가 자신의 목숨을 던져 폭탄을 터뜨려 터미네이터를 박살내고, 폐허 속에 홀로 남은 사라가 울고 있을 때, 영화가 끝났다고 생각한 순간, 연기가 걷히자 너덜너덜해져 앙상한 기계 머리와 상체만 남아 앞도 못 보고 전투력을 거의 상실한 터미네이터가 바닥을 질질 기어다니며 살아남은 사라를 계속 쫓으려는 장면에, 자신의 사명에 대한 그 처절한 열정에 눈물이 막 나더라 했다. 나도 그때, 눈물까지는 아니어도 살인귀 같은 그 터미네이터가 멋있다 생각했다.

돌이켜보면 그들은 '당면한 일'에 충실했다. 터미네이터, 이시백이 멋있다 여기는 건 딱 10대 청소년 수준인 것 같다. 난 그들처럼 '당면한 일'에 충실하지도 못했지만, 그때의 이시백보다 나이를 덜 먹은 내가 그들이 덜 했던 '생각'을 해야 한다. '무거운 짐 진 종'을 넘어, '수고한 종'을 넘어, '생각하는 종'이 되어야 하는데, 아직 내 역량과 깊이와 됨됨이가 거기에 못 미쳤던 것 같다.

일하는 시간이 길었다 해서 일을 많이 한 게 아니고, 일을 많이 했다 해서 일을 열심히 한 게 아니고, 일을 열심히 했다 해서 일을 잘한 게 아니고, 일을 잘한다 해서 사람에게 잘한 게 아니다. 반성한다. 함께 일했던 이들에게 미안하다.

(2013.3.8 페이스북)

■　　2012년 대선 때, 정치부장 밑 보조데스크인 정치팀장을 맡았습니다. 취재기자와 특파원 등을 하다, 처음으로 기자들 사이에선 '앉은 뱅이'라고 하는, 회사에서 후배들에게 취재지시를 내리고 데스킹을 하는 데스크가 된 것입니다. 힘들고 답답했습니다. 그래서 그때는 '내가 기자생활 하면서 알게 모르게 지은 많은 잘못을 속죄하는 기간'이라고 생각하며, 스스로를 달랬습니다.

그리고 2014~2015년 정치부장으로 일했습니다. 그때가 정치팀장 때보다 덜 힘들었습니다. 물론 책임감과 중압감은 훨씬 더 컸고, 업무량도 훨씬 많았지만, 많이 힘들지 않았고, 그리 피곤함도 잘 느끼지 못했습니다. 원인은 명확하지 않으나, 아마도 책임이 더 커져 스스로에게 투정을 부릴 수 없는 데다, 결정권이 더 커졌기 때문 아닌가 생각해 봅니다. 그래서인지 그때는 '기자 생활하면서, 내가 알게 모르게 얻은 수많은 혜택과 고마움들을 갚는 기간'이라 생각했습니다.

그래서 이후에 다른 부서의 부장을 할 때도, 늘 함께 일하는 팀장에게 '부장보다 팀장이 더 힘들다'고 위로하곤 했습니다. 일은 일대로 시키면서 하는 위로였으니, 뭐 그리 위로가 됐겠습니까마는….

부산영화제에 나타난
나스탸사 킨스키

아침에 출근해 텔레비전 화면을 보니 부산영화제 개막식 장면이 나오는데 나스타샤 킨스키가 빨간 드레스를 입고 레드 카펫 위를 서성이는 뒷모습이 나온다. '아, 나스타샤 킨스키'라는 잊었던 이름이 입새로 절로 새어 나오는데, 몸피가 '나스타샤'라는 단어와 어울리지 않게 좀 굵다. 그러고 보니 그도 벌써 50대 중반. 주름진 얼굴을 보니 아련함이.

이젠 그런 시절이 있었나 싶은 날들이지만, 1980년대 초반 소피 마르소(1966년생), 브룩 실즈(65년생), 피비 케이츠(63년생)가 한 시절을 풍미하던 때, 1961년생인 나스타샤 킨스키는 내 또래 남자아이들에게는 상대적으로 그리 큰 인기를 누리진 못했다. 다른 누나들(?)은 다 10대였는데, 나스타샤는 스물이 넘어 어른처럼 보였기 때문일지도.

1982년이었던가, 영화 〈테스〉가 히트를 쳤을 때 대구의 재개봉관 송죽국장(극장은 2층에 있었고, 1층에 있던 송죽미용실은 미스코리아의 산실이었다. 사자머리를 한 대구 출신 미스코리아가 눈물을 흘리며 '송죽미용실 원장님 정말 감사드립니다'라곤 했다.)을 혼자(영화는 늘 친

구와 같이 봤는데, 그 영화는 왜 혼자 갔을까?) 보러 갔는데, 서서 보는
사람들까지 대부분 여고생들이어서 영화관에 들어서며 빛 막이
용 자줏빛 빌로드 천을 들치다 좀 움찔했다. 그 영화는 미성년자
관람불가였다.

송죽미용실을 포함해 몇 편의 슬라이드 광고를 거쳐 시작된
〈테스〉는 내겐 재미도 없고, 의미도 잘 모르겠고, 여름방학이 막
시작되던 그 무렵, 에어컨도 없는 재개봉관에 자리는 꽉 차고 땀
삐질삐질 흘리며 내가 여기 뭐 하러 있나 싶었다. 딸기 한 알 받
아먹는 장면만 강렬했을 뿐, 테스가 그냥 얼렁뚱땅 사랑하지 않
는 사람과 잠자리를 하거나(그때 내가 보기에는), 사랑한다며 결혼
한 다른 남자는 자기 과거를 고백하자 이에 힘입은 테스도 자기
과거를 밝히는데 도저히 못 받아들이고, 가장 이해가 안 된 것은
자신을 이 지경으로 만든 옛 남자가 다가오자 사랑하지도 않으
면서 또 얼렁뚱땅 그 남자를 받아들이고, 그러다 다시 사랑하던
남자가 돌아오고, 그러자 이 모든 게 '그 남자' 때문이라며 옛 남
자를 살해하고….

세계적 문학작품이라는 데 도저히 그때는 '저게 뭐하는 짓인
가'라는 생각 밖에 안 들었다. 영화 보고 나서 이해가 안 돼서 그
때 베스트셀러가 됐던 〈테스〉를 사봤는데, 반쯤 보다가 덮어버
렸다.

어쨌든, 그 재미없는(?) 영화에 유일하게 눈부시게 강렬했던
이가 나스타샤 킨스키였다. 나스타샤 킨스키는 청순한 테스역을
맡기에는 너무 섹시해 좀 어울리지 않는 미스캐스팅이라 생각했
는데, 폴란스키 감독의 눈이 그러기야 했겠나?

나는 나스타샤 킨스키 영화 중에선 〈테스〉보단 〈캣피플〉을 재미있게 봤다. 좋아했다. 〈캣피플〉은 송죽국장 맞은 편 자유극장에서 봤다. 자유극장도 재개봉관이다. 아마 둘 다 미성년자 관람 불가여서 개봉관은 못 갔으리라. 친구 상민이와… 마이클 잭슨의 뮤직비디오 〈스릴러〉처럼 늑대(아니 검은 표범)로 변하는 그 충격적인 장면과 막판 동물원 우리에서 검은 표범이 되어 사랑하는 남자의 손을 핥는 마지막 장면은 지금도 선명하다. (영화 내용은 너무 야해 생략)

그런데 한참 뒤, 20여년, 거의 30년이 다 된 어느 날 워싱턴에서 특파원 생활을 할 때, 기사 보내고 혹 있을지도 모를 데스크의 수정 지시 등에 대비해 대기하면서 텔레비전 채널을 틀다가 영화 〈캣피플〉을 만났다. 그런데 진짜 〈캣피플〉을 보니, 내가 고등학교 때 봤던 영화와 달리 거의 영화의 절반 가량은 나스타샤 킨스키를 포함해 주인공들이 거의 다 벗고 나왔다. 내가 본 미성년자 관람불가 영화는 이미 꽤 많은 가위질을 거친 것이었구나 하는 걸 그때사 알게 됐고, 너무 많은 뭉턱뭉턱 가위질로 그때는 뭔가 잘 이해가 안 되던 부분이 진짜 영화를 보니 다 이해가…. 그렇게 그날 밤을 하얗게 새웠다.

내가 기억하는 나스타샤 킨스키의 전부다. 설핏 본 나스타샤 킨스키의 뒷모습에 한참을 와서… '이제는 돌아와 거울 앞에 서기도' 여러 번은 했을 법한 누이 같다. 아직 살아있었구나. 나도 아직은 살아있구나.

(2015.10.2 페이스북)

그 누나

내가 얼마나 대학을 가고 싶어 했는지 아무도 모른다. 그러나 돈 때문에 모든 걸 포기해야 했다. 남동생들도 있고, 요즘 들어 엄마도 자주 아픈데…. 내가 철없이 굴 순 없다. 아버지만 살아계셨어도…. 20살, 나는 늘 우울하다.

고등학교 때, 세 살 위인 교회 누나를 친누나처럼 따랐던 적이 있었다. '아무 것도 아닌 것'이 '세상의 모든 것'처럼 보이던 시절, 누나에게 뜬구름 잡는 고민을 털어놓으며 유치하게도 내 일기장을 건넨 적이 있다. 10일쯤 지났을까? 누나는 내 일기장에 자신의 일기를 적어 다시 내게 보내왔다.

당시 누나는 여상을 졸업하고 투신사에 막 다니고 있었다. 일기장을 돌려받기 전까지만 해도 아무런 내색을 않았던 터라, 늘 환하게 웃던 누나가 그런 아픔을 지니고 있었는지 전혀 몰랐다. 어쩌다 그때가 생각나면, 잊혀지지 않는 이 구절이 지금도 내 가슴을 아린다.

글쓰기를 좋아했던 누나는 몇 년 뒤, 남동생들이 대학을 들어간 이후, 방송통신대학 국문학과에 진학했다. 그때 대학을 다니던 나는, 누나가 애써 번 돈을 들여가며, 공부시간을 확보하려 투신사에서 월급이 적은 조그마한 개인회사로 직장까지 옮기는 것이 여러모로 잘못된 판단이라 생각했지만, 아무 말도 하지 못했다. 너무 흔한 이야기다.

고교시절의 또 다른 이야기. 82년 어느 날, 갑자기 중고등학교 학생들이 동네별로 일제히 소집된 적이 있다. 내가 살던 대구뿐 아니라, 전국이 다 그러했던 것으로 기억하는데 아마도 전두환 정권이 대학생 반정부 시위를 미리부터 통제하려는 시도가 아니었던가 추정된다. 소집장소인 동네 학교 운동장에서 학생들은 동별로, 학년별로 또 나뉘었다. 내가 속한 그룹은 남학생 3명, 여학생 1명이었다. 처음 보는 담당 선생님이 대표를 뽑으라고 했다. 나를 제외한 2명의 남학생은 공업고등학교를 다니고 있었고, 그중 한 명은 그 학교의 중대장(당시는 교련시간에 학생들을 군대 편제로 나눠 학급 반장은 소대장, 세 학급 대표는 중대장, 학년 대표는 대대장, 학생 대표는 연대장으로 불리던 때였다)이었다. 분단장도 아니었던 나는, 당연히 "이 친구가 적격일 것 같습니다"라고 건의했고, 다른 학생들도 고개를 끄덕였다. 그런데 그 선생님은 계속 미적대며 나를 '동네 대표'로 뽑으려 했다. 빨리 벗어나고 싶은 어색한 분위기였다. 말은 안 했지만, 거기에 있던 모두는 이유를 알고 있었다. 내가 인문계 고등학교를 다니고 있었기 때문이다.

전여옥 한나라당 대변인이 며칠 전 "우리 국민의 60%가 이미 대학을 나온 국민이기 때문에 다음 대통령은 대학을 나온 사람이 돼야 한다"고 말해 시끄럽다. 전 대변인은 자신의 발언이 문

제가 되자 진의가 '왜곡'됐다며, "학력 지상주의를 옹호하는 것이
아니라, 배우지 못한 것에 콤플렉스를 지니고, 배운 사람들에 적
개심을 품고 있는 사람이 다시 대통령이 되어서는 안 된다는 것"
이라고 해명했다.

전 대변인의 발언 기사를 읽으면서 한동안 잊고 있었던 '그 누
나'가 갑자기 생각났다. 아마도 이미 오래 전에 '돌아와 거울 앞
에 섰을' 누나가 이런 일로 마음 아파하지는 않았을 것이다. 하
지만 누나의 젊은 날 아픔이 '대학 나온 60%'들로부터 '콤플렉스'
라는 이름으로 불리지 않았으면 좋겠다. 또 대학을 나오지 못한
40%의 '나머지 사람들'이 60%의 '대학을 나온 사람들'에게 적개
심을 품고 있는 사람처럼 비치지도 말았으면 좋겠다.

(2005.5)

■   제가 쓴 첫 칼럼입니다. 이때 저는 미국 미시간주립대에서 연수중
이었습니다. 어느날 회사에서 걸려온 전화 한 통. '아침햇발' 칼럼을
쓰라는 것이었습니다. 원고청탁 등을 거절하는 법이 거의 없지만,
고사했습니다. 도저히 자신이 없었기 때문입니다.

그러나 거듭되는 권유를 일단 받아들이고 나자, 그때부터 가슴을
내리누르는 중압감이 닥쳐왔습니다. 그런 한편으론 초창기 '아침햇
발'을 장식했던 리영희 교수, 최일남 고문 등이 섰던 그 자리에 감히
제가 한 발을 들인다고 생각하니, '한 편의 아침햇발 칼럼만 쓰고 난
뒤에는, 기자로서 이제 죽어도 여한이 없다'는 생각마저 들었습니다.

칼럼을 쓸 때, 가장 힘든 것은 '어떻게'가 아니라, '무엇을'이었습니다. 칼럼이란 시의성을 좇아야 하는 것이기에 쓰려는 소재의 상황이 바뀌면 완전히 접어야 할 때도 있습니다.

한창 현안이 되는 주제를 잡으면, 사람들의 관심도는 더 올라갈 듯하지만, 수많은 언론에 비슷비슷한 칼럼들이 쏟아져 나오고 있는데, 어떻게 차별성을 둘 수 있을지가 어려워집니다. 차별성을 두려면, 이전까지의 주장과는 정반대 이야기를 하거나, 아니면 똑같은 이야기를 하더라도 남들과 다른 형식을 취해야 합니다. 이슈와 관련된 재미있는 개인적 경험을 칼럼 서두에 써내려가는 게 독자를 끌어들일 수 있는 한 방법이기도 합니다.

첫 칼럼의 중압감은 컸습니다. 그때 저는 제가 살던 미시간주 랜싱의 지방언론사인 〈Lansing State Journal〉에서 한 달 가량 인턴 비슷한 과정을 밟고 있었습니다. 그래서 그 경험을 쓰려 했습니다.

문제는 이런 이야기는 시의성이 없다는 점이었습니다. 개인경험만 적으면, 아무리 강렬한 경험이라 하더라도 자칫 일기가 되고 맙니다. 일기란 본인에게는 굉장한 일이지만, 남에게는 덤덤한 그런 일입니다. 일기가 안 되려면, 개인의 경험이 '공공의 경험 한 조각'이라는 성격이 있어야 합니다.

대충 칼럼을 다 써놓았지만, 영 개운치 않아 학교 도서관에서 인터넷으로 국내 뉴스를 들여다봤습니다. 우연히 당시 전여옥 한나라당 대변인이 노무현 대통령을 지적하며 "다음 대통령은 대학을 졸업한 사람이어야 한다"는 발언이 눈에 띄었습니다. 오랫동안 잊었던 한 사람의 얼굴이 떠올랐고, 그래서 미리 써둔 칼럼을 제쳐두고 다시 칼럼을 써내려 갔습니다.

'아침햇발' 첫 칼럼 소재가 된 '그 누나'는 지난 1986년 누나 결혼 직전 만난 것을 끝으로 칼럼을 쓸 당시인 2005년까지 한 번도 만나지 못했습니다. 어디서 무엇을 하는지도 전혀 알지 못했습니다.

그런데 2006년 11월, 옛 교회 선배들로부터 연락이 왔고, 그렇게 대구에서 모였습니다. '그 누나'보다 한 살 더 많은 또 다른 '교회 누나' 집에서 이젠 40대가 된 옛날 고등부 멤버 10명 정도가 모였습니다. 저는 그 중 가장 막내였습니다. 그곳에서 '그 누나'를 20년만에 봤습니다. 처음엔 너무 반가워 와락 껴안을 뻔했습니다. '살아있으니까, 만나는구나'라는 생각도 들었고요. 밤을 새면서 이야기를 나눴습니다.

지방 중소도시에 사는 누나는 두 아이의 어머니로, 장애인아동들을 가르치는 봉사를 하고 있었습니다. 몸이 안 좋아 서울 큰 병원으로 계절에 한 번씩 와 정기검진을 받는다 했습니다. 피로하면 안 된다는데, 그날 우리는 새벽 5시까지 꼬박 밤을 새웠습니다. 이른 아침 고속버스를 타는 누나를 배웅하고, 저도 서울로 왔습니다. 얼마 뒤, 누나에게 아래와 같은 편지를 메일로 보냈습니다.

잘 들어갔나요? 몸은 괜찮나요?
20년 전 시간여행을 마치고, 다시 2006년으로 돌아왔습니다.
86년 가을 어느 날, 마지막으로 누날 본 이후 꼭 20년만이었네요.
갓 스물이었던 나는 마흔살 아저씨가 되었구, 23살 아가씨는 이제 그 나이의 딸을 둔 엄마가 되었네요.

그 20년 동안, 저는 연애를 했고, 대학을 졸업했고, 대학원에 진학했고, 군대를 갔고, 결혼을 했고, 계속 공부하는 것을 포기했고, 아이를 낳았고, 백수로 지냈고, 신문사 기자가 되었고, 미국 연수를 떠나 미국 대학에서 1년을 보냈고, 둘째를 낳았고, 그리고 그저껜 20년만에 누나를 만났습니다. 따져보니, 누나와 지낸 시간이 81~86년 겨우 6년이고, 떨어져 지낸 시간이 20년이네요. 고등학교 때 숫기 없이 누나에게 기댔던 것처럼 20년 삶의 여울 여울마다 아주 가끔만이라도 누나가 있었다면 전 또 얼마나 좋았을까요?

누날 만나니, 누나 없이 지낸 20년이 새삼 아쉬웠습니다. 저는 예전 기억이 너무 새록새록 하네요. 고등학교 1학년 때, 참 어리게도 눈물을 흘렸을 때, 누나가 찾아와 날 위로하던 일, 우습게도 누나에게 내 일기장을 건네던 일, 편지를 주고받던 일(그때 누나에게 받은 편지들은 다 어디로 갔는지), '런던 빵집'에서 가끔 만나 이야기 하던 일, 시장통 '긴 집'에서 교회 형, 누나들과 함께 순대, 떡볶이를 먹던 일, 영남분식에서 라면 먹던 일, 크리스마스 이브날 누나 올까 기다리다 새벽녘 홀로 노란 가로등 아래 텅빈 골목 지나 집으로 오던 길 등등.

따져 보면 그리 큰 추억거리도 없습니다만, 그래도 의지했던 맘이 컸던 탓인지 그 기억들이 제게는 작은 자산이 되어 있나 봅니다. 수요예배 마치고 집으로 가던 길, 찬송가 아니라 "언젠가 가겠지, 그리운 이 청춘~"이라는, 당시 유행하던 김창완의 〈청춘〉을 나지막이 함께 읊조리곤 했지요. 돌아보니, 그때 저는 고등학생, 누나는 겨우 20~21살, '청춘'도 아직 안 온 나이인데, 마치 '청춘'이 다 간 것처럼 그러곤 했지요. 그런데 이젠 진짜로 그 청춘이 갔네요.

'집 65-58××, 회사 33-01××~9'. 고등학교 때 쓰던 성경책 맨 뒷장에 누나가 적어준 전화번호입니다. 이게 내게 남은 누나의 유일한 흔적이네요.

꽤 오래 전부터 누나는 제게 추억 속 인물이었습니다. 다시 만날 그런 날이 오리란 기대를 접은 지 오래됐습니다. 가끔 누나가 그리워지면, 마치 서울로 누날 영영 시집보낸 산골 소년처럼 가슴 한쪽이 아려왔습니다.

누날 만나 압축된 누나의 지난 삶을 들으며, '얼마나 힘이 들었을까', '얼마나 울었을까' 하는 생각에 (저야 예전에도 그랬고, 지금도 그렇듯 아무 도움이 안 되지만, 그래도) 너무너무 미안했습니다. 누나 말 듣고 보니, 저는 아직도 아이인데 누나는 정말 큰 어른이 되어 있는 듯했습니다.

그날 만남 앞에는 '20년'이란, 어마어마한 시간이 놓여있는데 그날 모인 사람들은 다들 어떻게 그 시간들을 압축해버리는 신기한 기술들을 가진 것일까요? 세월은 왜 그 사람들을 비껴가는 것일까요?

20년 전 사람들을 만난 그 아름답던 밤, 이제 그 누가 있어 날 '태호야' 하며 편히 불러줄까요? 형들 앞에서, 누나들 앞에서 두 아이의 아빠는 어느새 어리광 부리고, 귀염받는, 수줍음 많은 10대 소년이 되어 있었습니다.

지난 토요일 대구로 향하던 날, 누나가 혹시 올까 기대했습니다. 그리고 어쩌면 이번이 20년만에 처음이자 마지막으로 누날 만날 날이 되지 않을까 하는 생각을 했습니다. 새벽에 고속버스를 타는 누나 뒷모습을 보면서도 그 생각은 여전합니다. 이제 언제 또 볼 수 있을런지… 이러고 또 20년이 지날런지… 그 옛날 가을 어느 날, 그러했던 것처럼….

누나, 어쩌다 한 번이라도 볼 수 있게 정말 오래오래 사세요.

〈추신〉

누나 허락받지 않고, 누나 이야길 신문에 쓴 적이 있습니다. 지난해 5월, 첫 칼럼으로 누나 이야기를 썼습니다. 허락받지 않고 쓴 것, 뒤늦게 용서를 구합니다. 칼럼 내용을 올립니다.

얼마 뒤, 위 편지에 대한 답장이 왔습니다. 누나는 답장에서 "네 편지를 읽다 소리 내어 펑펑 울었다"고 했습니다.

■ 요즘도 1년에 2번 가량 누나가 서울에 오면 만나 저녁을 먹곤 합니다. 누나 남편인 아저씨께도 인사드렸고, 누나 어머님 돌아가셨을 때, 누나 딸 결혼할 때도 찾아가곤 했습니다. 누나는 여전히 복지단체에서 활동하고 있습니다. 예전 같은 설렘 대신 편안함이 들어왔습니다. 그런데, 지금 다시 보니 손발이 오그라드네요.

실리지 않은 칼럼

얼마 전 미국 미시간주의 〈랜싱 스테이트 저널〉 신문사에서 인턴 기자 형태로 근무했다. 10일 남짓한 짧은 기간 동안 가장 인상적인 장면은 일이 아닌, 점심시간이었다.

낮 12시가 지났다. 그런데 아무런 변화가 없었다. 다들 컴퓨터 화면에 머리를 파묻고 각자 자신의 일만 할 뿐이었다. "점심 하러 안 가요?", "밥 먹고 합시다" 등의 웅성임은 전혀 없었다. 그러면서 몇 명은 자연스럽게 '혼자' 자리를 비우고, 또 일부는 집에서 가져온 도시락을 꺼내 먹는다. 나이 60이 다 된 칼럼니스트 존은 떠먹는 요구르트를, 40줄의 여기자 멜라니는 닭고기를 곁들인 시저샐러드를, 또 다른 기자들은 바깥에서 막 사온 서브웨이Subway 햄버거로 점심을 때운다.

각자가 자신의 '밥'을 먹을 뿐, "먹어보라"는 권유도, "밥 안 먹느냐"는 물음도 전혀 없다. 물 흐르듯 자연스럽다. 그러나 나는 불편했다. 배려 받지 못한 느낌, 또는 소외된 느낌을 떨칠 수 없었기 때문이다. 난감했다. 도시락을 싸오지도 않았고, 도저히 밥 먹으러 갈 사람을 찾을 수 없을 것 같은 그곳에서 나는…. 마치

'시에스타'처럼 온 나라의 비즈니스 업무가 중단되며, 왁자지껄한 분위기의 점심문화와 팝콘 알갱이처럼 제각각 따로따로인 그들의 점심은 퍽이나 달랐다.

나중에 그들에게 그날 점심의 낯선 경험에 대해 이야기하며, 우리의 점심 문화를 설명해줬다. 나이 든 기자들은 동서양의 문화 차이라며 웃으며 이해했고, 젊은 기자들은 "어른adult들은 제 밥은 자기가 알아서 먹는 것 아니냐?"며 의아해하기도 했다.

미국 캘리포니아에서 직장 생활을 하는 내 친구도 비슷한 경험을 했다. 친하게 지내는 이웃집 식구와 함께 야구 경기를 보러 갔는데, 경기 도중 그들 가족이 가져온 햄버거 등으로 자기네들끼리만 간식을 먹는 것을 보며 몹시 섭섭했다고 말한 적 있다. "먹는 것으로 의 상했던 것"이다. 나도 그 점심시간이 불편했다. 그러면서 체감했다. '개인주의라는 것이 이런 거구나' 하고….

우리에게 밥상머리는 공동체의 나눔의 장이자, 한편으로는 히어라키hierarchy, 서열를 재확인하는 장소. 가장 나이든 사람이나 상사가 으레 점심 값을 치르는 건 우리에겐 익숙한 풍경이다.

우리는 그 '점심'을 통해 종횡으로 우리의 위치를 부지불식간에 재확인한다. 우리는 '관계'라는 촘촘한 매트릭스의 어느 지점에 놓여있음을 확인해야 편안함을 느낀다. 밥알 알갱이처럼 끈적끈적하게 싫든 좋든 서로에게 들러붙어 있으면서, 때론 남을 돕기도 하고, 때론 불편함도 끼치면서 그렇게 사는 것이 우리에겐 퍽이나 자연스럽다. 지나친 이성과 합리화의 잣대를 들이대면 우리는 이내 섭섭해지곤 했다.

내가 부하직원들의 밥값을 대신 내는 것은 상사에겐 의무이기도 했지만, 그런 문화를 통해 우리는 자연스럽게 부하직원은 상명하복의 정신을, 상사에게는 '내 새끼는 내가 책임져야 한다'는 강한 책임의식을 재확인하는 장이었다.

우리들에게 직장은 때로는 '군대'였고, 때로는 '가정'이었다. 형님은 부족한 동생들을 책임져야 했고, 동생들은 자신을 책임져주는 형님에게 복종해야 했다. 이 '책임'과 '복종'의 의무를 어느 한쪽이 게을리하면 관계는 어그러지고 말았다.

이런 '책임'과 '복종'의 연결선상, 군대-가족의 연결선상에는 으레껏 "끊을래야 끊을 수 없는", "뼈를 묻는" 등의 과격한 언사가 동원된다. 일단 내 식구가 되면 평생을 책임지고, "한 번 선배는 영원한 선배"라는 말처럼 피로써 맺은 식구는 서로 부족한 점이 있어도 감싸 안는 게 우선이었다. 지연, 학연도 마찬가지다. 그렇게 사는 게 우리에겐 퍽이나 자연스럽다.

점심시간의 '개별성'은 '독립성'으로 이어졌다. 그 신문사에서 시한부 경제부 기자였던 내가 기사를 써서 경제부장 개리슨에게 넘기고 난 뒤, 나는 무척 당황스러웠다. 개리슨은 나를 불렀다. 기사에서 부족한 부분을 지적하고, 내가 추가취재 등을 통해 보충하고…. 이런 장면은 한국에서도 마찬가지다. 그러나 개리슨은 계속 내게 '결정'을 요구했다.

"나는 너의 이 기사가 소프트soft하다고 생각한다. 그래서 너의 또 다른 워딩wording인 이것으로 대체하는 게 좋을 듯하다. 어떻게 하겠느냐?", "이 부분은 네가 취재원의 말을 그대로 옮겨 적은 것이긴 하지만, 이 말의 관계당사자가 이 말을 한 취재원이 아니라, 이 기사를 쓴 너를 상대로 소송을 제기할 수도 있다. 이 부분을 그대로 두겠느냐, 다른 것으로 바꾸겠느냐, 아니면 빼겠느냐?"

　무척 당황스러웠다. 나는 그의 말 한마디 한마디에 독립적으로 '결정'을 내려야 했다. 그는 내가 어떠한 '결정'을 내리든, 내 '결정'에 따르겠다는 태세였다. 대신 이후 발생할 일에 대한 책임은 '당신이 지라'는 말투였다. 비록 시한부 상사이긴 했지만, 다소 서운했다. 동시에 나는 반성했다. '그동안 나는 얼마나 의존적이었던가.'

　그들의 '개별성' 뒤에는 이처럼 차갑고 분명한 '독립성'이 밑받침으로 존재하는 것이다. 우리에게 '책임'은 대개 선배들 몫이다. 일단 내 식구가 되면 평생을 책임지고, 서로 부족한 점이 있어도, 또 실수를 반복해도 감싸 안는 게 미덕이었다. 이런 이야기를 하자, 그 신문사의 편집부국장은 "물론, 우리도 후배가 실수하면, 시니어Senior 또는 스탭Staff이 책임을 진다. 나도 편집국 기자들의 실수에 대해 내가 책임진다는 생각을 갖고 있다. 그러나 미스테이크mistake, 미스테이크mistake, 아 윌 파이어 힘I will fire him"이라고 말했다. 마지막 말은 단호했다.

　소설 〈칼의 노래〉에서 이순신은 허망함을 알면서도 자신의 일에 목숨 바쳐 충성한다. 그 시대의 이데올로기는 지금도 유효하다. 〈칼의 노래〉가 베스트셀러가 된 것에서 이는 확인된다. 진정한 '충'은 상사에게 복종하는 것이 아니라, 제 자신의 독립성부터 가꾸는 것이 아닌가 하는 생각이다.

(2005.5)

■ '아침햇발' 필진에 합류하고 나서 첫 번째로 쓴 칼럼 초안입니다. 이후 저는 1년 반 가량 '아침햇발' 칼럼을 썼습니다. 3~4주마다 돌아오는 마감은 쉼이 없었고, 저는 피니시 라인이 보이지 않는 장애물 달리기 선수 같았습니다.

마감 1주일 전부터 '무엇을 쓸지'를 골똘히 생각했고, 하루 전날에는 집에 있는 책을 다 까뒤집다시피하며 법석을 떨고, 20~30매 초안을 쓰고, 이후 9매로 줄이고 줄이는 작업을 매번 거쳤습니다. 새벽 5~6시 방문을 열고 나오면, 희끄무레하게 먼동이 텄습니다. 그렇게 부족한 깜냥을 벌충했습니다.

한참 뒤, 부장 맡고서 쓴 칼럼은 늘 당일 오후 늦게까지 허겁지겁 쓰곤 했습니다. 그나마 이 시기 박근혜 전 대통령이 제 칼럼의 '뮤즈'가 되어 제 게으름을 메워줬습니다. 이제 그가 떠난 지금, 다시 이전처럼 '홀로서기'를 해야 할 것 같습니다.

느리고 불편하고 심심한 나라

〈한겨레〉 권태호 기자의
따뜻하고 따끔한 세상 이야기

초판 1쇄 발행   2017년 5월 10일

지 은 이   권태호
펴 낸 이   최용범

편   집   김종오
디 자 인   신정난
경영지원   강은선

펴 낸 곳   페이퍼로드
출판등록   제10-2427호(2002년 8월 7일)
주   소   서울시 마포구 연남로3길 72 2층
전   화   (02)326-0328
팩   스   (02)335-0334
이 메 일   book@paperroad.net
홈페이지   http://paperroad.net
블 로 그   blog.naver.com/paperoad
포 스 트   http://post.naver.com/paperoad
페이스북   www.facebook.com/paperroadbook

I S B N   979-11-86256-73-2 (03300)